Peter Weiss

Birgit Lahann

Peter Weiss

Bibliografische Information der Deutschen Nationalbibliothek

Die Deutsche Nationalbibliothek verzeichnet diese Publikation
in der Deutschen Nationalbibliografie; detaillierte bibliografische
Daten sind im Internet über http://dnb.d-nb.de abrufbar.

ISBN 978-3-8012-0490-7

Copyright © 2016 by
Verlag J.H.W. Dietz Nachf. GmbH
Dreizehnmorgenweg 24, 53175 Bonn
Lektorat: Alexander Behrens
Korrektorat: Sigrid Götze
Umschlag: Antje Haack, Lichten, Hamburg
Umschlagfoto: SWR
Satz: just in print, Bonn
Druck und Verarbeitung: CPI books, Leck
Alle Rechte vorbehalten
Printed in Germany 2016

Besuchen Sie uns im Internet: *www.dietz-verlag.de*

INHALT

5

»ACH, IN EINEM SCHLOSS AUFGEWACHSEN!
DA WISSEN SIE JA NICHTS VON DER WELT«

Stockholm, Februar 2016, Kälte, Schnee, blauer Himmel und
Sonne über der Altstadt, der gamla stan. Ich fahre hoch in den
fünften Stock zu Gunilla Palmstierna-Weiss, die Tür ist offen, und
da steht sie auch schon, klein, mit kurzem blondem Haar, Hosen
und Pullover, und bereits ihre ersten Worte erinnern ein wenig
an den verführerischen Klang, mit dem die Bergner einst ihre
Rosalinde von Shakespeare sprach.

Bücher bis unter die Decke. Auf dem langen Tisch Fotos, Manuskripte, Zeichnungen. Es sieht nach Arbeit aus. Im Wohnzimmer
ein weißer Kachelofen wie aus Schloss Drottningholm, und über
der antiken Kommode hängt »Der Hausierer«, eins der schönsten Ölbilder von Peter Weiss. Das hat der Peter gemalt, als er nach
Schweden kam, sagt sie, als Emigrant. Er ist der Mann im Vordergrund mit dem Bauchladen. Er möchte doch etwas anbieten. Und
an seinem Stab flattern Bänder in den schwedischen Farben blau
und gelb.

Wir trinken Kaffee, und ich frage sie, wie Peter Weiss und sie
sich kennengelernt haben. Das war im Sommer 1952, sagt sie, in
Kivik, an der Ostsee. Da trafen wir uns auf dem Marktplatz mit
Freunden von mir und von Peter, die ich aber nicht alle kannte.
Und ihn kannte ich natürlich auch nicht. Wir waren eine Gruppe
von Künstlern, die miteinander diskutierten. Ich war die jüngste
und kam als letzte mit meinem müden dreijährigen Sohn Mikael
an. Also stellte ich mich vor: Gunilla Palmstierna. Da sagte Peter,
der seine rumnörgelnde achtjährige Tochter Rebecca dabei hatte,

7

mit ziemlicher Verachtung: Ach, in einem Schloss aufgewachsen! Da hätte ich ja keine Ahnung, was auf der Welt so vor sich geht. Nun ist Palmstierna ein Name, den jeder in Schweden kennt. Uralte Adelsfamilie. Palme und Stern. Aber ich glaube, meine Vorfahren haben nie eine Palme gesehen, sagt sie. Mein Großvater Erik Palmstierna war Außenminister in der ersten sozialdemokratischen Regierung Schwedens. Als Linker war er für seine adelige Klasse natürlich ein Verräter. Später war er Botschafter in London. Da hatte er eine Liaison mit einer tollen Pianistin, die mit Robert Schumann verwandt war. Ich war schrecklich neugierig, sagt sie, und besuchte ihn in England. Da war ich so zwanzig, einundzwanzig. Danach haben wir einen langen Briefwechsel gehabt. Und als er starb, habe ich seine Schreibmaschine geerbt. Auf der hat Peter später »Abschied von den Eltern« und »Fluchtpunkt« geschrieben.

Aber jetzt, auf dem Marktplatz, sagt er verächtlich: Die Dame aus dem Schloss! Ach, weißt du, antwortete ich ihm da, ganz so ist das nicht. Ich bin in der Schweiz geboren, in Lausanne, meine Mutter stammt aus einer russisch-jüdischen Familie, hat sehr früh geheiratet und wurde sehr früh geschieden, war in Wien Schülerin von Freud, mein holländischer Stiefvater ist ein bekannter Psychoanalytiker, als Kind habe ich in Frankreich gelebt, während der Kriegswirren zogen wir nach Rotterdam, wo ich meine Ausbildung als Töpferin begann, und schließlich ging es nach Berlin, auch noch während des Krieges, bis wir dann nach Stockholm kamen. Also keine Prinzessin, sondern ein sehr europäisches Kind. Hier in Schweden sei sie kurz mit dem Graphiker Mark Sylwan verheiratet gewesen, und weil der Gatte ein bisschen faul war, habe sie oft die Illustrationen für Bücher gemacht. Auch die für André Bretons Erzählung »Nadja«.

Oh nein!, sagt Peter Weiss. Nicht Bretons »Nadja«! Das war doch sein Lieblingsbuch. Und schon diskutieren und streiten Gunilla und er über die Köpfe ihrer Kinder und Freunde hinweg über den Surrealismus. Und da gehen sie auch gleich zu Lautréanmont zurück, der sich vorgestellt hatte, wie eine unerwartete Begegnung eines Regenschirms mit einer Nähmaschine auf dem Seziertisch ausgehen würde. Dieses Zusammenprallen von Widersprüchen war ja das surrealistische Prinzip, und dieser Satz quasi die Geburt des Surrealismus. Breton fand, dass Lautréamont schon alles literarisch Kühne vorausgedacht hatte.

Und mit »Nadja« war Breton zum Wortführer der Surrealisten geworden, und der hatte dort vom Wunsch geschrieben, *bei Nacht in einem Wald einer schönen, nackten Frau zu begegnen.* Und wer war denn Nadja, dieses geheimnisvolle Wesen, das durch Paris irrt und außerhalb der Realität zu leben scheint, *elegant, in Schwarz und Rot* gekleidet, Nadja, die durch den Text geistert und während eines Mittagessens auf dem Lande diese merkwürdig schöne Blume mit den zwei Augenpaaren erdacht und gezeichnet hat, *die Blume der Liebenden?* Ist sie die Liebe? Oder ist sie die amour fou? War sie nicht früher eine Prostituierte? Oder doch eine Einsame? Oder eine Geliebte, der Breton ein Denkmal gesetzt hat? Und was will der verrückte Surrealist am Ende mit seiner Schönheitsformel sagen, die weder dynamisch noch statisch sein darf, sondern so heißen muss: *Die Schönheit wird KONVULSIV sein oder nicht sein?*

Also unser erstes Gespräch war ein richtiges Streitgespräch, sagt sie. Ein bisschen Recht habe ich dem sehr skeptischen Peter schon gegeben, sagte ihm auch, dass ich keine surrealistischen Illustrationen gemacht hätte, sondern realistische. So ging das hin und her. Und am Ende, als wir uns verabschiedet hatten und ich loszog, schreit Peter mir plötzlich hinterher: Wenn wir jemals eine Tochter haben sollten, werden wir sie Nadja nennen! Nadja heißt Hoffnung! Ja, ja, rief ich zurück. Das mit der Hoffnung steht ja auch schon bei Breton. Dann sei sie abgefahren. Zurück nach Stockholm.

Was war bei dieser ersten Begegnung das Interessante an ihm?

Er hatte eine Ausstrahlung, das muss ich sagen. Die hatte er.

Und Sie waren eine intelligente und sehr schöne Frau.

Schön? Das hab ich selbst nie so gesehen.

Aber er wird es gesehen haben.

Der Peter hat ja ziemlich viele tolle Frauen gehabt.

Zum Glück hat er Sie für die ahnungslose Prinzessin auf der Erbse gehalten.

Richtig. Damit hat er mich herausgefordert. Nach unserem Disput hat er dann begriffen, dass ich in einer intellektuellen europäischen Familie aufgewachsen bin. Und ich habe gemerkt, hier ist einer, der mehr weiß als andere.

Und wie ging es dann weiter?

Mit dem Peter? Gleich am nächsten Tag kam er schon an.

Wusste er denn, wo Sie wohnen?

Das hat er von meinen Freunden erfahren.

Und sind Sie gleich zusammengezogen?

Nein, nicht gleich.

Aber Sie waren gleich ein Liebespaar?

Ein Liebespaar ja.

Doch Nadja wird erst zwanzig Jahre später zur Welt kommen. Und jetzt geht es erst einmal über Montagnola, Prag, Warnsdorf und London zurück nach Berlin ins Jahr 1934, als die Tragödie im Hause Weiss geschah.

Peter Weiss nennt sein Ölbild »Der Hausierer«. Er, der Emigrant, steht im Vordergrund mit einem Bauchladen. Er möchte ja etwas anbieten.

»WENN DU AN BEATRICE DENKST, STELL SIE DIR LACHEND UNTER BLAUEM HIMMEL VOR«

DAS TRAUMA

Der Tag begann mit Krach, Migräne und Geschrei. *Meine Geschwister keiften und prügelten einander,* schreibt Peter Weiss in »Abschied von den Eltern«. Er ist siebzehn damals, das älteste der vier Geschwister. Irene, Margit und Alexander, der jüngste, rennen durch die Wohnung, verbeißen sich ineinander *wie ein Rudel Füchse.* Frieda Weiss, die Mutter, liegt mit schwerem Kopfschmerz im verdunkelten Schlafzimmer und schreit mit ihrer durch Bühnen-Dramen geschulten Stimme nach Ruhe. Aber niemand hört auf sie, denn der Kampf der Kinder nimmt im Korridor gerade Fahrt auf. Da stürmt die Mutter wie eine Megäre aus ihrem Zimmer, *einen Tennisschläger in der erhobenen Hand, das Gesicht dunkelrot, das Haar strähnig flatternd.* Mama hat Krämpfe, ruft Margit, Mama hat Krämpfe! Das sind die letzten Worte, die Peter Weiss von seiner Lieblingsschwester hört. Da lösen sich die ineinander Verkeilten, rennen zur Wohnungstür und poltern durchs Treppenhaus ins Freie, hinaus in den heißen Augusttag. Und im Hause Weiss kehrt wieder Ruhe ein.

Alexander schnallt draußen seine Rollschuhe unter und wedelt die Preußenallee, in der sie wohnen, auf und ab, Peter Weiss mopst sich und trottet in *einer dumpfen Langeweile* durchs Berliner Westend, Irene und Margit sind mit ihren Freunden verabredet und gehen in den Grunewald. Als sie sich an diesem herrlichen Sommertag lachend und vergnügt wieder auf den Heimweg machen und warten müssen, bevor sie die vielbefahrene Heerstraße überqueren können, passiert das Unglück. Margit balanciert auf der Bordsteinkante herum, verliert das Gleichgewicht, kippt nach vorn auf die Straße – und wird überfahren.

Menschen stehen und glotzen, einer der Freunde rennt zu Tante Louise, Mutters Schwester, die in der Nähe wohnt, sie soll zu Hause anrufen. Das Martinshorn des Krankenwagens ist von weither zu hören, Sanitäter bringen die Bewusstlose ins Krankenhaus, die Polizei nimmt Irene mit auf die Wache, sie muss erzählen, wie es zu diesem Unfall gekommen ist. Arwed, einer der beiden Söhne ihrer Mutter aus erster Ehe, holt sie dort mit dem Auto ab und bringt die fassungslos weinende Halbschwester in die Preußenallee.

Peter Weiss erinnert sich, dass er an der Balkonbrüstung lehnt, als jemand seinen Namen ruft; *es war ein lautloser Ruf*, kein Schrei, und doch vernimmt er ihn *als atmosphärische Unruhe, als einen Kältestoß*. Er schaut zum Balkon hoch und hört Irene flüstern: Margit ist überfahren worden. Als er in die Wohnung hinauf läuft, sieht er am Ende des Korridors seine Mutter stehen, die sich immer und immer wieder übers Gesicht streicht, *dessen Züge auseinandergefallen waren*. Und sie stammelt ununterbrochen: Alles voll Blut, alles voll Blut ... Und alle andere stehen da, stumm, erstarrt, versteinert, nur die Mutter flüstert unaufhörlich: Alles voll Blut, alles ... bis der Vater eintrifft und seine Frau in die Arme nimmt.

Drei Tage dauert der Todeskampf von Margit. *Der Kopf meiner Schwester war mit Verbänden dicht umwickelt*, schreibt Peter Weiss, *und ihre Nase war in ein Drahtgestell gespannt*. Drei Tage sitzt er abwechselnd mit den Eltern und den Halbbrüdern Hans und Arwed an ihrem Bett, und er sieht, dass der Körper seiner noch nicht dreizehnjährigen bewusstlosen Schwester sich krampfhaft und in hohem Bogen aufbäumt *wie in äußerster Wollust* mit einem todbringenden Geliebten, und er hört ihr Stöhnen, sieht unter dem hochgerutschten Hemd ihren Bauch, den er noch vor so kurzer Zeit an seinem Leib gefühlt hat, sieht *die kleinen Brüste, die ich gestreichelt,* sieht die weiche Rundung ihres Schoßes, *in die ich mein Geschlecht gedrängt hatte ...* Wie auch immer diese erotische Phantasie, die er viele Jahre später in »Abschied von den Eltern« aus der Tiefe seines Gefühls heraufbeschwört, der Wirklichkeit entsprach, spielt keine Rolle.

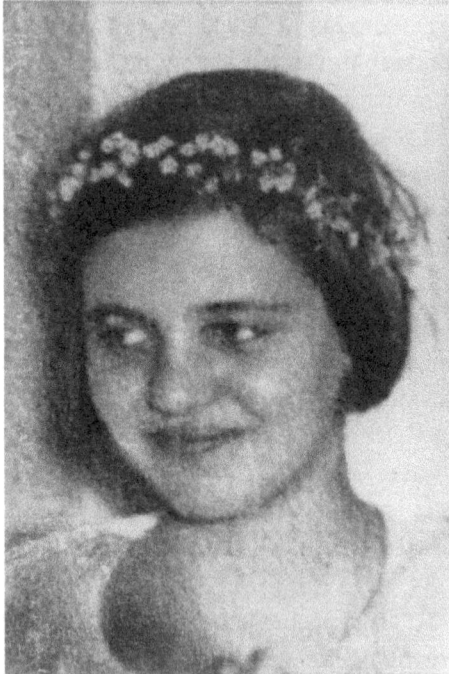

»Wenn die Frühlingswinde wehn, werden wir uns wiedersehn«.
Margit Beatrice

Er hat sie geliebt. Sie war in der frostigen Atmosphäre der Familie seine Beatrice, so hieß sie mit zweitem Namen. Sie hat ihm Modell gesessen. Und Irene, die das Zimmer dann nicht betreten durfte, hatte durchs Schlüsselloch geguckt. Da saß ihre *schon sehr gut entwickelte* Schwester auf einem Stuhl, stumm und feierlich mit gesenktem Kopf und ließ sich von ihrem Bruder zeichnen. Und nun, als er aus dem Krankenhaus kommt, schließt er sich in sein Zimmer ein, geht an die Staffelei und fängt an zu malen. *Während Margit mit ihrem unheimlichen Geliebten rang, bis ihre Kräfte sich langsam verbrauchten, malte ich mein erstes großes Bild,* malt drei bleiche Gesichter, die aus der Schwärze kommen, drohende Figuren wie aus einem Kafka-Roman. Es sind »Die Richter«, die ihr Urteil gesprochen haben, mit geschlossenen Augen, gnadenlos. Es ist das Todesurteil.

Am dritten Tag stirbt seine Beatrice. Es ist der 3. September 1934. Und Irene, die das Zimmer mit ihrer Schwester geteilt hatte, liegt in dieser Nacht alleine da, *ohne allen Trost,* und aus dem Schlafzimmer der Eltern hört sie ihre Mutter schreien, *nein, sie brüllte ihren Schmerz aus sich heraus,* schreibt sie in ihren Erinnerungen »Auf der Suche nach einer Heimat«. Auch in den nächsten Nächten hört sie die Mutter, *die wie ein Tier schrie.*

Peter Weiss, fassungslos und verstört, zeichnet und schreibt sich von nun an seine Trauer, seine Versäumnisse, sein gemordetes Glück und seine Schuldgefühle von der Seele. Vielleicht ist das für den über Bord Gegangenen die Hoffnung, an ein rettendes Ufer zu kommen. Er lässt eine erfundene Figur, Günter Wald aus Brooklyn, Liebesbriefe an Beatrice schreiben, seine *liebe, liebe Bea,* mit der er so schöne Tage in Berlin erlebt hat. Es soll wohl ihr Freund sein, der mit im Grunewald war.

Und wenn die Frühlingswinde wehn,
Dann werden wir uns wiedersehn ...
Dein treuer Günter Wald.

Darunter gezeichnete Herzen und ein Ozeandampfer, der ihn wieder über den Atlantik bringen soll. Zu ihr. Doch dann kommt der Brief von einem gewissen Peter U. Fehér aus Berlin an, der natürlich Peter Weiss ist: *Wenn Du diesen Brief liest, mein lieber Günter, dann lebt Deine kleine zukünftige Frau nicht mehr.* Sie sei so traurig gewesen in den letzten Tagen, hatte so sehr auf einen Brief gehofft. Und sie habe noch gesagt, wenn Günter Ingenieur geworden ist, würde sie zu ihm nach Amerika fahren. Dann berichtet er über ihren Unfall, ihr zerschundenes Gesicht mit dem eingedrückten *Näschen*, aus dem es blutete, er möge sich das bitte nicht vorstellen. *Wenn Du an Beatrice denkst, dann stelle sie Dir vor: lachend vor einem blauen sonnigen Himmel.*

Noch im Dezember 1979, zweieinhalb Jahre vor seinem Tod, erzählt Peter Weiss dem Publizisten Peter Roos in Stockholm, dass er zehn Jahre lang den Tod der Schwester betrauert habe. *Das war ein Trauma. Ein Trauma, an dem ich mich schreibend und malend abgearbeitet habe.* Überall sei Margit aufgetaucht, in den Kohlezeichnungen, Aquarellen, Ölen oder getuschten Portraits, *alles Idealisierungen der Schwester.* Madonnenhafte Figuren, die aus dem Nebel zu kommen scheinen, sind Bilder der Liebe. Auch das Aquarell, in dem sich Weiss zwischen die Schwester und den Tod gedrängt hat, als wollte er ihn nicht an sie herankommen lassen. Es sind ernste, fast blicklose Köpfe, unzertrennlich nebeneinander, als wollte Orpheus seine Eurydike aus dem rotglühenden Hades zurückholen. Doch der Tod weicht nicht von seiner Seite. Er wird die Geliebte nicht freigeben.

*Sein Selbstportrait zwischen dem Tod und Margit Beatrice malt
Peter Weiss, als seine Schwester im Todeskampf liegt*

»ES WAR WIE EIN WIRRES GESCHREI AUS DER HÖLLE«

KRANKER FAMILIENFRIEDEN

Wer ist er? Wohin gehört er? Peter Weiss hat nie einen deutschen Pass besessen, obwohl er am 8. November 1916 in der Nähe von Potsdam geboren wurde, in Nowawes bei Neubabelsberg. Sein jüdischer Vater, Eugen Weiss, war ein Textilfabrikant aus Ungarn, der nach dem Ersten Weltkrieg die tschechoslowakische Staatsbürgerschaft angenommen hatte. Die bekommt auch sein Sohn. Auf einem Foto mit dem pausbäckigen Peter im eleganten Kinderwagen trägt Leutnant Weiss noch die Uniform der k. u. k. Monarchie.

Seine Frau Frieda steht mit großem Hut hinter ihm. Ihre zwei Knaben aus erster Ehe, Hans und Arwed, flankieren das Paar in kurzen Hosen und Matrosenkragen. Frieda Weiss war 1904 gegen ihren Willen mit dem vermögenden, zwanzig Jahre älteren Ernst Thierbach verheiratet worden, und der rettete dafür die Firma ihres Vaters vor dem Konkurs. Als die Ehe acht Jahre später geschieden wird, lebt sie bereits in Nowawes bei Berlin. Damals werden die Söhne von ihrer Perle, der Köchin Auguste, versorgt, und die temperamentvolle junge Mutter, die endlich befreit ist vom ungeliebten Mann, wird durch Zufall im Deutschen Theater von Max Reinhardt entdeckt und spielt schon bald große Rollen. Eine geborene Aktrice, ohne je Schauspielunterricht gehabt zu haben.

Sie ist zu der Zeit eine große, schlanke, attraktive Frau mit schwarzem Haar, dunklen Augen, kraftvoller Stimme und dem Talent zur Tragödin. Es muss eine aufregende, glückliche Zeit gewesen sein, aus der sie all ihre Theaterzettel aufgehoben hat. Und

Peter, umringt vom Vater Eugen Weiss in seiner k.u.k. Uniform, seiner Mutter Frieda und ihren Söhnen Hans und Arwed aus erster Ehe

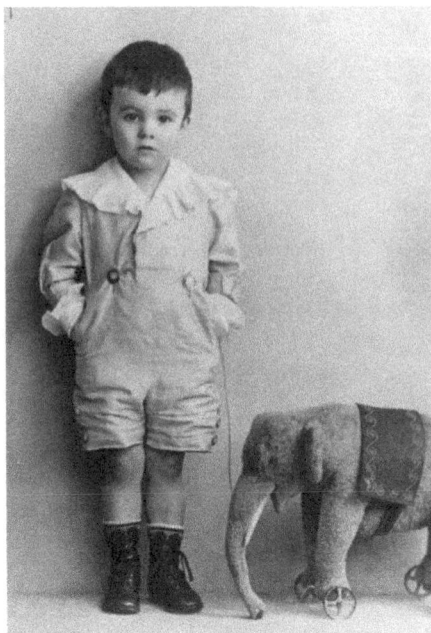

Der dreijährige Peter mit seinem Elefanten

da waren sie verzeichnet, die Großen, mit denen sie in ihrer kurzen Karriere auf der Bühne gestanden hat, mit Alexander Moissi, Fritz Kortner, Albert Bassermann und Wilhelm Murnau. Mit ihm spielte sie damals im Berliner »Circus Busch« unter Reinhardts Regie die Äbtissin im Stück »Das Mirakel« von Karl Gustav Vollmoeller. Und Murnau war der strahlende Ritter, der die Schöne entführt – und verführt. Als sie ins Kloster zurückkehrt, übergibt sie der Jungfrau Maria, die sie während ihrer aufregenden Abwesenheit vertreten hat, ihr Kind, das nun als Jesus weiterlebt. Das ist Vollmoellers Erklärung für die Jungfrauengeburt. Und Reinhardt inszenierte das Stück als Mysterienspiel mit Chören, Sängern und Musik von Engelbert Humperdinck.

In »Fluchtpunkt« schreibt Peter Weiss, wie seine Mutter ihm erzählte, dass sie bei der Aufführung einen Schrei ausstoßen musste, und den Ton dieses Schreis jedes Mal so genau traf, dass die Musiker im Orchester ihre Instrumente danach hätten stimmen können. Und sie hatte ihm auch angedeutet, wie sehr dieser Murnau sie vergöttert habe, also eine Ehe mit ihm sei nicht ausgeschlossen gewesen, meinte sie. Und sie schenkte ihrem Sohn jenen Kopf aus Ton, den Murnau nach dem Brennen selbst bemalt und ihr dann verehrt hatte. Es war ein Selbstbildnis. Dieser Kopf stand lange im Zimmer von Peter Weiss, und er betrachtete ihn als seinen *Wunschvater*, denn bei ihm, glaubte er, hätte er sicher das Verständnis gefunden, das seine Eltern für seine Malerei nicht hatten.

Doch damals, als sie noch Theater spielte, das war kurz vor dem Ersten Weltkrieg, saß Abend für Abend, wenn Frieda Thierbach auf der Bühne stand, der attraktive junge Ungar Eugen Weiss im Parkett. Wie immer er seine Bewunderung gezeigt haben mag, mit Blumen und Billetts vielleicht, die er am Bühneneingang abgegeben, er gewann am Ende ihr Herz und ihre Hand. Und das war gut so, denn Frieda Weiss, wie sie nun bald hieß, wird vielleicht nicht gewusst haben, dass Wilhelm Murnau homosexuell gewesen ist, dass sein Lebensgefährte der Dichter Hans Ehrenbaum-Degele war, der im Juli 1915 an der Westfront fiel und dem Else Lasker-Schüler, die mit ihm und Murnau befreundet war, den schönsten Abschied schrieb. Und der beginnt so:

Er war der Ritter in Goldrüstung.
Sein Herz ging auf sieben Rubinen ...

Genau einen Monat zuvor, im Juni 1915, war Jenö, wie die Braut ihren Verlobten Eugen Weiss nannte, verwundet worden. Da verließ die Mutter, wie ihre Tochter Irene später schreiben wird, das

Theater für immer, gab die beiden Söhne Hans und Arwed wieder in Augustes Obhut und reiste mitten im Krieg nach Lemberg ins Feldlazarett. Drei Schüsse hatten ihren künftigen Mann getroffen. Sein Feldstecher hatte den tödlichen abgewehrt. Aber die Wunden hatten sich entzündet, und der Patient halluzinierte. Sie musste ihn aus dieser Umgebung, in der zerschossene, amputierte, fiebernde Soldaten schrien und starben, rausholen. Doch ein Verwundeter aus der k. u. k. Doppelmonarchie musste in Österreich behandelt werden, und Lemberg war im Juni zurückerobert worden. Doch die Braut ist resolut. Sie habe die Mütze eines deutschen Offiziers gesehen, genommen, aufs Bett ihres Jenö gelegt und ihn mit energischer Stimme zum Deutschen gemacht. Und es war keine leichte Arbeit, sich danach einen Platz im Lazarettzug nach Berlin zu erobern.

Noch im selben Jahr heiraten sie nach jüdischem Ritus. Und sie haben mit vier Kindern den Satz aus dem 1. Buch Mose beherzigt, der eine wichtige Grundlage der jüdischen Religion ist: *Seid fruchtbar und mehret euch und füllet die Erde.* Doch schon wenige Jahre nach der Eheschließung wird der Vater zum protestantischen Glauben konvertieren und auch seine Kinder taufen lassen. Und doch empfindet sich Peter, der Erstgeborene, früh schon als ein Ausgestoßener, Unzugehöriger. Er fühlt sich eingeschlossen im Haus der Eltern, die inzwischen nach Bremen gezogen sind, wo sie zehn Jahre bleiben werden, erst am Hafen, dann in einer großbürgerlichen Villa in Bremen-Horn.

Er sucht sich früh schon seine kleinen Exile, immer irgendwo draußen, immer weg vom Haus und von der Mutter. Und wenn die dann mit ihrer theatralischen Stimme P e t e r ruft, wird er schockartig aus seiner Welt gerissen, *wie eine Harpune schlug er in mich ein*, dieser Name, den nicht er sich gegeben hatte. Und dann läuft er aufs Haus zu und sieht das Gesicht seiner Mutter, das sich plötzlich in eine *Wolfsfratze mit drohenden Zähnen* verwandelt

Der zweijährige Peter zwischen Vater und Mutter,
die er »Portalfiguren meines Daseins« nennt

hat. Sie ist die Wütende im Haus, in ihr *herrschte das Wilde und Unbändige*, in der treuen Seele Auguste, die als Haushälterin immer dabei ist, *das Duldende, Demütige.*

Und dann der erste Schultag: Panik. Da helfen auch die klebrigen Himbeerbonbons aus der Schultüte nicht, die jedes Kind mit sich trägt. Am Eingangstor reißt er sich von der Hand der Mutter los und rennt davon. Rennt die Allee hinunter, vorbei an den Schwänen, hinein in den Park, weg von der Schule, die ihn schon jetzt in Angst und Schrecken versetzt. Doch die Mutter holt ihn zurück, liefert ihn im Klassenzimmer ab, wo alle sich nach ihm umschauen, denn er ist *der Zuspätgekommene.* Und er wird der Auserwählte, der vom Lehrer mit knochigen Fingern am Ohr hochgezogen und an die Tafel gezerrt wird, weil er gelacht haben soll, der sieht, wie dem Pauker die Spucke in Fäden aus dem Mund läuft, als er ihn anschreit, der seine geöffnete Hand ausstrecken soll, damit der Rohrstock auf die Finger heruntersausen kann. *Die Klasse war eine einzige, dicke, blutrünstige Stille*, schreibt Weiss. Und der Stock saust haarscharf vorbei auf den Katheder, weil er die Hand im letzten Augenblick zurückzieht. Irgendwann trifft aber der Rohrstock mit voller Wucht. *Blind unter aufschießenden Tränen* stolpert er zurück an seinen Platz. Und nach der Schule ist er das Ziel der Klassenkameraden. Wenn er langsam geht, gehen sie auch langsam und stoßen ihn herum, wenn er schneller wird, werden sie es auch. Und wenn er auf die andere Straßenseite geht, werfen sie Steine nach ihm.

Und der Vater? *Der stärkste Eindruck seines Wesens war seine Abwesenheit*, schreibt Weiss. Doch am Abend, wenn er aus seiner Textilfabrik kommt, kann es passieren, dass die Mutter ihn schon am Gartentor empfängt und ihm wild gestikulierend von Peters Schandtaten berichtet, von Prügeleien mit den Geschwistern oder Rügen und Beschwerden der Lehrer. Und der Vater, der ganz ungeeignet für Bestrafung ist, muss auf Drängen seiner Frau zur Züchtigung ins Zimmer hochsteigen, in dem der Junge eingeschlossen auf die Prügel wartet.

Woher hat die Mutter diese Härte? Ihr Vater, hatte sie einmal erzählt, hätte mit der Hundepeitsche bei Tisch gesessen und seine sechs Töchter, die ihr Essen mit unterm Arm geklemmten Zeitungen zu sich nehmen mussten, Hiebe versetzt, wenn ihre Haltung nachließ. Sie sei ihm dankbar für diese Erziehung gewesen, hatte sie tatsächlich gesagt. Es habe sie stark gemacht. Ja, stark war sie. Der Vater nicht. Die Prügel, die er austeilen muss, sind von ihr oktroyiert. Peter Weiss erinnert sich an die *demütigende Gemeinschaft*, wenn er auf den Knien des Vaters liegt und der auf ihn einschlägt. *Da er nicht stark war, taten seine Schläge nicht weh.* Und am Ende, wenn er seine Schuldigkeit getan, geht das Ritual aus wie es stets ausgeht: Die beiden umarmen und versöhnen sich, auch die Mutter kommt nun hinzu, und dann liegen sich alle drei in den Armen. Das sei, schreibt Weiss, *der kranke Familienfrieden* gewesen.

Nur einmal habe er in seiner Kindheit erlebt, was körperliche Freiheit heißen kann. Er und seine Geschwister waren an einem herrlichen Hochsommertag mit den Eltern bei befreundeten Nachbarn eingeladen. Der Hausherr, er hieß Fritz, war das exakte Gegenteil seines Vaters: Vital, kraftvoll, vergnügt, witzig. Und der Sohn erinnert sich genau, wie seine Mutter vor diesem Mannsbild aufblühte und sein Vater diese Veränderung seiner Frau sehr wohl bemerkte. Die braungebrannten Kinder von Fritz tollten nackt im Garten umher, und die Weiss-Kinder standen da in ihrer Sonntagskluft, Irene und Margit in weißen Kleidern mit gestärkten Krägen, er im dunkelblauen Matrosenanzug mit Schlips. Und da kommt dieser Fritz auf sie zu, zieht den Mädchen kurzerhand die Kleider aus, vor Schreck verkriecht sich Peter unter einer Tanne, doch der Hausherr holt ihn hervor, zieht auch ihn aus und jagt ihn zu seinen Kindern ins Freie. *Und wir erlebten,* schreibt Weiss, *was*

*Peter Weiss mit seinen Schwestern Irene und Margit in den Ferien –
auch in dunkler Sommerbekleidung noch lebendig.*

*wir jeden Sommertag hätten erleben können, aber was nie wieder-
kam, wie wir in unserer Nacktheit lebendig wurden.*

Nacktheit im Hause Weiss ist für Peter Demütigung. Dann
wäscht ihn die Mutter, dann säubert sie sein Glied derart heftig,
dass er vor Schmerz *halb ohnmächtig* wird. Er müsse sich sauberer halten, sagt sie ihm dann. Der Schmutz darin komme von
seinen kranken Gedanken. Und die kranken Gedanken waren natürlich seine nächtlichen Phantasien, in Gefangenschaft barbarischer, gewalttätiger Frauen zu geraten, die befriedigt werden
mussten. Wenn also die Wollust ihn überkam, gab er ihr nach,
*selbst wenn als Resultat dieses Nachgebens mir die Haare ausge-
hen, und Geschwüre mein Gesicht bedecken, und die Zähne mir
heraus fallen würden.*

Wenn er am Tag allein sein will, steigt er hoch in sein Exil. Auf den Dachboden. Da stehen Truhen und Koffer mit verborgenen Schätzen. Da sucht er nach Vergangenheit und findet die Uniform seines Vaters, die er im Krieg getragen, und er findet ein kostbares Kleid seiner Mutter mit herrlichen Accessoires. Er breitet die hellgraue Uniform auf dem Boden aus, legt den Säbel mit den silbernen Quasten am Knauf dazu und das Fernrohr, das ihm das Leben gerettet hatte. Dann hebt er seine Mutter aus der Truhe, drapiert das Kleid neben den Vater, legt den Fächer aus Straußenfedern dazu und krönt sie mit dem perlenbestickten Kopfschmuck. Da liegen sie nun vor ihm, die Eltern, ungefährlich, schön, schweigend.

Und als er das Kästchen mit Fotografien entdeckt und die Theaterbilder seiner Mutter darin findet, sie als ägyptische Prinzessin, als Äbtissin, Zigeunerin und griechische Priesterin, da erinnert er sich, was sie so oft und gerne über das Werben des Vaters erzählte: *es war die Romanze vom kleinen Leutnant, der die gefeierte Schauspielerin umwarb, mit Blumen überschüttete und schließlich gewann.* War es nur seine Romanze? Und hat sie das Theater wirklich so leicht aufgegeben? Sie hatte gesagt, ja, alles dort sei ihr zu locker gewesen, zu *provisorisch*. Die neue Bühne schuf ihr dann der Leutnant a. D. nach der Hochzeit mit abendlichen Gesellschaften, mit Tanz und teuren Toiletten. Das war der Ersatz für die verlorenen Rollen. Der junge Peter Weiss betrachtet das Foto der Liebenden. Beide 1885 geboren. Doch der Vater brav gescheitelt, sehr schmal, sehr jugendlich, die Mutter nun schon eher von stabiler Statur.

Im Dachboden-Exil findet er auch einen Brief des Vaters, den der seiner damaligen Braut kurz vor dem Gefecht, in dem er so schwer verwundet wurde, geschrieben hatte. Es war ein Liebes-Abschieds-Brief für den Fall, dass er stürbe. Dazu Bitten an den Kameraden, der seine Leiche finden würde. Der möge seinen Ring und diesen Brief an die Braut schicken, die er nun zum letzten Male grüße. *Wäre ich noch, heißt es da, dann hätte dein Leben erst begonnen, ich hätte es dir so schön bereitet, wie du dirs nicht träumen könntest.* Und da sieht er den Vater auf dem Schlachtfeld, sieht ihn von Schüssen getroffen im Erdloch liegen, wimmern, bluten, und da tauchen dann Bilder auf, als er selbst noch klein war und nachts versuchte, Gesprächsfetzen aus dem Schlafzimmer der Eltern zu verstehen, und er erinnert sich, wie die Mutter ihm am Abend die Hände, die unter der Bettdecke steckten, auf die Decke legte, wo sie zu bleiben hätten.

Und beim Lesen vom möglichen Tod des Vaters tauchen seine eigenen Todesphantasien wieder auf, die er jede Nacht ausbrütet. *Jede Nacht starb ich, erwürgt, erdrückt,* wenn die Geister an Türen und Fenster kratzen, wenn sie mit spitzen Nägeln durch die Tapeten kriechen und dabei pfeifen und zu ihm rutschen, wenn sein Herz zu rasen anfängt und er nicht schreien kann und die Luft anhält, bis er glaubt, ersticken zu müssen, bis er kurz vor einer Ohnmacht ist. Da steigt er in Angst und Schrecken aus dem Bett und schleicht zwischen den Geistern und Getümen durchs Haus, und *das Grauen hatte sich zu einer wollüstigen Schwerelosigkeit verwandelt.* Von unten hört er das Ticken der Standuhr, und der Sandmann kommt mit schweren Schritten die Treppe hoch, im Schlafzimmer der Eltern, in das er flieht, hört er den Vater leise schnarchen, und er sieht die nackte Göttin auf dem Bild überm Ehebett, und im Mondlicht erkennt er unter den Stühlen die nebeneinandergestellten Schuhe von Mutter und Vater, die *wie geduldige Tiere* da stehen ... Das sind Szenen wie aus einem Film von Ingmar Bergman, mit dem Peter Weiss und seine Gunilla später zusammenarbeiten werden.

Die Eltern sind damals mehr entsetzt als besorgt über ihren nachtwandelnden Sohn. Sie stellen Schüsseln mit kaltem Wasser vors Bett, die seine Wanderungen stoppen sollen. Herbeigerufene

Ärzte glauben, der Junge sei von einer Fliege – die sich mit Malaria aus dem nahegelegenen Irrenhaus infiziert haben könnte – gestochen worden. Er? Auf dem Wege, ein Irrer zu werden? Das muss geprobt werden. Irre hat er doch immer wieder im nahen Park beobachten können. Und da steht er dann vor dem Spiegel, lallt, streckt die Zunge raus, schneidet Grimassen, lässt Speichel aus seinem Mund fließen, der irre Peter. So lernte er zu leben, schreibt er. *Und in der Tiefe leben die ungestillten Wünsche weiter fort.*
In Berlin, wo die Familie seit 1929 lebt, sind ihm erste Wünsche gestillt worden. Die Textilfirma seines Vaters war dorthin verlegt worden. Hier, in der Kulturmetropole, fängt der junge Peter Weiss an, aufzuleben, hier lernt er Ulrich Rothe kennen, der sein Freund wird und den er Uli nennt. Mit ihm sieht er im Theater am Schiffbauerdamm die legendäre »Dreigroschenoper« von Bertolt Brecht, die bis Anfang 1933 gezeigt werden konnte.

Und der Haifisch, der hat Zähne
Und die trägt er im Gesicht ...

Natürlich kennt er diese Moritat von Mackie Messer, die Kurt Weill für die Ewigkeit vertont hat:

An 'nem schönen blauen Sonntag
Liegt ein toter Mann am Strand
Und ein Mensch geht um die Ecke
Den man Mackie Messer nennt.

Und das Lied aus dem »Aufstieg und Fall der Stadt Mahagonny« kennt er. Die Spelunken-Jenny singt es unterm Mond von Alabama. Haben die Freunde auch im BE gehört:

Well, show me the way
To the next whisky bar
Oh, don't ask why
Oh, don't ask why ...

Und er ist mit Uli ins Pergamonmuseum gegangen. Hier sieht er sie, die Schlacht der marmornen Götter gegen die Giganten, die den Olymp erstürmen und erobern wollten. Die Sagen der Antike kennt er, nun sieht er auf den langen Friesen die Morgenröte vorneweg laufen, die Mondgöttin hinterdrein, sieht Ares, Aphrodite und Hekate, die dreileibige Göttin der Magie, sieht Iris, die über den Regenbogen ins Schlachtgetümmel gekommen ist. Aus Heras Viergespann steigen Zeus und Herakles, von dem nur noch die Pranke seines Löwenfells zu sehen ist, auch vom Göttervater ist nicht mehr übrig geblieben als sein mörderischer Blitz, der gerade einen Giganten tödlich getroffen hat, doch sein Adler ist zu sehen, der Zeus den Blitz für neue Angriffe zurücktragen wird. Zwischen den dampfenden Leibern trampelt Artemis über einen Giganten hinweg, ein anderer wird von einem ihrer Hunde in den Nacken gebissen, Athene hebt einen Angreifer am Schopf in die Höhe, denn sobald ein Gigant keinen Boden mehr unter den Füßen hat, schwindet seine Kraft. Und Leto, die einstige Geliebte von Zeus, geistert mit ihrer Fackel über das Schlachtfeld hinweg.

Diese Bilder werden 1975 wieder auftauchen, wenn der erste Band der »Ästhetik des Widerstands« erscheint. *Rings um uns hoben sich die Leiber aus dem Stein, zusammengedrängt zu Gruppen, ineinander verschlungen oder zu Fragmenten zersprengt, mit einem Torso, einem aufgestützten Arm, einer geborstnen Hüfte, einem verschorften Brocken ihre Gestalt andeutend, immer in den Gebärden des Kampfes ...* So wird sein Jahrhundert-Roman beginnen.

Jetzt aber durchlebt er erst einmal die drei vor ihm liegenden Jahre wie einen rasanten Bildungsroman. *In diesen Jahren,*

Peter Weiss, Irene und Ulrich Rothe, hier zu Besucht in London,
als die Familie Weiss bereits im Exil lebt. Der Jugendfreund wird
im Krieg umkommen.

zwischen 1931 und 1933, erwarb ich meine ganzen Literaturkennt-
nisse. Er liest alles von Hermann Hesse. Hesse, sagt er, sei bis weit
in die vierziger Jahre hinein sein Literatur-Idol gewesen. Er liest
»Peter Camenzind«, »Roßhalde«, »Demian«, »Siddhartha«, den
»Steppenwolf«, über den Hesse schreibt: *Er ging auf zwei Beinen,*
trug Kleider und war ein Mensch, aber eigentlich war er doch eben
ein Steppenwolf, liest »Narziß und Goldmund«, und im Roman
»Unterm Rad« wird Peter Weiss sich vielleicht in zwei Schülern
wiedererkannt haben. Der eine will Künstler werden und deklamiert draußen in der Natur *mit göttlicher Freiheit und feuriger*
Leidenschaft Schiller- und Shakespeare-Verse. Er rettet sich durch
Flucht aus der verhassten Schule. Der andere ist nicht so stark, er
ist eine beschädigte Seele, wird zum Todesträumer und geht am
Ende ins Wasser.

Da mag Peter Weiss sich an sein Schulzeugnis erinnert haben, in dem am Schluss dieser schreckliche Satz stand, *vor dem mein ganzes Dasein zerbrechen sollte.* Wegen dieses Satzes machte er Umwege, traute sich nicht zu den Eltern, nicht mit so einem Satz. Aber nach Stunden schlich er dann doch ins Haus, *weil ich nicht die Kühnheit hatte, mich als Schiffsjunge nach Amerika anheuern zu lassen.* Und wer sitzt da bei den Eltern im Wohnzimmer? Der Nachbar Fritz, bei dem er an einem heißen Sommertag das Glück der Nacktheit erlebt hatte. Als er nun bleich und verstört sein Zeugnis aus der Schultasche zieht und die Eltern schon ahnen und der Vater ihn anblickt, *als sehe er alles Unheil der Welt hinter mir aufgetürmt,* da reißt der fröhliche Nachbar, der ja ein sehr erfolgreicher Mann war, das Blatt an sich, liest – und bricht in ein Gelächter aus. Nicht versetzt!, ruft er begeistert. Er sei vier Mal sitzen geblieben! Alle Begabten seien mindestens einmal sitzen geblieben. *Damit,* schreibt Weiss, *war die Todesangst zerstäubt.* Und er fragt sich in »Abschied von den Eltern«, wie sein Leben wohl verlaufen wäre, wenn er so einen Vater gehabt hätte.

Nach Hermann Hesse lesen Uli und er alles, was sie von Thomas Mann bekommen können. Also »Buddenbrooks«, »Königliche Hoheit« und den »Zauberberg«. Da leben sie dann einen Roman lang mit der Gesellschaft weltentrückter Gestalten, mit der kirgisenäugigen, türenschlagenden Russin Clawdia Chauchat, dem lebensfrohen Aufklärer Settembrini, dessen rabulistischen Kontrahenten Naphta, und Hans Castorp, der wie ein Fremdkörper in jene Gesellschaft geraten ist, wird ihnen eher als der reine bürgerliche Tor vorgekommen sein. Von Brecht lesen sie natürlich den »Baal«, diesen wilden, vitalen Dichter, der mal säuft, mal rumhurt, mal zusticht und am Ende krepiert. Ein Theaterstück wie ein Gedicht von François Villon:

Liebt, wen ihr wollt und wie ihr könnt,
Treibt's wild auf Feiern und auf Festen,
Am Ende werdet ihr schon sehn,
Ihr holt euch einzig blutge Köpfe ...

Mit seinem Freund Uli durchstreift er die Berliner Museen. Sie lieben Paul Klee und Emil Nolde, nehmen einige Monate Unterricht beim Zeichner und Portraitmaler Eugen Spiro, der in München Meisterschüler von Franz von Stuck war, und Weiss traut sich gleich an ungewöhnliche Perspektiven, wenn er das Aquarell seiner »Berliner Friedrichstraße« vertikal anlegt, die Menschen also von unten nach oben und umgekehrt flanieren lässt. Als der jüdische Professor Spiro bereits emigriert ist, entstehen 1934 schon die ersten Ölbilder auf Holz: Menschen in der Straßenbahn, die den Betrachter starr und bunt anschauen, mit Bowler, Bart und Monokel, mit Blindenbrille, mit erschrecktem, scheuem oder desinteressiertem Blick. Es gibt auch Gedichte aus Brechts »Hauspostille«, die ihm Stoff für Bilder geben. Er hat sie alle gelesen, die Balladen von Liebestod oder vom verführten Mädchen, die Legende vom Toten Soldaten, die Ballade von den Seeräubern, den Alabama Song und die »Erinnerung an die Marie A.«, Brechts Jugendliebe:

Und über uns im schönen Sommerhimmel
War eine Wolke, die ich lange sah
Sie war sehr weiß und ungeheuer oben
Und als ich aufsah, war sie nimmer da.

Die dunkle Seite der künstlerischen Glücksmomente ist, dass sein Vater ihn vom Heinrich-von-Kleist-Gymnasium in Schmargendorf auf die Rackow-Handelsschule nach Berlin schickt. Nicht aus fehlender Begabung, nein, aber das Damoklesschwert der

33

Emigration hängt über der Familie und damit eine ungewisse Zukunft. Deshalb will Eugen Weiss noch vor dem Absprung nach England seinen Sohn auf eine Mitarbeit im Betrieb vorbereiten. Und so lernt der Junge denn Schreibmaschine und Stenographie, was seine *Unzugehörigkeit* nur noch erhöht. Dass er einen jüdischen Vater hat, weiß er zu der Zeit noch nicht. *Ich war Ausländer. Fertig.* Von seiner jüdischen Herkunft wird er erst erfahren, als er mit seinem Halbbruder eine Hitlerrede im Radio hört.

Das Aufquellen des Dritten Reichs, spielt damals im Kopf von Peter Weiss keine Rolle. Nicht der Reichstagsbrand, nicht die Bücherverbrennung oder das Massaker beim Röhm-Putsch durch SS-Kommandos, nicht der Mord an Bundeskanzler Engelbert Dollfuß in Wien und nicht der Tod des Reichspräsidenten Paul von Hindenburg, der Hitler nun alle Wege freimacht, nein, damals sei er blind im Strom gewesen. *Damals dachte ich nur an meine Dichtung, an meine Malerei, an meine Musik.*

Aber dann hatte es ein Ereignis gegeben, das alle Ahnungen und Warnzeichen seiner frühesten Kindheit – die für ihn wie ein Menetekel an der Wand standen – erklären und bestätigen sollte. Er hört eine Rede von Hitler im Radio, die *wie ein wirres Geschrei aus der Hölle* klang. Neben ihm sitzt sein Halbbruder, den er im »Abschied von den Eltern« nicht beim Rufnamen, sondern Gottfried nennt. Und sie hören *überwältigt* dem heiseren Brüllen zu. Vom Inhalt kriegen sie nichts mit, *es war ja kein Inhalt da, nur unerhörte Ausmaße von Leere, Leere mit Schreien gefüllt.* Aber diese Leere schien den beiden so übermächtig, dass sie sich darin verloren *als hörten wir Gott in Orakeln sprechen.*

Als dann ein geradezu hysterischer Orkan jubelnder Nazis losbricht, sagt Gottfried zu ihm: *wie schade, daß du nicht dabei sein darfst.* Nein, erschreckt habe ihn dieser Satz nicht. Nach dem 31. Januar 1933 durfte er doch nicht, wenn der Lehrer morgens im Braunhemd mit dem Führergruß ins Klassenzimmer kam, »Heil

Hitler« brüllen wie seine Schulkameraden, er durfte nur aufstehen und strammstehen. Weil er Ausländer war. Tscheche. Doch als sein Halbbruder nun die richtige Erklärung für sein Nicht-dabeisein-dürfen gibt und ihm erzählt, dass sein Vater ein Jude ist, was Peter Weiss bis dahin nicht wusste, da beginnt der Siebzehnjährige plötzlich, seine Vergangenheit zu verstehen, seine längst gefühlte Entwurzelung, begreift mit einem Mal, warum die Jungs in der Schule ihn, den schwächeren, den zarteren, verfolgt, verhöhnt und mit Steinen beworfen hatten, kapiert, warum die Eltern bereits dabei sind, den Umzug nach London vorzubereiten: Weil er – wie auch seine jüngeren Geschwister – und sein Vater Juden sind. *Und so war ich mit einem Male ganz auf der Seite der Unterlegenen und Ausgestoßenen.*

Und als kurz darauf dann Margit überfahren wird, die Lieblingsschwester, mit der er sein zärtliches »Wälsungenblut« erlebt hatte, als sie unter Tannen auf dem Friedhof in Stahnsdorf bei Berlin begraben wurde, da empfand er sich bereits auf dem Heimweg wie ein Schiffbrüchiger. *Es gab kein nachhause mehr. Die Fahrt ins Ungewisse hatte begonnen.*

35

»IN DEN GESPRÄCHEN MIT JACQUES VERLOR ICH ALLE FURCHT VOR DEM LEBEN«

ZWISCHEN LONDON UND PRAG

Vorm Haus in der Preußenallee 42 steht der gewaltige Möbelwagen. Alles ist gepackt, alles wird verstaut, der ganze Hausrat aus acht Zimmern geht per Schiff nach England. Irene, die gerade konfirmiert wurde, beschreibt den Abschied im Gedränge des Anhalter Bahnhofs. Die zwei Schwestern der Mutter sind gekommen, die Vettern, Schulkameraden, Peters bester Freund Uli. *Alle weinten, alle umarmten und küssten einander.* Und als sie im Zug sind und das Fenster runtergeschoben haben, steht Tante Tilly da, *den Pelzkragen hochgeschlagen, die Hände im Muff.* Tränen, Winken, dann setzt sich der Zug in Bewegung. Ein Abschied für immer – am 29. März 1935.

Tante Gertrud, die jüngste Schwester von Frieda Weiss, die in England verheiratet ist, hat ganz in der Nähe ihrer Villa, in Chislehurst, einem Vorort südöstlich von London, ein Haus mit großem Garten für die Familie gefunden. Mädchenzimmer im Souterrain, im Erdgeschoss Wohn- und Esszimmer, Herrenzimmer, Bibliothek, Wintergarten, im ersten Stock Schlafzimmer, Bad, unterm Dach das Atelier von Peter Weiss, und vom nahen Golfplatz können sie hören, wenn die Bälle abgeschlagen werden.

Natürlich bricht auch hier in England der alte Konflikt zwischen den Eltern und ihrem Ältesten erneut auf. *Ich wollte Maler werden, und mein Vater wollte, daß ich einen praktischen Beruf ergreifen sollte.* Er kann seinen Eltern nicht verständlich machen, dass Malen und Schreiben für ihn richtige Arbeit ist. Seine Mutter ist todunglücklich in dem Land, in das sie nicht wollte. Ihre Tochter liegt in Berlin unter der Erde, und sie kommt über Margits Tod nicht hinweg. Ihre erwachsenen Söhne leben dort, ihre anderen beiden Schwestern, ihre Freunde, sie fühlt sich elend und verlassen und spricht nicht gut Englisch, und der Sohn will nur malen und schreiben, und wenn man ihn fragt, wie das alles enden soll, dann schweigt er, und sie versinkt in Depressionen.

Ich lebte wie ein gekuschter Hund. Ich fraß die Brocken, die man mir hinwarf. Ich verkroch mich, schreibt Peter Weiss in »Abschied von den Eltern«. Sein Vater hatte ihm auch kein Studium zugetraut. Ihm fehle die Ausdauer, hatte er gesagt. Dabei sei sein Gesicht grau und vergrämt gewesen, und es schien dem Sohn, als müsse ein Mensch, der arbeite, grau und vergrämt sein. Doch das stimmte nicht. Nicht, wenn er malte.

Und er malt jetzt sein erstes wirklich großartiges Ölbild auf Holz: »Die Maschinen greift die Menschheit an«.

Alte, junge, weinende, schreiende, rennende, drängelnde, verzweifelte Menschen, die nach Luft ringen oder sich die Haare raufen, fliehen vor den anrollenden Maschinen, die alles hinter sich platt gewalzt haben. Das Haus auf der rechten Seite ist ebenfalls zerstört, man kann in zwei offene Stockwerke schauen. Im ersten liegt eine Tote unter weißem Laken vor leuchtend roter Tapete als sei sie bereits im Hades angelangt. Vielleicht ist es Margit, die ja von einer Maschine, einem Auto, getötet wurde. Im zweiten Stock steht ein junger Mann mit dunklem Haar vor einer Staffelei und malt. Es ist Peter Weiss. Er steht ruhig und gelassen da als ginge ihn das apokalyptische Spektakel unter ihm nichts an. Konzentriert malt er, was er durch die zerborstene Wand seiner Dachkammer sehen kann: einen Baum unterm Mondschein.

Das Bild ist wie eine Liebeserklärung an Hermann Hesses »Steppenwolf«, der Harry Haller heißt, also der Dichter selbst ist,

*In London malt Weiss »Die Maschinen greifen die Menschheit an« –
eine Erinnerung an die tote Schwester und eine Liebeserklärung an
Hesses »Steppenwolf«*

wie auch der Maler oben unterm Mond Peter Weiss ist. Sein Bild
scheint eine Hommage an die Szene im Roman zu sein, als der
Steppenwolf eine Droge genommen hat und sich im Vollrausch
ins Innere des Magischen Theaters traut. Da sieht er die Maschi-
nenwelt, die ihm so verhasst ist, die er vernichten will, also greift
er zur Waffe und schießt in die Autos hinein, dass die Menschen
nur so aus ihren bunten Blechgehäusen in die Luft geschleudert

werden. Wie auf Peter Weiss' Skizze zu seinem Gemälde. Da sind die Maschinen auch schon mitten in der Menschenmasse gelandet, feuern aus vollen Rohren durch die Gegend, und zwei Gestalten fliegen getroffen durch die Luft.

So wie Hermann Hesse seinen wilden Worttango in einer Krise zwischen Scheidung, frischer Verliebtheit und einer Analyse bei C. G. Jung schrieb, so malt auch Peter Weiss sein wildes Farbspektakel in einer Krise zwischen dem Tod der Schwester und dem unerfüllten Wunsch, Maler werden zu dürfen. Den Wunsch hat er wie nach einer versuchten Selbstanalyse dargestellt: den unabhängigen Maler im Chaos der Welt. Doch die Wirklichkeit sieht anders aus.

Und da ist dann auch bald wieder so eine unerträgliche Situation im Wintergarten. Die Eltern sitzen wie entwurzelt in ihren Korbsesseln, voller Trauer, mit dunklen Schatten unter den Augen, müde und verloren, und *ich verstand nicht, wie schwer sie um ihr Dasein kämpften*. Er könne so nicht weitermachen, sagt der Vater zu ihm. Er sei ein Träumer, wenn er glaube, von seinen Bildern und Geschichten leben zu können. Und der Sohn steht nur da mit hängenden Schultern und schweigt. Er schweigt ja immer, wenn die Eltern eine Entscheidung von ihm erwarten. Er steht da, *verschlossen und gefroren*. Und in diesem Schweigen erhebt seine Mutter sich schwerfällig, wankt ein paar Schritte zum Fenster hin, greift plötzlich, als sie sich nicht mehr halten kann, in die Gardine und reißt sie beim Fallen mit sich. Da liegt sie auf dem Boden und stöhnt, und der Vater schreit, der Sohn solle einen Arzt holen. Nein, ruft die Mutter, nein, sie will keinen Arzt, sie will nach oben gebracht werden, ins Bett, will nur ihre Ruhe haben.

Da einigen sich Vater und Sohn auf eine Doppellösung: Peter fährt morgens mit ihm die halbe Stunde mit dem Zug nach London ins Office nahe der Fleet Street, schreibt die Briefe, ordnet Kataloge und Stoffmuster. Und als der Dekorateur des großen

39

Kaufhauses am Piccadilly verschwunden ist, hilft er auch dort aus, stellt sich selbst ins Schaufenster, zieht die Puppen an und jongliert mit *Stäben und Fäden, Scheren und Gewehren, Kämmen und Schwämmen ... Nägeln und Kegeln, Pfeifen und Seifen, Hüten und Tüten* vor einem applaudierenden Publikum auf der Straße. Für seine Mitarbeit im Kontor verspricht ihm der Vater für den Herbst einen Kurs auf der Polytechnic School of Photography. Ja, den wird er ihm spendieren. Mit Fotokunst kann er später vielleicht sogar etwas verdienen. Und warum sollte er sie nicht auch für Stoffmuster bei ihm im Textilgewerbe einsetzen?

Wenn der Vater am Abend nach Hause zurückfährt, schlendert der Sohn noch durch London und lernt im kleinen russischen Café »Chatta« in der Nähe des Hyde Parks zwei deutsche Emigranten kennen, Ruth Anker und Jacques Ayschmann. Ruth ist auf dem Weg nach Südamerika, und Jacques wird zur Zauberfigur, die dreizehn Tage und Nächte lang dafür sorgt, dass Peter Weiss, der zu erlöschen droht, wieder in die Höhen der Kunst zurück katapultiert wird. Schon am ersten Abend im Café spielt dieser Jacques plötzlich auf einer imaginären Geige und pfeift dazu das Doppelkonzert von Bach. Da fällt sein Gegenüber jubelnd mit der zweiten Stimme ein. Und nun bricht eine Lust aus ihm heraus, die er seit Monaten nicht mehr gespürt hat. Er lässt vor Jacques ungemalte Bilder aufsteigen: *Visionen von apokalyptischen Landschaften mit Feuersbrünsten, fliehenden Tieren, Ertrinkenden und vergehenden Städten.* Dämonen wie bei Hieronymus Bosch, bei Breughel oder dem jüngsten Gericht von Michelangelo erwachsen seiner Phantasie, widerliche Fratzen, wollüstige Frauen, Gegeißelte und Gekreuzigte. Und Jacques baut mit an seinen Weltuntergängen. Da sitzen die beiden dann bis in die Nacht hinein am Tisch im Kellercafé und brechen am Ende ihrer Höllenfahrt in ein solches Gelächter aus, dass ihnen die Tränen nur so übers Gesicht laufen.

In meinen Gesprächen mit Jacques verlor ich plötzlich alle Furcht vor dem Leben, alles war mir möglich. Er ist dabei, sich seine Freiheit zu nehmen. Und als er diesen ungewöhnlichen Menschen mit dem schmalen Gesicht, dem zerzausten Haar und den tiefliegenden stahlgrauen Augen mit nach Hause nimmt, ahnt die Mutter sofort, was der bei ihrem Sohn anrichten wird. Die beiden verziehen sich unters Dach, liegen im Atelier zwischen Büchern und Zeichnungen und reden sich in eine Wörterschlacht hinein, bis sie am Ende ihre eigenen Texte nicht mehr verstehen und erschöpft einschlafen.

Als Peter Weiss am nächsten Morgen in die Küche kommt, steht seine Mutter schon da. *Er gefällt mir gar nicht,* sagte sie, *er hat gefährliche Augen.* Und sein Vater ruft, er solle sich beeilen, er gehe jetzt. Da sagt der Sohn, sein Freund sei noch da, er führe heute später. Und sagt auch, dass er eine Ausstellung mit seinen Bildern machen würde. Das war eine Idee von Ruth Anker. Jacques, sagt er, kenne jemanden, der einen leeren Raum zur Verfügung stellt. Da würden sie seine Zeichnungen und Gemälde aufhängen. *Meine Mutter stampfte mit dem Fuß auf den Boden.* Doch Jacques hatte das Tauwetter für seine Kunst eingeläutet.

Sie transportieren die Bilder in den Lagerraum über einer Garage in der Little Kinnerton Street – *in der riesigen Stadt in einem fremden Land in der unendlichen Welt.* Sie verschicken Karten, bitten ein paar Journalistenfreunde von Jacques, ein bisschen Reklame für sie zu machen, dann warten sie am Eingang zur Kunst – aber niemand kommt. Doch das stört den Maler nicht. Seine Bilder hängen in einem großen Raum, sie bilden eine Ausstellung, sie bestätigen ihn, er ist glücklich, und der Freund ist sein Erwecker.

Am dreizehnten Tag bringt er Jacques, der wieder bei ihm übernachtet hatte, zum Bahnhof. Wohin er fahren will, weiß Peter Weiss nicht. Nur nach London? Es war ja der Vorortszug, der in die Metropole fährt. In den steigt er nun ein und schiebt das Fenster nach unten. Oder will er etwa ganz weg? Irgendwann hatte er vom Spanischen Bürgerkrieg erzählt und dass er zu den Internationalen Brigaden wollte. Als der Zug langsam anfährt, schießt Peter Weiss seinen Freund Jacques mit der Spielzeugpistole seines kleinen Bruders – tot. Das Ding hatte im Garten gelegen, er hat es, als sie zum Bahnhof gingen, aufgehoben und eingesteckt. Beim »Schuss« hatte Jacques die Arme theatralisch hochgerissen, den Getroffenen gespielt und sich auf den Sitz fallen lassen. Er zeigte sich nicht mehr am Fenster. Und Peter Weiss schreibt: *ich sah Jacques nie wieder. Ich habe lange nach ihm gesucht. Er hinterließ keine Spur.* Eine Spur wird er in der »Ästhetik des Widerstands« hinterlassen.

Im Herbst 1936 übernimmt der Vater in der Tschechoslowakei, in Warnsdorf an der Mandau, Böhmen, die kaufmännische Leitung von »Fröhlichs Samtweberei«, einer großen Textilfabrik. Also wieder ein Umzug, nicht mal zwei Jahre nach dem letzten. Diesmal geht es von der Weltstadt in die Kleinstadt mit den hundert Kaminen und der merkwürdigen Kirche ohne Turm. Peter Weiss ist nun zum ersten Mal in seiner Heimat, *die ich nie in meinem Leben gesehen hatte, aber: deren Paß ich besaß.* Und deren Sprache er nicht spricht, Englisch hatte er gerade gelernt.

Frau Goldberg vermietet den Eltern ein Stockwerk in ihrer Villa. In der »Ästhetik des Widerstands« wird Peter Weiss vierzig Jahre später schreiben, dass er und seine Mutter einmal auf der Bank vor dem Haus gesessen hätten, da sei Frau Goldberg gekommen und habe sie von diesem Platz verwiesen. Erstens zahlten sie nur für die Wohnung und nicht für den Vorgarten, *und zweitens sei die Bank nicht für Juden bestimmt.* Als Weiss empört antworten will, hält seine Mutter ihn zurück, zieht ihn ins Haus und sagt, wegen ihrer dunklen Haare habe man sie schon einige Male für eine Jüdin gehalten, und nun habe sie sich selbst *zur Jüdin erklärt.* Soweit der Roman. Im wahren Leben landet Peter Weiss im Haus der Frau Goldberg wie immer oben unterm Dach. Um in sein Zimmer zu gelangen, muss er durch den Flur der Witwe, die misstrauisch ist und hinter ihm herschnüffelt. Also schließt er seine Tür ab, hängt ein Tuch vors Schlüsselloch, und wenn es Nacht wird, wenn alle schlafen, ist er hellwach bei seinen Bildern und seinen Büchern. Dann legt er eine Decke über sein Grammophon, und wenn die Musik von der Schellackplatte wie aus einem fernen Traum zu ihm kommt, ist er endlich zu Hause. *Von Tränen überströmt trank ich die Musik, und dann ging ich zu den Geisterstimmen der Bücher.* Ja, er hatte sich verändert in England, er hatte die Wirklichkeit zur Unwirklichkeit werden lassen. *Das Ich, das ich mit mir schleppte, war verbraucht, zerstört, untauglich, es mußte untergehen.*

Und damit das so bleibt, liest er noch einmal Hesses »Steppenwolf«, befreit dieses Buch für Verrückte aus der Ordnung des elterlichen Bücherschranks, holt es, wie er schreibt, *aus einer verständnislosen Umgebung und ließ es in meinem Reich zur Sprache kommen.* Und wieder empfindet er die Lektüre *wie ein Wühlen in meinem eigenen Schmerz.* Ja, Hesse, der müsste ihn doch verstehen! Dieser Roman ist doch wie von einem Ertrinkenden herausgeschrien. Und so schreibt er Anfang Januar 1937 einen Brief an ihn, legt auch gleich noch ein paar seiner Texte dazu und Fotographien einiger Zeichnungen und Öle. *Verehrter Herr Hesse,* schreibt er also nach Montagnola ins Tessin, er wisse, wie viele Briefe mit Wünschen und *allerlei Geschreibsel* er bekomme, und nun wage auch er noch, ihn *mit einer Sendung zu beglücken.* Aber immerhin doch beglücken. Schreibt, dass er überzeugt sei, ein Maler und Dichter zu sein – oder zu werden, aber dass es in einer Zeit der Unterhaltungsmusik und des Motorengedröhns schwer sei für einen Menschen, der sich *in romantischen Gefilden* bewege. Er wolle aber nicht klagen, er schreibe ihm, *weil Sie für mich der Meister sind.*

Da spielt ein moderner Eichendorff die Rolle des Taugenichts. Beschreibt sich als jungen romantischen Menschen, den es in ein fremdes Land geweht hat, die Tschechoslowakei, die nicht seine Heimat ist. In der Schule habe er es nicht mehr ausgehalten, sei hierhin und dorthin gegangen, habe auch vieles gemacht, sei aber nirgends glücklich geworden. Er schreibe – aber nur für sich. Er male – auch nur für sich. Doch er wisse nicht, ob es gut ist. Er kenne auch keinen Menschen richtig, vielleicht liege es daran, dass er sie immer wieder enttäusche, und so suche er denn nach einem Weg, habe bisher aber noch keinen finden können ... *Ihr Peter Ulrich Weiss.*

Hermann Hesse beantwortet den Brief am 21. Januar, bescheinigt dem jungen Künstler *ohne Zweifel* sowohl eine Begabung als Dichter, mehr noch aber als Zeichner. Er selbst, Hesse, sei dem Zauber der Romantik oft erlegen gewesen, davor müsse der Herr Weiss sich hüten; eine romantische Stimmung sei etwas sehr Schönes, *aber sie genügt nicht, und wem sie genügt, der bleibt Dilettant.* Dichtung brauche vor allem Strenge. Eine Gefahr bei ihm sei offenbar seine Einsamkeit. Ein junger Mensch ertrage sie nicht lange. Er solle sich einen Freund suchen, mit dem er seine Kunst besprechen könne. Und am Ende gibt Meister Hesse ihm den Rat, aus seiner Dichtung keinen Broterwerb machen zu wollen. *Nur dies nicht! Mit Grüßen Ihr H. Hesse.*

Der Sinn der Worte sei ihm, wie Peter Weiss später schreiben wird, *fast gleichgültig* gewesen. Eigentlich war er enttäuscht, dass Hesse ihn nicht aufgewiegelt und zur Revolte animiert hat. Es war ja eher die stille Müdigkeit *eines gealterten, demütigen Handwerkers,* was der ihm da riet. Bitte nicht die Dichtung zum Broterwerb machen! Aber genau das will er doch! Und für Geduld, die er haben müsse, findet er sich nun wirklich zu jung. Also das ist ihm damals alles zu freundlich, zu vernünftig. Er sehnte sich nach dem *Unbändigen und Triebhaften,* nicht nach Ordnung oder Besonnenheit.

Und doch: *Da stand mein Name auf dem Umschlag, wieder und wieder las ich ihn ... Jemand hatte meinen Namen auf einen Umschlag geschrieben, jemand glaubte an meine Existenz ...* Da schickt er mit höflichem Abstand erneut Fotos seiner frischen Öle nach Montagnola, auch kleine Illustrationen und Texte, darunter die Moritat zu einem Weltuntergangsgemälde:

Ihr Menschen seht:
Die Welt geht unter
Und sollte es euch nehmen Wunder
So ist es leider schon zu spät.
Habt ihr noch Blut, so färbt den Sand
Und sterbt in Ehr' mit eurem Tand!

Im Frühjahr fragt er dann an, ob der verehrte Herr Hesse vielleicht Ende Juli oder Anfang August für ihn zu sprechen sei, er würde im Sommer eine Fußwanderung durch die Schweiz machen und auch in die Tessiner Gegend kommen. Wenn er dürfe, möchte er seine Zeichnungen und Texte dann gerne selber bei ihm abholen.

Das scheint Hesse gestattet zu haben. Jedenfalls macht sich der junge Pilger – der natürlich keine Odyssee per pedes durch die Schweiz machen möchte, sondern schnurstracks auf Montagnola zusteuert – also er macht sich für ein paar Urlaubswochen im Sommer 1937 mit dem Rucksack auf den Weg. Nach so vielen Irrfahrten – die für Weiss, wie er schreibt, meist in Sackgassen endeten – geht es nun mit dem Zug nach Linz, von dort zu Fuß oder per Anhalter Richtung Bodensee und weiter über die Alpen bis ins Tessin, bis vor die Casa Rossa. Und Hesse vermittelt den jungen Mann in die Casa Camuzzi, diesen pittoresken Palazzo, in dem er selbst zwölf Jahre gelebt, geliebt und geschrieben hat. Sechs Wochen wird Weiss in jenem Zimmer wohnen, in dem Hesses Novelle »Klingsors letzter Sommer« entstanden ist. Die hat Weiss natürlich gelesen, und wie er ist der Titelheld ein Maler – berühmt, begabt und wahnsinnig, wie es heißt.

Und so, wie Klingsor, der auch wieder ein Alter ego von Hesse ist, in einer warmen Sommernacht auf den schmalen Steinbalkon tritt und in den Camuzzi-Urwald hinabschaut, in dieses von Lianen und Schlingpflanzen durchkletterte Gewühl von Palmen, Eukalyptus, Zedern und Judasbäumen, so wird auch Peter Weiss wohl in seiner ersten Nacht auf dem Balkon gestanden haben. Und wenn er an den nächsten Tagen von Spaziergängen, von Besuchen bei Hesse und abends dann irgendwo von einem späten Teller Nudeln in sein Domizil zurückkehrt, wird er, wie Klingsor, am See die Lichter von Lugano funkeln sehen. Und so, wie bei Hesses Figur *alle seine Vulkane* an zu brennen fangen, wird auch Peter Weiss hier mit Macht und Lust zu malen beginnen. Jeden Morgen nimmt er seinen kleinen Klappstuhl unter den Arm und schlendert mit dem Zeichenblock in die umliegenden Dörfer, durch die Felder, in die Wälder.

Als er von dieser Reise wieder zu Hause ankommt, schreibt er gleich einen Brief an den lieben, verehrten Herrn Hesse und klagt, dass die Berge fort sind, der See und die freien, schönen, liebenswürdigen, ja hemmungslosen Menschen. Hier in Warnsdorf sind sie *gedrückt, klein und mickrig innerlich und äußerlich*, hier guckt er wieder auf Fabrikschlote, und es regnet, und sein Zimmer sei so eng geworden, so dunkel. Ja, er denke voll Wehmut an die Casa Camuzzi, wo er mit großen Schritten durch seinen Raum gehen konnte und aus voller Kehle *rücksichtslos pfiff und sang.* Und als er nach dem Zeichnen in glühend heißer Sonne so oft dann *zum hohen Olymp*, also zu ihm, dem Meister, kommen durfte und Hesse sich jedes Mal seine Skizzen anschaute, das sei so schön gewesen. *Eine Stunde in Ihrem Hause war wie ein Läuterungsprozess.* Also er werde den ganzen Winter von Montagnola zehren, werde malen und schreiben, aber er frage sich natürlich schon, ob das nicht in einer Zeit, wo *sich die Menschen totschiessen und ermorden*, sehr egoistisch sei. Und Hesse antwortet ihm: *Ach, dieser Egoismus ist der harmloseste auf der Welt ... Bleiben Sie bei ihm!* Das will er. Und wieder sagt er den Eltern, er möchte, nein, müsse Maler werden. Doch der Vater erklärt ihm, dass er ihn schon in einer Textilfabrik in Prag als Lehrling angemeldet habe. Ein Zimmer in der Nähe der Fabrik sei auch bereits angemietet. So fährt der Sohn deprimiert und ernüchtert nach Prag. Als er das Zimmer betritt, in dem er wohnen soll, schaudert es ihn. Er versucht, die grausliche Atmosphäre des Raums durch seine mitgebrachten Bilder zu mildern. Und hinter der Milchglasscheibe seiner Tür zum Flur sieht er fremde Menschen hin- und herhuschen.

Am nächsten Morgen geht er in die Fabrik, läuft durchs Gedröhn der Webstühle, fragt – *behindert von der Fremdsprachigkeit* – nach dem Leiter der Fabrik. Man brüllt gegen das ohrenbetäubende Rattern der Maschinen an, und er versteht, dass man ihn nicht einstellen werde. Sein Vater habe eine ähnliche Fabrik, das ginge aus Konkurrenzgründen nicht. Nicht? Wie wunderbar. Peter Weiss läuft zurück durch den Saal, vorbei an all den *eingesponnenen Weberinnen*, raus in die Freiheit, rein in das schreckliche Zimmer, packt seine Sachen zusammen und kramt die Adresse raus, die Hermann Hesse ihm gegeben hatte, die Adresse von Max Barth, dem politischen Journalisten, der Anfang 1933 wegen »Hochverrats« aus Deutschland geflohen war, weil er zum Generalstreik gegen den Nationalsozialismus aufgerufen hatte. Zu ihm fragt er sich jetzt durch, zu seiner Pension am Güterbahnhof.

Seine beiden Biographiebände tarnt Peter Weiss in »Abschied von den Eltern« als Erzählung, in »Fluchtpunkt« als Roman. Das gibt ihm immer wieder die Freiheit, seine Erinnerungen in Träume, Halluzinationen und Collagen aus Bosch- und Breughel-Bilder zu verpacken, die Szenen in Stummfilmen von Wilhelm

Murnau sein könnten. Wie die düstere Emigrantenpension, in der er nun Max Barth aufsucht. Der liegt in dichtem Tabaksqualm im Bett, *halb unter Zeitungen vergraben*, und jubelt, als er hört, wer ihn geschickt hat – Harry Haller, der Steppenwolf, wie Weiss Hermann Hesse nennt. Und als Barth – der hier in seinem schäbigen Prager Versteck Verse des persischen Dichters Firdausi übersetzt – hört, dass sein zwanzig Jahre jüngerer Besucher gerade einer schrecklichen Zukunft in der Fabrik entronnen ist, macht er sich gleich mit ihm auf, den Künstler dort unterzubringen, wo er hingehört: In die Akademie der Bildenden Künste zu Professor Willi Nowak. Und Nowak, der Expressionist ist und Edvard Munch favorisiert, will Weiss, der seine Öle ja in altmeisterlicher Manier malt, tatsächlich in seine Klasse aufnehmen. Er ist sogar bereit, einen Brandbrief an die Eltern zu schreiben, die der Begabung ihres Sohnes nicht im Wege stehen dürften.

Am Abend, als er mit zu Max Barth geht, wo er erst einmal übernachten kann, liegt er nach dem Rausch dieses Tages auf dem zerschlissenen Sofa und hat das Gefühl, er habe kein Recht auf seinen Griff nach der Freiheit, die er sich, wie er nun glaubt, erschlichen, ja gestohlen hat. Und als er langsam in den Schlaf gleitet, hört er, wie zwischen den Geräuschen der Güterzüge sein Name gerufen wird, meint im Hinwegdämmern zwischen kreischenden Bremsen, dass es die Stimme seiner Mutter ist. Die Eltern, glaubt Peter Weiss, resignierten nach dem Brief des renommierten Professors. Die Reaktion der Mutter will er sich gar nicht erst vorstellen. Er war den Schlachten im Hause der Eltern ja oft genug entflohen. Sein Vater aber hat wenigstens diesen *praktischen Sinn*. Er schickt dem Sohn Geld und gibt ihm ein Jahr. Ein Probejahr für die Akademie. Dann würde man weitersehen.

Jetzt beginnt die Zeit, in der Peter Weiss niemandem Rechenschaft schuldig ist, nur sich selbst. Er läuft durch Prag und sucht nach einem Zimmer. *Da stehe ich vor fremden Türen, radebreche in einer fremden Sprache,* und er verabschiedet sich von lichtlosen Domizilen mit schummrigen Möbeln, die von Witwen und *aufgetakelten Halbdamen* angeboten werden, Schreckensräume, die alle irgendwo einen Nagel in der Wand haben, an dem man sich dann, wie er schreibt, erhängt. Schließlich findet er – ganz nah an der prachtvollen Kunstakademie – ein Atelierzimmer mit eigenem Eingang, *eine Höhle,* die so erbärmlich ist, wie er selbst sich fühlt.

Aber er wird, wie er schreibt, nun *die Gewaltherrschaft* über sich haben, wird sich schinden, wird arbeiten, bis die Bilder in ihm aufsteigen *wie vor einem Ertrinkenden,* und er wird mit Max durch Prag laufen, diese Stadt mit *ihren aufgetürmten Architekturen, ihren Portalen, Brücken und goldenen Statuen,* dem Hradschin, dem Veitsdom und dem Pulverturm. Und der Freund wird ihm erzählen, dass sein Exil in der Schweiz begann, dann ging es weiter nach Frankreich und nach Spanien. Wie viele Sterbende hat er dort im Bürgerkrieg gesehen, und am Ende riefen sie nach ihrer Mutter, schrien *Mama, Mama,* bevor sie krepierten. Nach Spanien sei er dann hier in Prag gelandet. Und wenn sie an der Moldau entlang laufen, wird Weiss vielleicht an Brechts Lied vom Wechsel der Zeiten und Wechsel der Mächtigen gedacht haben:

Am Grunde der Moldau wandern die Steine
es liegen drei Kaiser begraben in Prag.
Das Große bleibt groß nicht und klein nicht das Kleine.
Die Nacht hat zwölf Stunden, dann kommt schon der Tag.

Es wechseln die Zeiten. Die riesigen Pläne
der Mächtigen kommen am Ende zum Halt.
Und gehn sie einher auch wie blutige Hähne
Es wechseln die Zeiten, da hilft kein Gewalt ...

Weihnachten fährt Peter Weiss nach Hause zu den Eltern und Geschwistern. Am Silvesterabend geht er mit seiner Schwester Irene ins Kino. Sie sehen die frisch gedrehte »Fledermaus« mit Lida Baarová, der Prager Schauspielerin. Sie ist ein Ufa-Star und hat zu jener Zeit eine heftige Liaison mit Reichspropagandaleiter Joseph Goebbels. Der will seine Frau Magda samt den Kindern für diesen singenden Vamp mit dem undeutschen Akzent verlassen. Er soll ihr geschrieben haben, dass es im Stillen Ozean eine Insel gäbe, auf der er mit ihr wie Adam und Eva leben wolle. Doch seine Gattin kämpft so lange bei Hitler für ihr arisches Muttertum, bis der seinem Paladin befehlen wird, das deutsch-tschechische Verhältnis zu beenden. Seine Begründung war, dass ein Einmarsch in die Tschechoslowakei und ein Anschluss des Sudetenlandes eine solche Liaison nicht vertrügen.

Die Annexion zum völkerrechtswidrigen Protektorat Böhmen und Mähren wird sich ereignen, wenn Peter Weiss zum zweiten Mal im Tessin ist und danach nicht mehr nach Prag zurückkommen kann. Jetzt aber singt die Baarová erst einmal von der Leinwand herab: *Glücklich ist, wer vergisst, was nicht mehr zu ändern ist.* Und die Kinokarten sind an diesem Silvesterabend gleichzeitig Lose. Irene hat am Neujahrstag 1938 mit Sütterlinschrift im Tagebuch notiert: *Nach der Vorstellung rief der Platzanweiser, der eine Livree trug: »Nr. 10 hat gewonnen.« Das war Peters Losnummer. Er hatte eine Flasche Sekt gewonnen.* Und die Schwester ist überrascht, wie souverän ihr Bruder von der letzten Reihe, in der sie gesessen haben, durch das applaudierende Spalier der Zuschauer nach vorne geht, um den Gewinn entgegenzunehmen. Draußen schneit es, und als sie zu Hause ankommen, ist bereits alles dunkel. Sie schleichen ins Wohnzimmer, schalten das Radio ein, holen zwei Gläser, öffnen die Sektflasche, tanzen ein bisschen miteinander, öffnen um Mitternacht das Fenster, hören die Glocken läuten, und im Radio erklingt Beethovens Ode »An die Freude«.

Zurück in der Prager Kunstakademie ist Peter Weiss wieder bei seinen Freunden, die er schon im Herbst kennengelernt hatte, dem ungarisch-schwedischen Maler Endre Nemes und dem tschechisch-jüdischen Maler und Dichter Peter Kien. Endre hatte bereits 1936 seine erste Ausstellung in Prag mit surrealistischen Bildern, auf denen seine Menschen zu melancholischen Maschinenfiguren mutierten. Mit ihm hatte Peter Weiss das Prager Kunstmuseum besucht und stand beglückt vor dem berühmten Selbstbildnis des Zöllners Henri Rousseau. Der große französische Naive, der den Betrachter träumend in seine wundersamen gemalten Analysen hineinzieht, steht da mit schwarzem Bart in schwarzem Anzug und schwarzem Barett, den Pinsel in der Rechten, die Palette in der Linken, und am Segelschiff, das auf ihn zufährt, sind lauter bunte Fähnchen hochgezogen. Nemes erinnert sich später, dass dieses Motiv des *Flaggenspiels* einen so großen Eindruck auf seinen Freund machte, dass er es als *bedeutungsvolles Symbol* gleich in sein eigenes Prager Selbstbildnis einbaute. Fahnen als Beweis für seine Fluchten und seine Heimatlosigkeit.

Und Peter Kien? *Auch Jude … mir sehr ähnlich … auch von Kubin beeindruckt*, schreibt Weiss. Auch er ist der Sohn eines Textilfabrikanten, in Warnsdorf geboren. Wie froh war Weiss, als er aus diesem schrecklichen Ort hatte fliehen können. Von Kien hört er nun zum ersten Mal den Namen Franz Kafka. Von ihm bekommt er »Das Schloß« und »Der Prozeß«. Aber immer wieder versucht Weiss, die Romane zu lesen. Und immer wieder legt er sie zur Seite. Was hatte er nicht alles schon gelesen, durchgearbeitet, angestrichen: Hesse, Hamsun und Stendhal, Dostojewskis Brüder Karamasow, Raskolnikow, den Idioten, ach, alles von ihm, und Romain Rollands Jean Christophe, Stifter, Büchner, Kleist, Rilkes Laurids Brigge, den Don Quichote, Greens Gespensterseher, Robert Walser, Thomas Manns Romane, Döblins Alexanderplatz, Canettis Blendung, Zolas Nana, Kierkegaard und Stefan Zweig.

Aber Kafka? Kafka dauert, bis Peter Weiss in Stockholm ankommen wird. Da plötzlich, schreibt er, sei er wach gewesen für die Eröffnungsworte des Prozesses: *Jemand mußte Josef K. verleumdet haben, denn ohne dass er etwas Böses getan hätte, wurde er eines Morgens verhaftet.* Er wird das Buch in der ersten Nacht in seinem neuen Zimmer in der Drottinggata lesen. Und alle Literatur wird in den Hintergrund treten. Denn in allen Büchern, schreibt er, hatte er sich irgendwo wiedererkennen können, in der Idylle, einer Mystik, den Begriffen von Schönheit oder auch in Liebesillusionen. Das aber gab es im Bericht von Kafka nicht mehr. *Hier war alles Außenwerk abgeschält, und das Ich des Buches stand schutzlos und entkleidet da.* Beim Lesen des Prozesses beginnt er, *hellhörig zu werden für den Prozeß, der mich selbst gefangenhielt.*

Damals in Prag ist Peter Weiss dieser Kampf, den Josef K. dort in den Hinterzimmern und düsteren Straßen der Stadt kämpft, zu nah gewesen. Und Peter Kien hatte seinem Freund Zeit gelassen. Er kannte seinen Kafka gut, kannte diesen Satz von ihm: *Ein Buch muß die Axt sein für das gefrorene Meer in uns.* Er wusste, dass auch bei Peter Weiss das Eis brechen würde. Der dritte im Prager Bunde ist damals Robert Jungk. Weiss und er hatten sich in der Pause eines Bruno-Walter-Konzerts kennengelernt. Sie seien, schreibt Jungk in seinen Erinnerungen, in dem Gedränge aufeinander zugegangen, als seien sie verabredet. Jungk lebte bereits seit eineinhalb Jahren in Prag und kannte viele Leute. *Aber niemand beeindruckte mich so tief wie dieser malende Poet, denn es gelang ihm, aus der täglichen Misere mühelos ins Reich der Phantasie hinüberzuwechseln und seine Begleiter dorthin mitzunehmen.* Als sie nach dem Konzert gemeinsam durch die nächtlichen Straßen laufen, erklärt Peter Weiss ihm, was die Musik, die sie gerade eben gehört haben, für Bilder in ihm auslöste. Und damit zieht er auch Jungk *in dieses grenzenlose Traumland* hinein.

Und Jungk wird ihm erzählt haben, dass er, wie Weiss, in Berlin geboren sei, dass die jüdischen Eltern Schauspieler sind und dass er kurz nach dem Reichstagsbrand verhaftet worden war, weil er in der Universität den *Völkischen Beobachter* vom Schwarzen Brett heruntergerissen hatte. Bevor er in die Zelle kam, durfte er noch zu Hause anrufen und konnte seiner entsetzten Mutter zuflüstern: *Ruf sofort Sven an!* Sven war der Neffe vom damaligen Reichsbankpräsidenten Hjalmar Schacht, Sven, dem Jungk seinen naiven Führerglauben hatte austreiben wollen. Der kam in SA-Uniform an und holte ihn raus. Wie hast du das geschafft?, fragte Jungk ihn. Ich hab die angeschrien, sagte Sven, habe gerufen: Der gehört doch zu uns! Das war dann für Jungk der Beginn der Emigration über Zürich, Paris, einem Studium an der Sorbonne, weiter nach Spanien und von dort nach Prag. Und weil Jungk mitten im Flüchtlingselend noch immer an eine gute Zukunft glaubt, sagt Weiss freundlich-spöttisch zu ihm: *Du wirst auch noch auf deinen Tränen schwimmen!* Doch mit Nemes, Jungk und Peter Kien ist die Wirklichkeit zu ertragen.

Was war das für ein merkwürdiger Zufall: Der Held in Elia Canettis Roman »Die Blendung« heißt Peter Kien. Der ist Bibliomane, ein leidenschaftlicher Sammler und Leser, wird wahnsinnig und verbrennt am Ende mit seinen Büchern in der Bibliothek. Bevor Peter Weiss im Mai 1938 zu Jungk fährt, der inzwischen wieder in Zürich gelandet ist, wird er Peter Kien seine Bilder anvertrauen, für ein paar Wochen nur, sagt er ihm, solange, bis er wieder nach Prag zurückkommt. Unter den Bildern, die sie zu ihm bringen, ist auch »Das große Welttheater«, die Apokalypse, sein Gesang von Mord und Gemetzel, in dem Kain den Abel erschlägt und Judas sich erhängt und der Sturm heult und die Menschen im Meer ersaufen. Für dieses Höllenstück war Weiss in der Akademie ausgezeichnet worden.

»Das große Welttheater«, dieser mit Öl auf Holz gemalte Gesang von Krieg, Mord und Gemetzel, ist im Besitz des Nationalmuseums von Stockholm

Er sieht noch wie er dieses Gemälde zusammen mit seinem Freund durch eine Prager Straße trägt. Plötzlich schaut Kien hoch, und ihm stockt der Atem. Und Weiss sieht im selben Augenblick einen dunklen Fetzen herabfallen, aber nicht sanft, nein, der Fetzen klatscht hart auf, denn er hat einen Kopf, und aus dem Kopf strömt Blut, und der Fetzen ist ein Körper, war ein Mensch, der nun wie ein Embryo daliegt. Und als sie hoch gucken, sehen sie das offene Fenster im Haus.

Es kamen Menschen von allen Seiten hinzugelaufen, schreibt Weiss, *und wir hielten die brennende Stadt vor sie hin.* Da wissen die beiden Kunststudenten, dass sie sich bereits mitten im Bild befinden. Weiss sagt zu Kien, er soll fliehen, soll sich verstecken, *du mit deinem hilflos offenstehenden Gesicht, mit deinem fassungs-*

los starrenden Blick ..., fliehe, ehe es zu spät ist. Aber Peter Kien flieht nicht, er bleibt zurück, *Peter Kien wurde ermordet und verbrannt,* schreibt Peter Weiss. Ermordet und verbrannt in Auschwitz. Mit vierundzwanzig Jahren.

»ZUM ERSTEN MAL HATTE ICH EIN RICHTIGES LIEBESERLEBNIS MIT EINER FRAU«

REISE NACH MONTAGNOLA

Am Abend feiern sie ein rauschendes Fest hoch oben überm See auf dem Zürichberg, Forstersteig 14. Das ist ganz in der Nähe der Irrenanstalt Burghölzli. Deshalb nennt Robert Jungk das Holzhaus, in dem er seit seiner Abreise aus Prag wohnt, »Hölzliburg«. Und alle Emigranten, die ebenfalls dort logieren, seien ja schließlich *sanfte Irre*, schreibt er: Die Märchenerzählerin Trudi Gerster, Tadeusz Reichstein, der *verrückte Chemiker*, der später einen Nobelpreis bekommen wird, der Bildhauer Hans Josephsohn und Albert Ehrenstein, der Dichter, der so unglücklich in die große Schauspielerin Elisabeth Bergner verliebt ist.

Dein Ohr hab ich gegessen,
Dein Aug hab ich getrunken,
Irgendwann bin ich in dich versunken ...

Nun sind beide emigriert. Sie nach London, er nach Zürich. Morgens, schreibt Jungk, muss er immer aus dem Bad getrommelt werden, weil er sich dort in seinen Träumen verliert. Im Spätsommer 1938, zieht auch Peter Weiss noch für kurze Zeit ein.

Der inszeniert jetzt das Gartenfest. Er lässt aus allen Fenstern bunte Tücher wehen, hängt Lichtgirlanden an die Balkone und in die Bäume, drapiert Kissen im Gras, steckt unter die weichen Polster Couverts mit *Schicksalsbotschaften* für die attraktiven jungen Damen, die er, der unwiderstehliche Maler aus Prag, überall in der Gegend angesprochen und eingeladen hat. Orakelsprüche liegen verstreut in Blumenbeeten, aus den Büschen klingt Musik, und als das Fest gerade begonnen hat, taucht noch ein zauberhaftes Wesen auf, noch keine dreizehn Jahre alt, das niemand kennt, das gerade erst nach dem Anschluss Österreichs an Hitlerdeutschland mit seinen Eltern und Geschwistern von Wien nach Zürich geflohen ist – Maria Schell. Alle Männer umlagern die temperamentvolle Kleine, hören entzückt zu, wie sie erzählt, dass ihr Vater Schriftsteller sei, sie aber Schauspielerin werden würde, wie ihre Mama einmal eine war. Die Mama ist dabei, die imposante Margarethe Schell-Noé, und die lässt ihre Tochter keine Sekunde aus den Augen, bis beide das Fest verlassen haben.

Und Peter Weiss? Auch er war an diesem Abend wie ein Kunstwerk, sagt Robert Jungk. In seiner Gegenwart trat Verzauberung ein. Er brachte es immer fertig, *die Realität auf eine mythische Höhe zu bringen.* Da gab es einen Hund, der gehörte nur ihnen beiden. Wir hatten gar keinen Hund, sagt Jungk, der war erfunden. Aber *wir haben ihn gepflegt, wir haben ihn ausgeführt.* Und wie oft haben sie sich später am Telefon über ihn unterhalten, haben sich auch beschwert, wenn er *ungebärdig* war. *Dieser eingebildete Hund wurde zu einer Wirklichkeit.*

Und so konnte Jungk es nie begreifen, dass man Weiss später immer nur als Zerrissenen und Getriebenen beschrieben hat, *als eine der vielen Verkörperungen des Ahasver*, dieses ewig wandernden Juden. Nein, sagte er Jahre nach dem Tod seines Freundes, er konnte lachen, Witze machen, Streiche spielen. Die Frauen liebten ihn und liefen ihm nach. Ja, und er wechselte sie gern und oft. Mädchen sind Märchenfiguren, die Wirklichkeit geworden seien, sagte er. Er fand auch, dass die meisten mit diesen herrlichen Geschöpfen viel zu grob umgingen. Guckt sie euch doch mal richtig an, sagte er, ihre Augen, ihren Blick, ihre Haare, ihr ganzes Wesen. Er hatte eben diesen verführerischen Charme, sagte Jungk. Und so feiern sie denn dort oben über Zürich in die lange Nacht hinein, tanzen, essen, plaudern, rauchen, lagern, lachen und schmusen auf ihrem Fest, dieser *Friedensinsel.* Noch einmal, schreibt Jungk, *haben wir vor Ausbruch des schrecklichen Grauens versucht, die Vision einer anderen und besseren Welt* zu leben.

Ich wohne hier bei einem guten Freunde, schreibt Peter Weiss an seinen verehrten Zauberer Hermann Hesse nach Montagnola, *und geniesse endlich einmal wieder ein wenig Ruhe und den Frieden, den man so lange entbehrt hatte.* Von den vielen Städten, durch die er bisher getrieben wurde – von Potsdam über Bremen, Berlin, London, Prag – sei ihm Zürich mit seiner wohltuenden Atmosphäre die liebste. Hier habe er ein Zimmer, in dem er malen möchte, *und in den Abendstunden gibt es die so lange entbehrten Gespräche über Gott und die Welt mit dem Freund im Garten oder auf dem Balkon.* Zu gerne würde er in Zürich bleiben. Aber die Schweizer machten einem den Aufenthalt in ihrem Land ja schwer. Seine Mutter sei zwar Schweizerin, in Basel geboren, und Geld würde er von den Eltern bekommen, aber er müsse hier bei jemandem studieren, um bleiben zu dürfen. *Ist Ihnen vielleicht ein Maler bekannt, an den ich mich hier wenden könnte,* fragt er Hesse.

Drei Wochen später, am 7. September 1938, fassen drei jüdische Freunde im Exil beim Frühstück einen Plan. Sie wollen für ein paar Tage ins Tessin trampen, nach Montagnola: der 25jährige Robert Jungk, der 24jährige Hermann Levin Goldschmidt und der 21jährige Peter Weiss. Alle drei werden einmal berühmt werden. Goldschmidt als Religionsphilosoph, Jungk als Zukunftsforscher, Weiss als Dramatiker und Schriftsteller. Gleich um drei Uhr brechen die *Morgenlandfahrer,* wie sie sich nennen, auf. Das war eine Reverenz an Hermann Hesse. Der lässt in seiner Erzählung einen Violinspieler und Märchenleser in seinen Jugendtagen zu einer »Morgenlandfahrt« aufbrechen. Jetzt nimmt ein Lastwagenfahrer die drei jungen Männer mit nach Luzern. Und der erzählt ihnen,

Drei "Morgenlandfahrer" wandern nach Montagnola zu Hermann Hesse:
Hermann Levin Goldschmidt, Peter Weiss und Robert Jungk.

dass er gerade Erich Maria Remarques »Drei Kameraden« gelesen habe, diese Geschichte über Korruption und Arbeitslosigkeit in den zwanziger Jahren und über eine Liebe, die mit dem Tod endet. Der Roman war frisch erschienen, neun Jahre nach dem Bestseller »Im Westen nichts Neues«. Und Goldschmidt notiert in seinem kleinen Reisetagebuch, dass sie zu dritt da hinten auf dem Laster hocken und dem Fahrer zuhören.

In Luzern steigen sie aus, besorgen sich Brot, Butter, Käse und suchen eine Herberge zum Übernachten. *Massenlager. Pfefferminztee. Dann Mondscheinspaziergang, am See entlang, die Lichtwürmer, die Berge, ... nun ins Bett.* Um sieben Uhr stehen sie auf, frühstücken, und Goldschmidt erregt Aufsehen, weil er um einen Eierbecher bittet. Dann packen sie ihren Rucksack und brechen auf. Die Sonne scheint, sie laufen ein Stück am See entlang, trennen sich, weil nicht jeder Autofahrer drei Männer mitnehmen will, treffen sich im abgesprochenen Ort wieder, kaufen Zahnbürsten und essen Spaghetti mit Tomatensalat. *Peter und ich fuhren dann mit zwei Zürcherinnen bis Andermatt. Großartige Fahrt, offener Wagen, das zusammenschrumpfende Tal, die Berge, dann kahle Hänge, bloße Felsen, schaurige Einsamkeit.*

Sie laufen wieder ein paar Kilometer, fotografieren sich gegenseitig, nennen sich Pit und Bob, nur Hermann bleibt ohne Spitznamen. Und mit ihnen *wallfahrten* Hesses Narziss und Goldmund samt der bewegenden Frage, wer von ihnen Narziss und wer Goldmund ist. Wer der Novize im Kloster, der intellektuelle Asket, wer der sinnliche Künstler, den es in die Welt und zu den Frauen treibt, bis er krank und elend in den Armen seines Freundes Narziss stirbt. Wer ist Logos, wer ist Eros?

Dann los über den Gotthard. Wilde Natur. Felsen. Nebel. *Ahnung von Drachen und Vorweltlichem.* Weiter zu Fuß. Sie geraten in einen höllischen Regen, wechseln *unter einer Art Schießstand* die klatschnassen Strümpfe, und einer rennt dauernd auf die Straße, um Autos zu stoppen. Über Bellinzona nach Locarno, hinein in die Dämmerung, vorbei an erleuchteten Burgen, weiter zu Fuß, über ihnen der Sternenhimmel, und nach drei Tagen sind sie endlich angekommen. *Die Mädchen beim Einzug in Montagnola. Lachen, Singen.*

Wer den Anfang vom »Gespräch der drei Gehenden« von Peter Weiss liest, das fünfundzwanzig Jahre später erscheinen wird, könnte denken, es seien die drei Freunde auf ihrer Wanderung ins Tessin: *Es waren drei Männer die nur gingen gingen gingen. Sie waren groß, sie waren bärtig, sie trugen Ledermützen und lange Regenmäntel, sie nannten sich Abel, Babel und Cabel, und während sie gingen sprachen sie miteinander.* Aber das mit der Ähnlichkeit scheint nur so. Eigentlich monologisieren diese drei Herren, verfangen sich in ihren Erinnerungen und springen dabei quasi kopfüber in surrealistische Visionen hinein. Und einem von ihnen ist etwas in die Arme gefallen, das *dem Gewicht von siebenjährigen Vorurteilen, Gewohnheiten und Trugschlüssen entsprach,* und er kann es leider niemandem zuschieben oder wegwerfen.

Erst 1978 wird Peter Weiss sich im Notizbuch wieder voller Entsetzen daran erinnern, wie er bei der Gruppe 47 aus seinen drei Gehenden vorlesen sollte. Das war 1962, als er zum ersten Mal von Hans Werner Richter zur Tagung in eine Villa am Wannsee eingeladen worden war, ganz nah der Stelle, wo Heinrich von Kleist sich erschossen hatte. Und da gerät er in eine Versammlung hinein, *in der es schwirrte von Rankünen, Eifersüchten, Rivalitäten, Machtkämpfen, Kulturpolitik.* Für ihn war die Einladung eine Anerkennung seiner literarischen Arbeit, er kam mit großen Erwartungen.

Und wo landete er? In Gruppenbildungen, die offenbar nach Marktwerten suchten. Eine Gruppe war angeführt von Günter Grass, eine von Enzensberger, eine von Walser. Enzensberger mochte seine drei Gehenden und lobte sie. Grass mochte sie nicht. Der Autor verhöhne seine Figuren, fand er, mache sich lustig über sie. *Er nannte den Text amoralisch, antihumanistisch.* Und weil auf dieser Tagung ein Preis vergeben werden sollte, begann nun das Getuschel, Gefeilsche und Geknobel, *wie es Wettrennen vorausgeht.* Am letzten Abend wurde dann um Stimmen gebuhlt. Die Oberliteraten warben um Zustimmung bei Kritikern und Unterliteraten für ihren Auserwählten. *Die Hetzjagd begann,* schreibt Weiss.

Alle Zettel mit den Namen landen in Hans Werner Richters Hut. Richter verliest die Namen, ein Schreiber streicht sie in einer Favoritenliste an. Weiss und Johannes Bobrowski liegen an der Spitze. *Wir rasten dahin auf der Bahn. Lagen Seite an Seite, dann schob Bobrowski sich um Halseslänge vor ... warum flüchteten wir nicht?* Und so landet Weiss auf Platz zwei. Aber der zweite Gewinner ist in dieser Gesellschaft irgendwie der erste Verlierer. Und Abel, Babel und Cabel haben sich ihr Leben doch mit einer so sanft skurrilen Sprache aus der Realität herausgedacht – im Gegensatz zu Pit, Bob und Hermann, die im Tessin mitten in der Realität sind. Sie wohnen alle drei in der Casa Camuzzi, diesem pompösen Schlossgebirge, das Weiss ja schon kennt, und in dem Hermann Hesse zwanzig Jahre zuvor seinen »Klingsor« geschrieben hat. Für Weiss, Jungk und Goldschmidt wird es der letzte glückliche Sommer vor dem Krieg sein. Schon bald nach ihrer Ankunft in Montagnola notiert Hermann: *Deutschland hat mobilisiert, fürchterlich!* Doch an diesem ersten Abend, dem 10. September 1938, zeichnet Peter Weiss eine Skizze ins Tagebuch: drei junge Männer in den Bergen mit Hut und Stock, einer in kurzen Hosen, einer in langen, einer in Knickerbockern. Robert, der meist fürs Essen sorgt, kocht Reis mit Tomaten, zum Nachtisch pflücken sie im urwaldartigen Garten Feigen vom Baum, die Sonne scheint warm und wohlig, sie wandern durch wilde Landschaften, das Tessin ist damals ja noch nicht zerbaut, sie liegen unter Bäumen, sonnen sich, sammeln in Kastanienwäldern die Früchte und rösten sie abends am offenen Feuer.

Ein junger Musiker, Brägger heißt er, der auch in der Casa Camuzzi wohnt, zeigt ihnen am Madonnenfest die schönsten Wege, Täler, Traubengärten und Kirchen. Robert besorgt Käse, Hermann Wein, der wird einfach so, wie er schreibt, *aus der Pulle* getrunken. Und irgendwann rückt die Kapelle von Montagnola an. Es ist der letzte Tag von Jungk und Goldschmidt. Die beiden müssen zurück nach Zürich, arbeiten und studieren. Noch einmal Trauben pflücken, sonnen im Wald, laufen zu Ruinen und dem alten Kloster. Bob *wartet auf ein Abenteuer*, schreibt Goldschmidt, als sie in Carabietta von weitem am Rand eines Weinbergs ein herrliches Haus mit Loggien sehen.

Brägger kennt die Besitzerin. Es ist die 60jährige geschiedene Frau des Schriftstellers Norbert Jacques, dem Erfinder des

»Dr. Mabuse«. Sie war Schauspielerin in Berlin und führt nun in Carabietta ein offenes Haus. Brägger klingelt und stellt Madame Jacques seine drei neuen Freunde vor. Es gibt Wein, man plaudert im Zimmer mit den gemütlichen Tessiner Möbeln und den ausgesuchten Bildern an den Wänden. Sie sind von Karl Hofer, dem Expressionisten, der sie vor zwanzig Jahren hier im Tessin, in diesem Haus, gemalt hat. 1937, also genau ein Jahr zuvor, hingen acht seiner Gemälde in der Münchener NS-Propaganda-Schau »Entartete Kunst«. Was die jungen Leute jetzt, 1938, aber noch nicht wissen können: Hofer hat sich in Berlin gerade von seiner jüdischen Frau, der Pianistin Mathilde Scheinberger, scheiden lassen. Sie lebten schon länger getrennt, aber von nun an ist sie nicht mehr durch ihren »arischen« Mann geschützt. Sie wird 1942 in Auschwitz ermordet werden. Doch an diesem schönen Abend zeigt die Hausherrin ihren Gästen das große Atelier mit den fünf gewölbten Fenstern, in dem Hofer damals gemalt hat. Und diesen Raum wird am Ende ihres Besuchs Peter Weiss mieten, der noch bis zum Beginn des nächsten Jahres im Tessin bleiben will.

Beglückt laufen sie *auf einem wundervollen Waldrandweg* die drei Kilometer von Carabietta zurück nach Montagnola. Dort bereiten sie gemeinsam das Abendessen: *Ministra, Eiertoaste, Feigenspeise.* Danach waschen sie ab und steigen noch einmal auf den Turm der Casa Camuzzi. *Die Glocken geläutet, den Mond und das leuchtende Lugano angesehen, schließlich noch bei Brägger etwas Musik gehört, kurz nach 11 ins Bett.* Am nächsten Morgen, früh um neun Uhr, begleitet Peter Weiss seine beiden Freunde bis nach Lugano. In Zürich werden sie sich wiedersehen. Bis dahin will Weiss in seinem neuen Atelier malen, zu Hermann Hesse gehen und versuchen, eine Arbeitserlaubnis in der Schweiz zu bekommen.

Briefe gehen nun zwischen ihnen hin und her. Weiss schreibt an die lieben *Brüder im Geiste*, unterzeichnet mit Fra Pietro del

Carabietta, fragt: *wann habt ihr eigentlich Geburtstag?* Träumt auf einer Bank in der Sonne noch immer von den schönen Tagen zu dritt und fühlt sich wie unter den Romantikern Heinrich Wackenroder und Ludwig Tieck und möchte vom lieben Hermann, dem weisen *Abbt Hermanus*, wissen, wie er es eigentlich mit den Mädchen hält. *Bist du im Allerheiligsten auch dieser Gegner aller irdischen Genüsse?* Entschuldigt sich aber gleich, wollte nicht indiskret sein und an Verborgenes rühren. *Du siehst, die Feder gehorcht mir nicht, ... lebt ihr eigenes Leben in meiner Hand.* Und macht dann lieber Schluss. Einen Gruß bitte an den Amico Robertus, *dir ein Salute und Te deum, der Welt meinen Hintern – nein, was schrieb da die Feder schon wieder ...*

Ja, es geht ihm gut im Tessin. *Hier an diesem See fand ich ein Zwischenreich, hier entstanden Ansätze eines anderen, entspannten, fast glücklichen Daseins.* Früher hatte er sich doch in der Natur verloren gefühlt, jetzt treibt es ihn in die Kastanienwälder, und wenn die Berge im Dunst der Dämmerung aufsteigen und die Dörfer in violettgrünen Schatten versinken, dann ist es, als schwebte er *in der Tiefe eines großen Kelches, dessen Rand im Goldstaub der gesunkenen Sonne zerfloß.* So wird Weiss diese Zeit zwanzig Jahre später in »Abschied von den Eltern« beschreiben. Alles Schwere, alles Bedrängende sei damals von ihm abgefallen. Er hatte auch dieses manische Bedürfnis verloren, dauernd malen und schreiben zu müssen.

Ähnlich euphorisch hatte sein Mentor Hermann Hesse schon 1919 einen Sommertag im Tessin beschrieben: Die Sonne geht auf, *und die Vögel in den unendlichen Kastanienwäldern fangen zu singen an.* Er steckte sich ein Stück Brot in die Tasche und ein Buch und einen Bleistift und die Badehose, *um einen langen Sommertag im Wald und See zu Gast zu sein.* Er pflückte sich Heidelbeeren und Brombeeren, die überall wild wuchsen und setzte sich dann mit seinem Botanikbuch hin und studierte *Blumen, Gräser,*

Moose und Pilze. Am Abend aß er irgendwo einen Teller Nudeln. Und wenn er nachts in die Casa Camuzzi zurückkam, umfing ihn der Zitronenduft der Magnolien, und unten am See funkelten die Lichter von Lugano.

Jetzt besucht Peter Weiss den Meister in seinem Haus in Montagnola, der Casa Rossa. Die hatte der Mäzen Hans Bodmer für Hesse, den er bewunderte, 1930 bauen lassen, und der Schriftsteller darf dort bis zu seinem Tod frei wohnen. Weiss hat ihm Fotographien seiner letzten Zeichnungen und Gemälden aus Prag mitgebracht, und Hesse ist beeindruckt von seinen Fortschritten. Er schreibt Ende Oktober 1938 an den Graphiker Alfred Kubin, dass gerade ein junger tschechischer Künstler in seiner Nachbarschaft wohnt. *Er ist hochbegabt, besonders als Zeichner*, habe aber ein wunderliches Schicksal, *denn er selber weiß nicht, welcher Nation er übermorgen angehören wird; der Sprache nach ist er deutsch, aber dem Heimatort nach gehört er zu einem slowakischen Gebiet, das wahrscheinlich an Ungarn fallen wird.*

Einen Monat zuvor, am 1. Oktober, waren nach dem Münchner Abkommen deutsche Truppen im Sudetenland einmarschiert, und der böhmische Grenzort Warnsdorf, wo die Eltern von Peter Weiss leben, war ebenfalls besetzt worden. Hatten Vater und Mutter sich retten können? Er schreibt an Hermann Hesse: *ich war froh, dass ich vorgestern, als es mir ziemlich schlecht ging, bei Ihnen sein konnte.* Es habe ihm sehr geholfen, auch wenn ihm seine Lage *einigermaßen verzweifelt vorkam.* Inzwischen habe er aber ein beruhigendes Telegramm von zu Hause bekommen.

Er selbst sei ja nun wohl durch die Okkupation deutscher Staatsbürger geworden, schreibt er weiter. Vielleicht aber auch Ungar. Oder Pole. Die Tschechoslowakei war doch bis auf ein Rumpfstück zerlegt und aufgeteilt worden. *Ein lustiges Spiel mit Pässen* sei das. Aber am liebsten würde er *Fidschiinsulaner* werden. *Spannend, wohin mich der Wind demnächst wohl wehen wird.*

Er kann das alles nur noch mit Sarkasmus sehen. Aber was passiert in Warnsdorf mit seinen Bildern? Seinen Traumlandschaften und Totentänzen? Und was mit dem »Großen Welttheater« in Prag, seiner düsteren Vision mit allen Morden der Vergangenheit, die jetzt in eine geradezu apokalyptische Zukunft wiesen? Er hatte ein Gedicht dazu geschrieben, in schöner Handschrift:

Die Sonne sinkt blutrot,
Kain schlägt seinen Bruder tot.
Judas, enttäuscht, wird sich erhängen,
In Sebastians Fleisch Pfeile drängen.
Leichen von Kanonen zerfetzt,
Flüchtende, von Bestien zu Tode gehetzt.
Auf den gischtigen Wellen
Viele Schiffe zerschellen,
Versinken in dunkler Flut,
Sturm heult in gewaltiger Wut.
Schreiende Menschen zuhaufen
Müssen alle ersaufen, ...

Das und mehr passiert auf seinem schaurig-schönen Gemälde, das in fahles Mondlicht und eine blutend untergehende Sonne getaucht ist. Und ganz am Bildrand hockt *stillverloren ein Kind*, das *seine Träume spinnt*. Das Bild hatte er doch mit seinem Freund Kien durch Prag getragen, als der Mensch vom Himmel fiel. Was ist aus den Bildern geworden? Leben sie noch? Eine Bombe wird man wohl nicht gleich drauf werfen, schreibt Weiss am Ende seines Briefes an Hesse. Aber gutes Brennholz gäben die Gemälde schon ab, *sind ausserdem mit Öl getränkt, für den Kamin des Führers also gut geeignet*. Er ahnt nicht, was für einen hellsichtigen Satz er da geschrieben hat. Er wird es Wochen später erfahren.

Die Eltern schicken ein Telegramm. Sie sind nach Schweden entkommen. Das beruhigt. Sein jüdischer Vater war sofort vor den einrückenden deutschen Truppen geflohen, seine Mutter, die ja keine Jüdin war, blieb noch in Warnsdorf, um den gesamten Haushalt für den Umzug nach Schweden aufzulösen. Dabei halfen ihr die beiden Söhne aus erster Ehe, Arwed und Hans Thierbach, die »arischen« Halbbrüder von Peter Weiss. Vor allem Arwed, ein überzeugtes NSDAP-Mitglied, war der Mutter eine große Hilfe.

Der Vater, der im Auslandsgeschäft erfahren war, sollte nun in Schweden Geschäftsführer einer neuen Textilfabrik werden, in Alingsås, einer Kleinstadt, fünfzig Kilometer nordöstlich von Göteborg. Er hatte die nach Buenos Aires emigrierten Besitzer der Fabrik überreden können, ihre Samtwebereien in Warnsdorf von den Nazis abzukaufen, um sie in Schweden wieder aufbauen zu können. Das gelang. Er konnte die Textilfabrik samt Maschinen und Kapital überführen lassen. *Papa ist doch ein Genie in seiner Art u. ich habe ihn sehr, sehr gerne*, wird Peter Weiss nach Hause schreiben, als er von diesem Coup erfährt. Er selbst bleibt erstmal in der Schweiz.

Doch in Carabietta lebt er immer am Rande des Existenzminimums. Manchmal verkauft er ein Bild oder eine Zeichnung, dann kommt er wieder eine Woche durch. Er lebt ja billig im Dorf, und in den Kastanienwäldern sucht er sich Reisig und Holz für den Kamin. Die Eltern können in diesen völlig unsicheren Zeiten kein Geld mehr schicken. Da hilft Hesse mit einem Auftrag. Er bittet seinen jungen Freund, zwei kleine Erzählungen, die er gerne verschenken möchte, für ihn zu illustrieren. »Kindheit des Zauberers« und »Anton Schievelbeyn«. Jede Arbeit vergütet er mit 100 Schweizer Franken, was damals viel Geld ist.

Weiss hat auch gleich eine Idee. *Ich habe es mir so gedacht*, schreibt er an den lieben und verehrten Herrn Hesse, *dass ich den Text abschreiben würde*, in Schönschrift, mit der Hand, das hätte den Charakter der eigenen Aufzeichnung. Er würde die jeweilige Geschichte dann von kleinen Federzeichnungen durchweben, die er leicht antönen möchte, einige würde er schwarz-weiß lassen, andere aber auch sehr farbig machen. Er schickt Hesse ein Muster auf gelblichem Ingres-Papier, das er noch hatte, Hesse ist zufrieden, und Weiss macht sich an die Arbeit.

Nicht von Eltern und Lehrern allein wurde ich erzogen, sondern auch von höheren, verborgenen und geheimnisvollen Mächten ... So beginnt das autobiographische Märchen »Die Kindheit des Zauberers«. Und die geheimnisvollen Mächte sind Gott Pan in Gestalt einer tanzenden Götzenfigur, die Hesse aus dem Glasschrank seines Großvaters kannte, sind Apfelbäume und Flüsse, Fische, Wälder, Bienen und Marienkäfer. Und natürlich hat das Kind eine Tarnkappe, kann auch zaubern und seine Feinde durch magischen Bann lähmen, und König kann es werden, und Schätze heben. Das alles fließt bei Weiss ganz leicht und luftig aus Pinsel und Feder in den Hesse-Text hinein. Und die schöne Frau Anna, die ein bisschen dumm ist, weil sie immer schon lacht, bevor ein Witz erzählt ist, den sie hinterher dann nicht versteht, sieht in ihrem roten Kleid aus wie eine Spanierin. Und einmal steht Frau Anna mit nacktem Busen im Bild, weil der Knabe ganz unerwartet in ihr Zimmer kommt. *Es wäre eine Liebschaft draus geworden, wenn ich nicht noch allzu jung dafür gewesen wäre.*

Und als der Junge durch jeden Winkel der Welt gelaufen ist und von gelb, blau und ziegelrot getuschten Geistern, Göttern und Götzen gelernt hat, ist er erwachsen und hat seine Zauberkraft verloren. Doch nun *begannen die Mädchen mich anzuziehen*, und der Maler zeichnet dem Autor die schöne *Frau Anna* nackt ausgestreckt und zur Liebe bereit. So endet die Geschichte: *Aufgezeichnet und bebildert vom Zauberlehrling Peter Ulrich Weiss.* Hesse wird die kalligraphische Kostbarkeit seinem Gönner Hans Bodmer zum Geburtstag schenken. Und Siegfried Unseld, der spätere Verleger von Peter Weiss, wird die Unikate aus dem Nachlass des Mäzens erwerben und publizieren.

Peter Weiss im Atelier bei der Arbeit. Im Tessin hatte er das manische Be-
dürfnis verloren, dauernd malen und schreiben zu müssen.

Seinen Eltern schreibt Peter Weiss damals einen langen Brief,
in dem ich euch ein wenig mein tägliches Leben hier schildern will.
Das tut er wieder mit vielen kleinen Zeichnungen: Er im Bett seines saalartigen Ateliers, er auf der Terrasse des Hauses vor Zyp-
ressen und Bergen, er beim Malen, er mit Schnurrbart im Selbstportrait. Ja, den Bart habe er sich stehen lassen, die Eltern sollten
bitte nicht in Ohnmacht fallen. *Gerade der Weiblichkeit,* schreibt
er, *soweit ich mit derselben hier überhaupt in Berührung komme,*

gefällt er ganz gut, der Bart. Aber ganz so grimmig wie auf seiner Zeichnung sehe er nicht aus.

Also morgens schläft er bis acht oder halb neun, wird meist von zwei Schäferhunden geweckt, die draußen einen Höllenlärm machen. Er bleibt dann aber noch etwas liegen, *allmählich kommt das Leben in mich, ich sehe die Staffelei, auf der ein angefangenes Bild steht, ich betrachte es, denke darüber nach*, und dann steht er langsam auf, wäscht sich im Baderaum, kocht in der Gemeinschaftsküche Tee und schmiert sich Brot mit Butter und Marmelade. Irgendwann, selten pünktlich, kommt das Postmädchen Carla, dann liest er seine Briefe, malt zwei, drei Stunden und geht schließlich zur Mittagstafel, wo es reichlich zu essen gibt. Suppe, Fleisch, Süßspeise. Es wird bei Tisch viel geredet mit einem witzigen, ältlichen Fräulein Dr., einer deutschen Emigrantin, und mit Frau Olly Jacques, der Vermieterin, die wirklich sehr nett und interessant sei.

Manchmal geht er am Nachmittag hinauf nach Montagnola zu Hermann Hesse, da sei er immer willkommen. Sie hören dann in der Bibliothek Mozart und Bach auf dem Grammophon, manchmal wird er auch zum Essen eingeladen, sie spielen Boccia im Garten und schauen sich seine neuen Zeichnungen an. *Überhaupt bin ich so glücklich, dass ich bei Hesse sein kann, dass er sich oben immer über meinen Besuch freut.* Das habe er sich wirklich nicht träumen lassen. Nachts kehre er dann *ungeheuer bereichert* nach Carabietta zurück, und die *alltäglichen Sorgen und Unbehagen sind dann so klein und nichtig.* Sogar die Familie seines Zahnarztes Dr. Müller, bei der er oft eingeladen sei, habe ihn geradezu ins Herz geschlossen. Es gehe ihm wirklich gut hier.

Und dann wohne noch ganz in seiner Nähe eine *nach bürgerlichen Normen: etwas verrückte Frau*, Emmy Ball-Hennings. Vielleicht kennt ja *Mamita* – also seine Mutter – sie noch aus Berlin, wo sie im Kabarett mit Claire Waldoff aufgetreten ist. Sie war mit dem Schriftsteller Hugo Ball verheiratet, dem Erfinder von DADA in Zürich, der die erste Biographie über Hermann Hesse geschrieben hat. In der Schweiz galten die beiden eine zeitlang auf der Polizeistation als »gefährliche Ausländer«. Inzwischen sei Emmy Ball-Hennings Malerin und habe wunderbare Gedichte geschrieben.

Jetzt muß ich aus der Kugel fallen.
Dabei ist in Paris ein schönes Fest.
Die Menschen sammeln sich am Gare de l'est ...
Ich aber bin nicht unter ihnen.
Ich fliege in dem großen Raum.
Ich mische mich in jeden Traum ...

Sie sei eine enge Freundin von Hesse, schreibt er weiter. Der hatte über sie gesagt, sie sei ein Kind aus einem Kindermärchen, eine Fee und Zauberin. Doch im wahren Leben sei sie ein armer Tropf, den viele für verrückt hielten. Mit ihr, schreibt Weiss den Eltern, habe er oft stundenlange, anregende Gespräche. Die einstige Muse der Bohème hatte ja ein wildes Leben hinter sich, war früh ein Tingel-Tangel-Girl, war Prostituierte, nahm Rauschgift, war für den Publizisten Erich Mühsam das erotische Genie mit den violetten Strümpfen, das zu wenig Schlaf bekam, weil alle mit ihr schlafen wollten. Er auch.

Ich bin so vielfach in den Nächten,
Ich steige aus den dunklen Schächten.
Wie bunt entfaltet sich mein Anderssein ...

hatte sie gedichtet. Für Johannes R. Becher war die wilde Chansonnette nach dessen missglücktem Suizidversuch eine heißblütige Geliebte, die dem jungen Dichter Morphium verabreicht haben

Dieses Selbstportrait mit Bart schenkt Peter Weiss seiner Geliebten Margarete Melzer. Sie wird es bald ihrem nächsten Liebhaber verehren.

soll. Ja, die jetzt 53jährige hatte viel zu erzählen. Aber was, das schreibt Peter Weiss natürlich nicht nach Hause.

Auch nicht, dass er hier zum ersten Mal wirklich glücklich mit einer Frau war – mit Margarete Melzer. Über sie wird es im Brief nur heißen, dass zwischen Weihnachten und Neujahr *auch die Dame* kommt, die er im Tessin kennengelernt habe und auf die er sich sehr freue. Sie würden dann draußen in der Natur viel zusammen malen und zeichnen. Zwanzig Jahre später wird er in »Abschied von den Eltern« über das Liebeserlebnis in jener sternenklaren Nacht schreiben: *Wir standen umarmt auf einem Balkon über dem See, und sie zog mich zurück in ihr Zimmer, auf ihr Bett, und es war kein Kampf ... und ich lehnte mich nicht mehr dagegen auf.*

Die Schauspielerin Margarete Melzer schenkt ihr zart koloriertes Selbstportrait an einen Nachfolger von Peter Weiss.

Kampf war es doch bisher immer gewesen. Wenn er versucht hatte, mit einer Frau zu schlafen, dann sah er plötzlich die Gebeine seiner toten Schwester Margit, *ich sah die Gebeine dieses Körpers fern von mir in einem Erdloch.* Und da war sie dann wieder, diese explosive Glut seiner angestauten Verzweiflung, die ihn, wie er schrieb, an den *Rand der Umnachtung* brachte. Margit liebte er, niemanden sonst. Und doch war er kurz nach ihrer Beerdigung, er trug noch schwarz, ins Bordell gegangen. Er wollte raus aus seiner Isoliertheit, wollte diese traumatischen Bilder der Schwerverletzten loswerden, die ihn wie einen Ertrinkenden in die Tiefe zogen. Aber es ging nicht. Er hat sich nicht mal ausgezogen. Er gab der Dirne – die auch noch vor seinen Augen mit gespreizten Beinen gepinkelt hatte – das Geld und ging.

So ähnlich war es dann auch bei anderen Frauen. Nach quälenden, eher aggressiven Liebkosungsversuchen, sprang er irgendwann aus dem Bett, sagte, sie solle gehen, er wolle allein sein. Und die Fremde, *die mir in meine Höhle gefolgt war*, zog sich in Windeseile an und lief entsetzt davon. Nach diesen misslungenen Versuchen tröstete er sich in Gedanken mit der Toten, *der kindlichen Frau der Vergangenheit*. Vor ihr musste er sich nicht fürchten, sie war die Konstante, die sanfte Größe seiner Gefühle. Und die waren ja schon viel früher irgendwie aus dem Ruder gelaufen. Einmal, schreibt er, habe er das Geschlecht seiner Mutter gesehen. Da war er noch ein Kind. Sie trug nur ein Hemd, und er starrte, als sie sich vorbeugte, zwischen ihren schweren Schenkeln in *das dunkle, umhaarte Loch*. Es gibt in »Abschied von den Eltern« eine Collage von Peter Weiss, eine *destruktive Gewaltfigur*, die vielleicht an das Erlebnis erinnert. Einer Frau ohne Gesicht, mit Eisenbrüsten, kann man zwischen kräftigen Schenkeln in das dunkle Loch hineinschauen wie in einen Mund mit Zähnen.

Dieser Blick in den Schlund der Welt hatte den Phantasiebeladenen offenbar für lange Zeit in schwindelnde Versagensängste versetzt. Und so gab es nur zwei Möglichkeiten: Geheiltwerden oder Verrecken. Da liest er in der Zeitung eine Anzeige, wie Potenzstörungen beseitigt werden können. Er geht zum Arzt. Der verschreibt ihm ein Pulver, das er mit Sodawasser vermischt trinken soll. Das macht er, und hofft, dass die Frauen, die er immer wieder verschreckt und verjagt, eines Tages ein Gesicht bekommen würden, einen Namen, eine Identität.

Die erste, die dem 21jährigen Erlösung bringt, ist nun im Tessin die neun Jahre ältere Margarete Melzer. Bis dahin, so erzählte Peter Weiss es Peter Roos in Stockholm, hatte er doch die ganzen Nöte bis in die späten Pubertätsjahre mit sich herumgeschleppt. Das war nun vorbei. *Zum ersten Mal funktionierte ich nicht nur als Maler, sondern auch als Mensch, als junger Mann.* Früh am nächsten Morgen steht er auf, geht in den Hof hinunter, wäscht sich, irgendwo im Dorf kräht ein Hahn, *und ich dehnte und streckte mich in einem neuen Selbstbewusstsein.*

Margarete Melzer, seine Erweckerin, war Schauspielerin. Sie hatte 1931 in Fritz Langs legendärem Film »M – Eine Stadt sucht einen Mörder« eins der älteren Mädchen gespielt und war Emil Jannings Partnerin in Gerhart Hauptmanns »Fuhrmann Henschel«. Sie war eine sehr emanzipierte junge Frau, zu deren Liebhabern bereits der Dadaist Hans Richter gehört hatte und Erwin Piscator. Richter war längst vor den Nazis aus Deutschland geflohen, und Piscator, der gefeierte Theater-Avantgardist, war zu dieser Zeit auch auf dem Weg in die Emigration, nach Amerika. 1965 wird er an der Freien Volksbühne Berlin die Uraufführung der »Ermittlung« inszenieren – von Peter Weiss.

Weiss schenkt seiner Geliebten nun im Tessin ein Selbstportrait, das er in seinem Atelier in Carabietta gemalt hat: Der junge Künstler schaut mit konzentriertem Blick in den imaginären Spiegel und pinselt sein Konterfei auf ein kleines Stück Holz, das er an die Staffelei geschraubt hat. Er trägt einen zarten Oder- und Unterlippenbart, so, wie er es den Eltern geschrieben hatte, und durch das offene Fenster sind die Berge zu sehen, der See und blattlose Büsche. Es scheint später Herbst zu sein.

Die Geschichte dieses Bildes geht aber weiter. Margarete Melzer verschenkt die Liebesgabe – zusammen mit einem Selbstportrait, denn auch sie war eine begabte Malerin – wenige Monate später an einen noch jüngeren Geliebten, der ebenfalls von ihr erweckt wurde. Das war der spätere Fernsehjournalist Dieter Gütt, der eine zeitlang auch mein Chefredakteur im *Stern* war. Die Geliebte hatte zu ihm gesagt: Der auf dem Bild sei Peter Weiss. Und der war 1939 natürlich noch lange nicht der, der er wurde.

Gütts Witwe erzählte mir, dass sie nicht glauben wollte, dass der junge Mann in Öl tatsächlich Weiss war. Er hatte so gar keine Ähnlichkeit mit dem weltberühmten Mann, deren Bücher sie Ende der sechziger Jahre gelesen hatte und den sie von Fotos und Diskussionen kannte. 2012, zweiundzwanzig Jahre nach dem Tod ihres Mannes, schrieb sie dann einen Brief an Gunilla Palmstierna-Weiss, legte eine Kopie des Portraits dazu und bekam wenige Tage später eine Antwort. Ja, schrieb sie, das sei *sicherlich ein Geschenk für das Erlebnis und die Liebe … »Vergiss mich nicht!«* Und fügte hinzu, dass ein anderes Selbstbildnis, auf dem *Peter genau so jung aussieht*, im Schloss Gripsholm neben vielen anderen schwedischen Künstlern und Schriftstellern hinge. *Es existiert wirklich ein Schloss Gripsholm*, fügt sie am Ende des Briefes vergnügt hinzu.

Zurück nach Carabietta. Da kommt im November 1938 eine Postkarte mit wüsten Beschimpfungen von Robert Jungk an. Früher, schreibt Weiss an seinen Freund Wilhelm nach Zürich, wäre so eine offene Karte *Grund zu einem Duell* gewesen. Es ging um ein Mädchen, in das er sich damals verliebt hatte. Und Bob offenbar auch. Das war vor ihrer gemeinsamen Reise ins Tessin. Also Bob auch? Gut, wenn er sie liebt und sie ihn auch, dann würde er verzichten. Tat er auch. Aber nur solange, bis die Schöne ihm erklärte, sie sei in ihn, in Pit, verliebt, sei es nie in Bob gewesen. Da *brach der Strom der Verliebtheit wieder in mich zurück*. Und nun sei er per Postkarte *ein verlogener, gemeiner, charakterloser Schuft* und für Bob gestorben.

Seitenlang schreibt Weiss seinem Freund Wilhelm, was damals alles passiert war. Ja, er sei tatsächlich unfair gewesen, sei heimlich mit dem Mädchen durch Zürich spaziert, habe sie geküsst, ja, habe sogar Bobs Pressekarte weggenommen und war mit *der X* ins Konzert gegangen, er habe sogar gewagt, *ihm Glück bei X zu wünschen* und sich nicht geniert, in Bobs Gegenwart abfällig über sie zu reden. Und das alles, ohne das geringste schlechte Gewissen. Wie sei so etwas möglich? Er habe nicht gewusst, dass er *solch mephistophelische Züge* in sich trage. Und nach diesem *Lügenspiel*, das sein Freund nun offenbar durch X erfahren habe, *sah ich, dass Bob mir nie mehr verzeihen könnte.*

Aber sich entschuldigen? Ihm schreiben? Nein, schreiben könnte er ihm nicht. Zu groß sei die Scham. Zu klein die Hoffnung auf Vergebung. Ob Hermann helfen könnte? Er möchte Bob nicht verlieren. Doch nicht wegen so einer Geschichte! Aber würde Bob ihm überhaupt verzeihen wollen? *Die Hand tut mir weh*, schreibt Weiss nach seiner gewaltigen Klage und Selbstanklage, *es schlägt Mitternacht, es läutet das Armesünderglöcklein.* So schickt er den Brief ab. Und Hermann hilft. Es dauert ein bisschen. Aber die beiden versöhnen sich. Und Weiss schickt Jungk aus dem Camuzzi-Garten eine Kakifrucht nach Zürich. Als *Freundschaftsgabe.* Doch er kann es noch lange nicht fassen: *Wie konnte man nur so schwach sein*! Und das wegen eines kleinen Weibes, hatte ihm Hermann geschrieben. Wie recht er hat. *Das alles erinnert mich stark an Dostojewski*, schreibt Weiss ihm zurück.

Die Geschichte seiner zwei Seelen in der Brust verfolgt ihn noch Wochen bis in die Träume hinein. Am 1. April 1939 – da lebt er schon ein paar Wochen in Schweden – schreibt er Bob aus Stockholm, dass er in der letzten Nacht einen unheimlichen Traum gehabt hätte: *ich habe mit jemandem gerungen, während des Kampfes sehe ich, daß ich meinen Doppelgänger als Gegner habe.* In diesem Kampf sei es offenbar um die Gunst eines Mädchens gegangen, das irgendwo zu sehen war. Er sei aber der Überlegene gewesen, habe sein zweites Ich so fest im Griff gehabt, dass es sich nicht mehr befreien konnte. Ergibst du dich?, fragt er. Und er weiß, dass der andere es nicht tun wird. *Obwohl er in meiner Gewalt ist, fürchte ich mich doch vor ihm.* Er will ihn erwürgen, aber der Gedanke an Mord hält ihn zurück. Dafür schlägt er ihm aber den Kopf ein paar Mal so heftig gegen die Wand, dass der Geschundene sich erbricht, *das stößt mich ab, ich lasse ihn los.* Er rennt weg, sein Doppelgänger verfolgt ihn, will ihn erschießen, er läuft zum Bahnhof, kann sich verstecken, doch der andere steht plötzlich vor ihm, will schießen, aber seine Hände sind leer. *Trotzdem erwachte ich mit dem Gefühl großer Pein.*

Zu Weihnachten schneit es im Tessin, *ein seltsamer Anblick in dieser Landschaft*, schreibt er an die Eltern. Heiligabend sei er beim Zahnarzt Dr. Müller eingeladen, *überhaupt gehöre ich schon ganz zur Familie.* Er sei oft den ganzen Tag bei ihnen und male morgens und nachmittags mit Lore, der Tochter. Zur Christmette wird er in die kleine Dorfkirche gehen. Zwischen den Jahren ist dann auch *die Dame* in Carabietta, und Silvester wird er bei Hermann Hesse und seiner Frau Ninon in der Casa Rossa sein. Ach, und dann, *liebe, liebe Mamita, lieber Daddy*, Dank für das *märchenhafte* Paket, das gerade eben angekommen. Sein Schrank sei zu einer richtigen Schatzkammer geworden: getrocknete Trauben, Lebkuchen, in Tomaten eingelegte Heringe, Strümpfe, Wäsche, und die Schlipse werden einen *nice boy* aus ihm machen.

Aber dann? Wohin soll er im nächsten Jahr gehen? Er wird wohl nach Schweden fahren müssen. Wohin sonst? Nach Jugoslawien? Zurück an die Kunstakademie? Die Tschechoslowakei existiert doch nicht mehr so, wie sie einmal war. Und würde er dort vom Militär verschont bleiben? Nach Deutschland? Unmöglich, *mich würde das Kotzen ankommen, beim Überschreiten der Grenze*, schreibt er den Eltern. Er habe übrigens gehört, dass Arwed und

Hans noch immer vom neuen Regime überzeugt sind. Wer dort heute noch mitmachen kann, *ist in meinen Augen erledigt*.

Er muss die Schweiz schon Ende Januar 1939 verlassen, obwohl seine Aufenthaltsgenehmigung noch bis Anfang April gilt. Aber er hat kein Geld mehr. *Ich pfeife, was pecunia betrifft, so ziemlich aus dem letzten Loch*, schreibt er an seinen Freund Hermann nach Zürich. Der wollte doch ein Bild von ihm haben. Wie viel er denn ungefähr ausgeben wolle? Nur so zehn bis zwanzig Franken für eine Zeichnung? Oder doch eher etwas mehr für ein kleines Öl-bild? Er hätte ein Selbstportrait: Er im Atelier von Carabietta. Das würde ihm vielleicht gefallen. Sein Freund versteht und bietet ihm 200 Franken an. *Du treuer Waldemar*, antwortet ihm Weiss, *Du sollst ein gutes Bild bekommen*. Er käme am Donnerstag mit dem Mittagszug in Zürich an und müsste am Sonntag früh wei-terfahren, über Berlin nach Schweden, und *wer weiß, für wie lang die Trennung dann dauern wird*.

Drei Tage verbringen sie miteinander. Bob ist in England. So reden die beiden über Gott und den Rest der Welt, lesen sich ge-genseitig ihre neuen Texte vor und schauen die mitgebrachten Bilder durch. Goldschmidt entscheidet sich für den »Jüngling am Stadtrand«: Ein schwarz gekleideter junger Mann steht mit dem Rücken zum Betrachter vor fast entlaubten Bäumen und schaut zu einer fremdartigen Stadt hoch. Das Bild strahlt trotz der alt-rosafarbenen Häuser nur scheinbar Ruhe und Wärme aus. Der Bo-den ist zu grau, die fast kahlen Bäume sind eingezäunt, und der Himmel ist in angstkaltes Grün getaucht. Weiss wird diesen ge-malten Blick in eine ungewisse Zukunft viele Jahre später für ein Zigfaches von seinem Freund zurückkaufen – als weltberühmter Dramatiker.

»MEINE MUTTER ZERSCHLUG MEINE BILDER MIT DER AXT UND VERBRANNTE SIE IM OFEN«

IM SCHWEDISCHEN EXIL

Kaum in Berlin eingetroffen, schreibt er an seinen Freund, dass er gegen diese Stadt ankämpfen muss, sie kommt ihm *völlig irreal* vor. Er fragt sich, wo er hier eigentlich ist und ob er überhaupt lebt. Wie schön doch die drei Tage in Zürich mit ihm und dem »Jüngling« gewesen sind. Ob Hermann sich schon mit dem Bild angefreundet hat? *Wächst es oder verkleinert es sich?* Es muss wohl gewachsen sein, denn im nächsten Brief ist Weiss glücklich über die Antwort des Freundes und schreibt: *ich weiß es gerne bei dir, das Bild.* Und fragt, ob er den »Jüngling« von Dostojewski kennt. *Lies ihn!*

Aber sonst? Sei fast alles in ihm abgestorben. Er hatte in Berlin-Charlottenburg Margarete Melzer wieder getroffen, schreibt er im nächsten Brief. Doch außer *lieben* habe er nichts getan. Und das Wort *lieben* müsse auch erst näher überprüft werden. Eine Frau nimmt ihm einfach zu viel von seiner Zeit weg, macht ihn nervös, es gibt Streit und man zweifelt an sich und allem. Das wirklich tiefe Gefühl, das er einmal für sie hatte, sei erloschen; *ich habe mich an meiner Freundin übernommen.* Zweieinhalb Jahre später wird ihm seine Seelenfreundin Henriette Itta Blumenthal, der er die ganze erotische Verworrenheit von damals erzählen wird, schreiben, dass er noch immer in der Pubertät sei. Richtig, wird er ihr antworten, denn er habe bisher ja auch noch nie mit dem Herzen geliebt.

Diese Itta, die über Krakau, *immer einen Schritt vor den Nazis,* nach Schweden geflohen war und 1941 weiter in die USA emigrie-

Von diesem Öl auf Holz gibt es nur noch ein Fragment: Das Peter-Weiss-Portrait am Cembalo. Den Rest hat die Mutter zerhackt und verbrannt.

ren wird, wo sie sich zur Psychoanalytikerin ausbilden lässt, Itta Blumenthal ist zwölf Jahre älter als Peter Weiss. Nein, er wird sich nicht in sie verlieben, wird ihr schreiben, dass er sie nur einmal begehrt habe, als sie sich das erste Mal geküsst hätten. Sie wird eine andere Rolle spielen, die der *Itta-Schwester*. Gemeinsam mit ihr wird er bald durch seine Seele laufen wie durch einen dunklen Wald. Vor ihr wird er seine Ängste ausbreiten, ihr wird er erzählen, wie oft er in der letzten Zeit geweint hat, *aus übergrosser Verzweiflung am Leben*, auch *aus überströmendem Lebensglück*, auch aus Liebesschmerzen, die ihn rütteln. Aber noch ist sein Freund Hermann derjenige, dem er erzählt, wie sehr ihn die Geschichte mit Margarete belastet. Ja, sie sei die erste gewesen, mit der er erotisch so stark verbunden war, damals im Tessin. Es war die erfüllteste Zeit seines bisherigen Lebens. Aber es war bei ihm Liebe ohne *Herzensliebe*. Sie hat auch nur einen Monat gedauert. Dann *sank ich wieder zurück in meine Krankheit*.

Und diese Krankheit – mit der er sich infizierte, als er aus der Schweiz zurückgekommen war – wird er erst nach zwei Analysen besiegen. Bis dahin sperrt er sich in sein selbst gewähltes Gefängnis ein. Ach, er hätte diese Reise nach Berlin nicht machen dürfen, schreibt er weiter an seinen Freund. In Deutschland habe er *die Verbindung mit dem Hohen und Schönen verloren*. Er hätte in Zürich bleiben sollen. Oder in Carabietta? Nein, nicht dort. Carabietta war zu Ende. Aber dieses Gefühl, *daß ich eigentlich ein unglücklicher Mensch bin*, schwappt wie eine unheilvolle Welle über ihn hinweg. Und diese Welle komme immer ganz plötzlich, immer mitten in einem *ruhigen, freundlichen Tage* und schwemme ihn mit Gewalt fort. Dann möchte er alles um sich herum zerstören. Es sei ganz sinnlos, diesen heftigen Schmerz bekämpfen zu wollen. Geht nicht. Er ist da. Er frisst sich fest. Das Schlimmste aber, schreibt er seinem Freund, sei, dass er dann nicht arbeiten könne. Schon der Gedanke an Arbeit sei absolut sinnlos. Wenn er doch etwas fände, an das er sich halten könne. *Verzeih diesen Brief.*

Als er das schreibt, ist er bereits in Schweden, in Alingsås, wo sein Vater dabei ist, die Fabrik wieder aufzubauen. Und er weiß auch schon, dass die Bilder, die er seiner Mutter vor der Reise in die Schweiz zur Verwahrung gegeben hatte, von ihr mit der Axt zerhackt und im Ofen verbrannt worden sind. Nur aus einem Bild, dem »Gartenkonzert«, hat sie das Selbstbildnis ihres Sohnes herausgetrennt. Mit der Axt? Oder der Säge? Da sitzt er mit schwermütigem Blick am Cembalo, und das Notenblatt vor ihm trägt die Signatur PW. Er hatte das Bild fotografiert, um es Hermann Hesse in Montagnola zu zeigen. Vor einer idyllischen Landschaft, die durch das Fenster der Loggia zu sehen ist, stehen hinter Peter Weiss am Cembalo vier somnambule Gestalten, drei Männer – und Margit, die tote Schwester, in durchscheinendem weißen Gewand. Dieser wunderbare Teil samt seinen frühen Totentänzen und Weltuntergängen, den Beweisen seiner Begabung – *die einzigen Zeichen meiner Stärke* – waren zerhackt und verbrannt worden. Was hatte er noch vor Wochen so sarkastisch an Hermann Hesse geschrieben, damals im Tessin, als deutsche Truppen in die Tschechoslowakei einmarschiert waren? Ob seine Bilder wohl noch am Leben seien? Eine Bombe würde man sicher nicht gleich drauf werfen, aber gutes Brennholz gäben die Ölgemälde schon ab, wären *für den Kamin des Führers also gut geeignet.*

Nun waren sie im Ofen der eigenen Familie in Flammen aufgegangen. Seine Mutter erklärte ihm dieses Autodafé damit, dass der ganze Hausrat, jedes einzelne Stück, vor dem Abtransport von Warnsdorf nach Schweden von den Nazis überprüft und freigegeben werden musste. Aus Angst, die SS-Männer könnten Anstoß an seinen Bildern mit diesen düsteren, destruktiven Themen nehmen, habe sie nur seine Notizhefte und die Mappe mit den Zeichnungen eingepackt. Die Gemälde aber, schreibt er, die Bilderwelt seiner Jugendjahre, habe sie *in den Keller getragen, mit der Axt zerschlagen und im Ofen verbrannt.*

Ja, es war ein Autodafé, war die Verkündigung eines Urteils. Ihres Urteils. Sie hatte seine Visionen doch immer als Bedrohung empfunden, nie als gemalte Gedanken eines Suchenden. Sie hatte auch nie richtig hinschauen mögen, wenn er sie bat, sich ein neues Bild von ihm auf der Staffelei anzusehen. Sie guckte gar nicht hin, und das kränkte ihn. Seine Jugendträume waren für sie Albträume, die ihre Haus-Ordnung zerstörten. Seine Phantasiewelten, schrieb er später, waren für seine Mutter *Ausdruck einer Krankheit, mußten geopfert werden.*

Erst am Ende seines Lebens, im Interview mit Peter Roos, hat er nachvollziehen können, wie seiner Mutter damals zumute gewesen sein mag und unter welchem Druck sie wohl gestanden hat. Es war ja ihr dritter Umzug in nicht mal vier Jahren: von Deutschland nach England, von dort in die Tschechoslowakei und dann nach Schweden. Doch dieses Mal unter Aufsicht. *Sie war in Panik, sie war allein, sie war umgeben vom Feind.* Es war aber auch ihre bürgerliche Welt, die sie nach Schweden retten wollte. Also bloß nichts riskieren! Und seine Bilder waren ein Risiko. Für sie. *In die Emigration mit einem Bündel auf dem Rücken? – damit hätte sie sich nie abfinden können,* schreibt Weiss.

Ich frage Gunilla Palmstierna-Weiss in Stockholm, ob sie die Eltern noch kennengelernt hat, die kurz hintereinander gestorben sind, die Mutter Ende 1958, der Vater Anfang 1959? Ja, sagt sie. Und sie fand Peters Mutter auch interessant. Sie war aber ein Produkt ihrer Zeit. Sie war geschieden, hatte zwei Söhne aus erster Ehe. Heute hätte sie sicher am Theater weitergearbeitet. Aber damals spielte sie – sorry – die Bühnenhexe nun zu Hause. Dass sie Peter allerdings nicht geschätzt hat, das glaube ich nicht. Sie hatte nur diese Sorge: Um Gottes Willen, du musst doch als Emigrant einen richtigen Beruf haben! Du musst doch durchkommen! Der Peter musste ziemlich alt werden, um das zu verstehen.

Und nun kommt er nach den schönen Monaten im Tessin mit leeren Händen in Schweden an. Wie ein Landstreicher, schreibt er. Nur mit seiner zerstörten Kunst im Kopf. Und das in einem fremden Land, dessen Sprache er nicht spricht. Und was ist mit den restlichen Bildern passiert, die er dem Akademiekollegen Peter Kien anvertraut hat? Als Kien gehört hatte, dass sein Freund nicht nach Prag zurückkommen würde, hat er sie verpackt und an die schwedische Spediteurfirma adressiert, die Weiss ihm genannt hatte. Aber die Bilder kommen nicht an, stehen offenbar unter Kuratel der Nazis irgendwo an der Grenze rum, nicht abgefertigt, nicht weiter transportiert. Und Weiss kann ja nicht hinfahren. Man würde ihn nicht wieder rauslassen. Sein tschechischer Pass war fast abgelaufen, vielleicht galt er schon gar nicht mehr, und in einem halben Monat endet auch seine Aufenthaltsgenehmigung in Schweden. Wo soll er dann hin, der Emigrant?

Er sieht in Gedanken seine Gemälde mit einem Schiff auf der Ostsee untergehen. Und er? Kann nur untätig vom Ufer aus zusehen. *Kannst du ermessen, was ein – Gott sei davor! – Verlust aller Bilder für mich bedeuten würde*, schreibt er an Hermann Goldschmidt nach Zürich. Er fühlt sich *wie ein Wahnsinniger mit tausend Gedanken umsponnen*, weil er nicht weiß, wie er Geld verdienen kann, um selbstständig zu werden, unabhängig und frei. Das war doch auch das Problem des Jünglings von Dostojewski, eines Deklassierten, eines Beschädigten, der aus seiner Haut heraus will. Und so ist Weiss denn *ganz ohne Zynismus* bereit, wo auch immer und was auch immer zu arbeiten, als Kellner, als Tellerwäscher, egal. Er hatte seinem Freund Bob – der inzwischen in London einen Pressedienst aufbaute – geschrieben, ob der nicht irgendwas wüsste, wo er arbeiten könnte, in einem Reklameatelier vielleicht. Aber Robert Jungk weiß auch nichts.

Also wird Weiss wieder bei seinem Vater in die Fabrik einsteigen müssen. Es bleibt ihm nichts anderes übrig. Er wird Pinsel und Farben einpacken und wegstellen. Doch *die Insel der Kunst bleibt mir ein fernes Idol.*

Die Fabrik des Vaters ist noch im Aufbau. Überall Provisorien. Maschinenteile liegen zwischen Holzwolle und Wellpappe, Farben und Chemikalien lagern in Dosen und Kanistern, Kisten stapeln sich, in denen Stoffe liegen, die gefärbt und bedruckt werden sollen. Mit einem Höllenlärm wälzt sich draußen den ganzen Tag der Zementmischer, und in der Baracke, dem Notbehelf-Kontor, *rasselte und zitterte alles mit.* Da sitzt Peter Weiss, versteht vor lauter Krach kaum ein Wort von dem, was sein Vater ihm diktiert, also erfindet er Teile der Geschäftsbriefe, hackt sie in die Schreibmaschine, und tatsächlich scheinen seine Texte zu stimmen, denn es kommen Briefe zurück mit Aufträgen, Agenten melden sich, Verträge werden abgeschlossen, die Mauern der Fabrik wachsen draußen langsam in die Höhe, und an der Decke über Weiss schaukelt die nackte Glühbirne hin und her, die am eigenen Dynamo hängt, mal Licht gibt, mal flackert, mal verlischt. Draußen ist es dunkel in dieser Jahreszeit, der Nebel wabert durch die Stadt. Also *wir lebten hier im wilden Westen.*

Der Abend und die Nacht gehören ihm. Da ist er bei sich, da trinkt er starken Kaffee, da will er schreiben und malen. Sein Zimmer ist oben unterm Dach des elterlichen Hauses Lillgården. Er, der Einsiedler, der Proletarier, wie er sich nennt, über den bürgerlichen Eltern. So hatte er sich ja schon in seinem gewaltigen Gemälde »Die Maschinen greifen die Menschheit an« gemalt. Ganz oben im zerstörten Haus an der Staffelei unterm Mondenschein. Er weiß, dass er alles allein erreichen und sich selbst erschaffen muss. Niemand wird ihm helfen, niemand ihn entdecken. *Die Welt ist kalt und grausam,* schreibt er an seinen Freund Bob, *u. ich war ein harmloser Irrer.*

Nur drei Menschen kenne er, die Freude an seiner Malerei hätten: Hesse, Hermann und Bob. Aber davon könne er nicht leben. Also müssten die Musen ihm verzeihen, dass er nur auf einem Umweg zu ihnen gelangen kann. Es geht nicht anders. Ihm sei auch lieber, dass er jetzt eine kunstferne Arbeit hat und damit Geld verdient als mit seiner Kunst zu Kreuze zu kriechen. *Da würde mir so windig weh zu mute sein, das ich's nicht ertrüge.* Also arbeitet er weiter im Kontor, kümmert sich ums Kaufmännische, kennt sich in der Hand- und Filmdruckerei aus, schließlich hatte er ein Jahr in London auf dem Polytechnikum Fotografie studiert, stellt Schablonen her und entwirft Muster für die Stoffe. Aber irgendwann, schreibt er weiter an Bob, würde er auf einen Kreuzzug gehen, um seine verlorene Insel wiederzufinden. *Vielleicht kommst du dann mit. Wir sind Helden, Bob! Wackre Kämpen! Heil dir*!

Und als er etwas Geld zusammengespart hat, fährt er zum Durchatmen für zwei Tage nach Stockholm, trifft im Nachtlokal eine schöne Schwedin, hofft, sie am nächsten Tag erobern zu können, hat bei Bekannten ein Mittagessen geschnorrt, damit er sein Geld für den Abend sparen kann. Und dann möchte er die Göttin dazu bewegen, mit ihm zu schlafen. Er sei aufgeregt, laufe nervös herum als sei es das erste Mal. *Gestern jammert man, alles sei zum kotzen, man wolle Selbstmord begehen.* Und heute? *Ach, Bob, was sind wir für Kreaturen*!

Er beschreibt seinem Freund die nächsten Stunden, als schriebe er ein Theaterstück. Also Vorhang auf. Er sucht ein hübsches Hotelzimmer. Dann kauft er Obst. Liegt auf dem Bett und stellt sich vor, wie alles ausgehen wird. Noch zweieinhalb Stunden. Ja, er liebt die schöne Meybrid. So heißt sie. Und sie spricht Englisch und ein bisschen Deutsch. Sein Schwedisch ist doch mehr als rudimentär. Er hofft, in der Nacht das Obst Arm in Arm mit ihr zu verzehren. Vorhang zu. Bob möchte den Brief jetzt bitte zur Seite legen, um an seiner, Pits, Spannung teilzuhaben. Und dann:

Vorhang auf. *Zusammenbruch auf der ganzen Linie.* Was hatte er sich da bloß alles ausgedacht. Für einen Abend und eine Nacht. Er wollte *die Festung im Sturm nehmen.* Aber sie sei standhaft geblieben. Eine wirkliche Gegnerin. Überlegen, spöttisch, kühl. Schon wie sie das Café betrat. Groß, im schwarzen Pelz. Und er in der Rolle des Eroberers. Im Tanzlokal ein kurzer Augenblick, der ihn auf einen Sieg hoffen lässt. Das Ende aber – sinnlos. Totale Niederlage. In der Nacht ist die Schlacht nach heftigen Diskussionen entschieden. Sie geht nach Hause, und er gegen drei Uhr *allein, geschlagen, zermürbt* ins Hotel. *Es war Schneesturm u. ganz verteufelt traurig.*

Am nächsten Tag fährt er mit dem Zug zurück nach Alingsås, zurück in die Fabrik, zurück ins Haus der Eltern, die inzwischen tatsächlich glauben, ihrem Sohn den Wunsch auf eine Künstlerkarriere ausgetrieben zu haben. Und wieder wird sich ihre gegenseitige Sprachlosigkeit wie ein Alb auf ihn legen. Dabei hatte er doch all die Jahre auf Verständnis gehofft. Nicht unbedingt vom Vater, der diese eher sentimentale Beziehung zur Oper hatte. Der sagte immer nur zu ihm: *wenn du doch mehr Sinn für die Wirklichkeit hättest!* Aber die Mutter war doch einmal Schauspielerin, war befreundet mit Wilhelm Murnau, der erst nach seiner Theaterkarriere mit dem Stummfilm »Nosferatu« so richtig berühmt geworden war und nach Kalifornien ging. Da war ihr Sohn Peter gerade sechs Jahre alt. Wie oft hat sie ihren Kindern von ihm erzählt, ja geschwärmt. Und als er 1931 bei einem Autounfall in Santa Barbara starb, mit 42 Jahren, saß sie wie gelähmt im tiefen Ledersessel in der Diele, die Zeitung mit der Schlagzeile »Murnau in Hollywood tödlich verunglückt« vor ihr auf dem Boden. Hatte die Mutter vielleicht drei Jahre später ihre Tochter Margit auf dem berühmten Kirchhof in Stahnsdorf bei Berlin beerdigen lassen, weil Murnau dort in einem Grab, gekrönt mit einer Büste seines schönen Kopfes, lag?

Sie, die einmal, wenn auch kurz, so verwachsen war mit der Kunst, musste doch einen Sinn haben für die Wünsche ihres Sohnes, für seine Malerei. Aber bei jedem neuen Bild, das er ihr gezeigt hatte, war sie desinteressiert aus seinem Zimmer gegangen. Wie ein kleines Kind habe er um ihre Anerkennung gebuhlt. Vergeblich. War es die Rache für ihre abgebrochene Karriere? Warum mochte sie seine Bilder nicht? Weil im Hause Weiss nur Farbdrucke berühmter Kunstwerke an der Wand hingen – die Pietà von Michelangelo, Hannibals Grab und Le Roi Soleil, der sechzehnte Ludwig, Sonnenkönig?

Die Vorstellung, dass die eigene Mutter seine auf Holz gemalten frühen Ölbilder, Originale, mit der Axt zertrümmert und ins Feuer geworfen hat, blieb jahrelang ein Albtraum für ihn. Aber der hatte ja schon viel früher begonnen, schon als er noch ganz klein war und der Mutter mit ausgebreiteten Armen entgegen flog. Doch wenn sie ihn dann hochhob, wurde sie zu einer wüsten mythologischen Märchenfigur. *Aus der großen, warmen Masse des Gesichts, mit den dunklen Augen, wurde plötzlich eine Wolfsfratze mit drohenden Zähnen. Aus den heißen, weißen Brüsten züngelten, wo eben noch tropfende Milchdrüsen waren, Schlangenköpfchen hervor.* So beschreibt er sie nach ihrem Tod, diese Übermächtige, die immer wie eine Dea ex Machina vor ihm stand, wenn sie ihn überprüfen wollte, diese Mutter, zu der er ein Leben lang eine höchst ambivalente Beziehung hatte.

Ach, Bob, ich beginne allmählich die Welt zu durchschauen, schreibt er am Ende jenes Briefes an Robert Jungk. *Wenn ich nicht bald wieder etwas finde, woran ich mich klammern kann, dann – ich habe Angst davor – werde ich mich doch in ein Schicksal treiben, wie Kleist es erlitt.* Das Etwas, an das er sich klammern kann, ist natürlich die Malerei. In den nächsten Monaten möchte er so viel Geld gespart haben, dass er in Stockholm ein neues Leben anfangen und endlich nur noch malen kann. Sein Freund Hermann will ihm sogar Kredit auf seine künftigen Bilder geben. Künftige Bilder? Gibt es nicht. Und die alten aus Prag liegen noch immer irgendwo an einer Zollstation, *der Teufel weiß, wo!* Seine Nationalitätenfrage sei völlig ungelöst, er hat keinen Pass, weiß nicht, was werden soll. *Wären wir drei, du u. Bob u. ich nur zusammen, dann wäre vielleicht alles gut. Jetzt ist nichts gut.*

Diese Briefe sind die großartigen Vorboten des künftigen Schriftstellers. Wenn er schreibt, wie oft er den Tränen nahe ist, wenn er Geschäftsbriefe ordnet und Mappen mit Mustern sortiert, wenn er durch die neuen Räume der Fabrik läuft, die hellen Säle, in denen noch Leitungen und Ventilatoren gelegt werden, wenn er den Arbeitern und Mechanikern zunickt und fachmännisch ans Metall der Maschinen klopft, diesen Göttern von gestern, und wenn er dann rausgeht und die blühenden Kastanien anschaut, die roten Dächer, den blauen Himmel ... *ich war nie so leicht zu rühren wie jetzt. Die kleinsten Dinge bringen mich den Tränen nahe.* Bob, schreibt er an seinen Freund, er könne nicht zwei Dinge zur gleichen Zeit tun. Sein Herz krampfe sich zusammen, als habe er alles auf der Welt verloren. Wenn wenig zu tun sei im Kontor, verziehe er sich auf die Toilette, igle sich in diesem kleinen Raum ein, wo ihn niemand stört. Er überlege schon, ob er nicht eine Abhandlung schreiben soll: Meine Toiletten. *Das sind die stillen, sicheren Inseln inmitten des Höllengewühls.*

Und Peter Weiss ist ja nicht der einzige in der Familie, der unglücklich ist und ewig Auseinandersetzungen mit den Eltern hat. Sein acht Jahre jüngerer Bruder Alexander fliegt in Alingsås von der Schule und wird ins Internat gesteckt. Und die vier Jahre jüngere Irene hat, wie die Mutter meint, den falschen Freund. Sie verbietet ihr, diesen Gunnar Eklund wiederzusehen. Laute Kräche sind das. Als die Tochter die dramatischen Auftritte ihrer Mutter nicht mehr erträgt, packt sie ein paar Sachen in ihre rote Hutschachtel und flieht zu Fuß zu den Eltern ihres Freundes. Da sitzt sie heulend, wie sie in ihren Erinnerungen schreibt, im kleinen grünen Sessel am Fenster, wird von Gunnar, den sie später heiratet, getröstet, und sieht plötzlich, wie ihre Mutter *majestätisch* einem Taxi entsteigt, Gunnars Mutter, die gerade beim Großreinemachen ist, keines Blickes würdigt und ihre heulende Tochter aus den Fängen des Verführers reißen will. Doch der hatte sie nicht verführt. Und so einigt man sich auf eine klärende Unterredung im Hause Lillgården, wo die Mutter dann sehr überrascht ist, dass der junge Mann die Pietà von Michelangelo und den Sonnenkönig an der Wand erkennt.

Peter Weiss entflieht den häuslichen Dramen immer wieder, fährt dann für ein Konzert nach Göteborg, das nur vierzig Kilometer entfernt ist, hört Bach, Mozart und Haydn, liest in seiner Dachkammer Dostojewskis Dämonen, die er erdrückend findet, zu viel Wahnsinn, zu viel Zusammenbruch. Seelenbalsam dagegen »Die bunten Steine« von Adalbert Stifter. Und dann Célines »Reise ans Ende der Nacht«, gleichwertig den Dämonen, schreibt er an Bob. Und natürlich habe auch er den Film »Love affair« gesehen, herrlich kitschig, aber Tränen geweint. Carnés »Hotel du Nord« sei dagegen enttäuschend gewesen. Und sonst? Warten auf das Ende des Krieges. *Vielleicht können wir alle einmal wieder nach Deutschland. Doch dann ... wie wird es dann sein?*

In dieser Zeit entsteht eins seiner schönsten Bilder, das noch heute bei Gunilla Palmstierna-Weiss hängt. Er, der Emigrant, malt sich als »Hausierer«, der vor einer unbekannten Welt steht, einer Zirkuswelt mit Buden, Wohnwagen, Clowns und Tänzern. Die blau-gelbe Schwedische Fahne auf dem Zelt signalisiert, wo der Ankömmling sich befindet, der abseits mit seinem Bauchladen steht. Der Stab, hatte er Peter Roos erzählt, den der Hausierer bei sich trägt, ist mit blau-gelben Bändchen behängt, um sich anzupreisen: Seht mal, hier kommt einer, der will Euch was verkaufen. In Schweden, sagt er, war das Emigrationserlebnis für ihn am stärksten. Wer war er denn? Ein Fremder in einem Land, dessen Sprache er nicht spricht. Und er haust nach der anstrengenden Arbeit erschöpft unterm Dach in seiner Kammer, seinem *Proletariat der Kunst*. In der Fabrik verdient er 100 Kronen. Und er fragt sich, ob das nicht ein zu klägliches Gehalt für die geopferte Freiheit sei. Doch er spart jede Krone, jede Öre für ein Leben danach. Und in seinem Kopf, schreibt er, warten schon dreißig Bilder darauf, gemalt zu werden.

Dann ein Jubelbrief an den lieben Hermann. Am Samstag, dem 7. Oktober 1939, sind seine Bilder aus Prag eingetroffen. Er habe sich *zitternd vor Freude* daran gemacht, die Kisten zu öffnen, habe Bretter, Holzwolle und Rollpappe gelöst, und da kamen alle neunzehn in ihren schönen Rahmen ans Tageslicht. Eineinhalb Jahre hat er sie nicht mehr gesehen. Den ganzen Tag, und auch noch am Sonntag, macht er sich an die Arbeit, sie in seinem Dachzimmer aufzuhängen. Da sind sie nun dicht an dicht beieinander. Und herrlich schöpferische Gefühle kämen ihn morgens an, *wenn ich beim Erwachen im Kreis meiner Gefährten liege*.

Inzwischen ist sein Freund Max Barth, der von Prag nach Norwegen emigriert war, in Stockholm eingetroffen. Auch sein Malerfreund Endre Nemes ist dort gelandet. Da fährt Weiss zu ihnen, um sie zu begrüßen. Und jetzt weiß er, dass er sich trennen wird. Trennen von der zermürbenden Fabrikarbeit und trennen von den Eltern. Die beiden Freunde wohnen in der Emigrantenunterkunft »Schedins Pensionat«. Dort, in der Drottninggata, will auch er ein Zimmer mieten. Und so, wie einst Hermann Hesse nach schwersten Kämpfen mit den Eltern Abschied nahm, um endlich frei leben zu können, wie er selig im Zug sitzt und die Räder der Eisenbahn ihm das Lied der Hoffnung singen, die Räder, unter die er sich noch kurz zuvor hatte werfen wollen, so nimmt auch Peter Weiss, Hesses Zauberlehrling, Abschied von den Eltern. Und die Räder der Eisenbahn dröhnten nun auch unter ihm, *mit un-*

aufhörlichen Kesselschlägen, und die Gewalten des Vorwärtsflie-
gens schrien und sangen in beschwörerischem Chor. Ich war auf
der Suche nach einem eigenen Leben.

»WAS DAS FÜR EIN GEFÜHL IST:
ZUM LEBEN ZU ERWACHEN.«

PSYCHOANALYSE

Aber wie sieht das neue Leben aus? *Ausländer, unerwünschter Ausländer! Was hat man aus dieser Welt gemacht!* Das sind die bitteren Worte, die Peter Weiss im Februar 1941 an seine Freunde nach Zürich schreibt. Dabei ist er gerade dabei, die erste große Ausstellung in einem Saal der Stockholmer Messehallen vorzubereiten, in dem jetzt noch die surrealistischen Bilder seines Prager Freundes Endre Nemes hängen. Ja, er sei *wahnsinnig aufgeregt,* schon jetzt drehe sich ihm der Magen um und um, und die kommenden Nächte werde er wohl schlaflos im Bett liegen. Ja, er hat dunkle Ahnungen. Und er hört es doch auch, dass man ihn gar nicht haben will. Er ist Ausländer. Unerwünscht. Dabei sollte Kunst die Menschen doch zusammenbringen. Egal, woher sie kommen. *Aber jeder hat Angst vor der Konkurrenz des Nachbarn,* schreibt er an Bob und Hermann. *Es ist zum Kotzen.*

In New York schreibt zu dieser Zeit eine junge Emigrantin einen Essay, der »We Refugees« heißt, »Wir Flüchtlinge«. Sie war aus Nazideutschland über Karlsbad, Genua, Genf, Paris und Lissabon nach New York geflohen. Es ist die junge Philosophin Hannah Arendt. Flüchtlinge, schreibt sie, haben ihr Zuhause verloren und damit die Vertrautheit des Alltags. Und sie haben ihren Beruf verloren *und damit das Vertrauen eingebüßt, in dieser Welt irgendwie von Nutzen zu sein.* Wie viele Flüchtlinge und Staatenlose fühlten sich *vogelfrei* ohne ihre alten Rechte. *Wir haben unsere Sprache verloren und mit ihr die Natürlichkeit unserer Gebärden und den ungezwungenen Ausdruck unserer Gefühle.* Aber welche Gefühle sind hinzugekommen, wenn Familienangehörige und Freunde zurückgelassen werden mussten? Oder ermordet wurden? Das ist dann der vollständige *Zusammenbruch unserer privaten Welt.* Von diesen Gefühlen wird auch Peter Weiss bald befallen sein, wenn er vom Schicksal seines Freundes Peter Kien erfährt.

Jetzt aber haben Emigranten in Stockholm erst einmal den Freien Deutschen Kultur-Bund gegründet. Der Maler und Bildhauer Karl Helbig gehört dazu, der Sozialmediziner Max Hodann und auch Max Barth, den Weiss aus Prag kennt. Gelegentlich tauchen Herbert Wehner, Willy Brandt und Fritz Bauer dort auf. Bauer wird zweiundzwanzig Jahre später als Generalstaatsanwalt in Frankfurt im großen Auschwitz-Prozess einige der Täter vor Gericht bringen. Peter Weiss und seine Lebensgefährtin Gunilla Palmstierna werden im Gerichtssaal sitzen und den Opfern zuhören. Und Weiss wird in seinem Notizbuch fragen:

Wer waren denn all diese Menschen?
Die Helden, die nichts sagten, keine Äußerungen hinterließen – die schweigend vergingen – die nichts besaßen als ihre Angst –

und der Maler, der dann ein weltberühmter Dramatiker ist, wird ein Theaterstück über die ungeheuren Aussagen befreiter Opfer und die eiskalten Sätze der leugnenden Täter schreiben: »Die Ermittlung«, ein Oratorium in elf Gesängen.

Damals in Stockholm aber hält Peter Weiss sich aus dem linken politischen Verbund heraus. Er ist zu sehr mit sich selbst beschäftigt, mit seinen Ängsten und Nöten im neuen Leben, dem neuen Land, der neuen Sprache. Er trifft sich oft mit Endre Nemes und Max Barth, die ihm wirkliche Freunde sind und helfen, wo sie können. Als PEN-Mitglied bekommt Barth eine Unterstützung, sie ist klein, aber vom Wenigen gibt er ab an Weiss und Nemes, die ja in derselben Pension in *wirklich tiefstproletarischen Verhältnissen* wohnen. In seinem langen Gespräch mit Peter Roos erzählt Weiss, wie groß die Solidarität unter den Exilanten und wie liebenswert Max Barth gewesen war. *Ich sehe ihn vor mir in seiner armseligen Lage, in seinem kleinen Zimmer, dessen Wände von Büchern starrten.* Doch wenn Endre und er Hunger hatten, habe Max *immer irgendwie ein Stück Brot, eine Ölsardine, einen Apfel* gehabt.

Max sei ein Genie im Nichtstun, schreibt Weiss an Bob und Hermann nach Zürich. Und das sei er selbst inzwischen auch. Oft sitzen sie nächtelang in ihren verqualmten Zimmern oder in Cafés und reden sich in Hoffnungen hinein. Über seine Frauengeschichten schreibt Peter Weiss am liebsten in Briefen nach Zürich. Ja, er sei noch immer der Alte und noch immer chaotisch, auch in der Liebe – chaotisch. *Schöne Mädchen tauchen hier und da aus dem Dunkel auf, das Herz zittert mir im Leibe, eine ist rothaarig, Haut wie weißer Marmor ...* Ja, er liege noch immer in fremden Betten, schlafe mit Mädchen, die er nicht liebe, fliehe voller Abscheu, komme aber doch wieder zurück und suche nach neuen Gesichtern. *Könnt ihr wirklich lieben?,* fragt er seine beiden Freunde. *Ich kann es nicht. Ich sehne mich danach, einmal wirklich zu lieben, mit brennendem Herzen.* Doch sein Wunsch sei ein Wunschtraum.

Dann ist die Eröffnung der von Peter Weiss mit soviel Angst und Hoffnung herbeigesehnten Ausstellung. Sie wird kein Erfolg. Es gab, wie er Bob und Hermann schreibt, *chauvinistische, idiotische Kritiken.* Voller Zorn habe er in die Gesichter der *vollgefressenen Ignoranten* geschaut, die vor seinen Bildern standen, während er mit Entsetzen daran dachte, wie er ohne Verkäufe die Rahmen und die Miete für die Galerie und sein Zimmer in der Pension bezahlen soll. Also ging er mit den Preisen nach unten, erst um die Hälfte, dann bot er sie für ein Drittel an, schließlich für ein Viertel, ein Zehntel. Verzweifelt hätte er am Ende der Ausstellung die nicht verkauften Bilder abgehängt und sich von den besten auf Nimmerwiedersehen verabschiedet. So schreibt er es und vergisst, die kleinen Leuchtkugeln zu erwähnen, die auch über seine und die Bilder von Endre geschrieben wurden. Die Dunkelheit ist einfach zu groß.

Er kann seine Schulden gerade eben so bezahlen. Doch er ist sicher, dass er in diesem Land nie einen Erfolg als Künstler haben wird. Und *während ich mich nach einer Heimat sehnte*, packt er seine Sachen zusammen und fährt zurück zu den Eltern nach Alingsås. *Max B. winkte mir zum Abschied zu.* Vielleicht zum letzten Mal. Barth ist auf seiner jahrelangen Odyssee unterwegs zur letzten Station – Amerika. Und Weiss ist auf dem Weg ins Haus Lillgården. Lillgåden, schreibt er als PS für Hermann, der danach gefragt hatte, bedeutet: Kleiner Hof. Er wird also dort ankommen, wie der verlorene Sohn in der Bibel, der auf dem Hof zwischen den Schweinen vor seinem Vater auf die Knie sinkt. Auch Weiss kommt zurück, ohne Erfolg, ohne Geld – abgebrannt. Und hier im Haus, so schreibt er es in »Fluchtpunkt«, der Fortsetzung vom »Abschied«, hier wird er hören, *was ich zu vergessen wünschte*, wie der Vater Peters jüngerem Bruder nach einer schweren Auseinandersetzung, die laut im ganzen Haus zu hören ist, zweimal zuruft: *Verfluchter Judenlümmel, verfluchter Judenlümmel. Draußen lag der Hof mit den grunzenden Schweinen, und drinnen im Haus verdammte Abraham sein Geschlecht.*

Er fühlt sich elend und krank. Er zerstört die große Leinwand, zerstört das angefangene Bild und das, was noch im Kopf ist und gemalt werden wollte: die weite Landschaft, in der hinten eine einstürzende, zerschossene Stadt zu sehen ist, die in Rauch und Staub versinkt und doch durchflossen sein soll von Sonnenlicht. Er hatte seinen Freunden Bob und Hermann beschrieben, wie links Frauen und Kinder aus den Trümmern fliehen, *zerschmetterte Gesichter blicken auf, Hände verkrallen sich im Todeskampf, alles Flucht, Flucht.* Und auf der rechten Seite *stürzen Soldaten aus der zermalmten Erde hervor*, sie haben ihre Waffen weggeworfen, halten weiße Tücher hoch, wollen sich dem Feind ergeben, der nicht zu sehen ist. Das alles macht er kaputt, zerfetzt seine Anklage an die Weltzerstörer, die diese Flut von Flüchtlingen hervorbringen, Menschen die umherirren und nicht wissen, wo sie leben sollen und wie. Er wirft auch Pinsel und Farben fort. Er will nicht mehr malen. Wozu. Für wen. *Ich ... stand am Abgrund und wollte in die Tiefe springen.*

Was in den nächsten Monaten passiert, erfahren die Freunde erst, als sie nach langer Zeit endlich wieder einen Brief von ihrem Peter bekommen. An jenem Abend, schreibt er ihnen, als er sein Bild zerstörte, war er ziellos in den Wald gelaufen, verirrte sich, landete an einem einsamen See, wusste nicht mehr, wo er war, wusste aber, dass es bald dunkel würde. Und da denkt er natürlich an die junge Dichterin, die Tage zuvor vermisst wurde, man fürchtete einen Suizid, und er war im Suchtrupp, der den Wald durchforstete und ihren Leichnam an einem Baum gelehnt fand – als schliefe sie. Und er läuft weiter durch dunkle Stämme, hat keine Orientierung mehr, es gab auch keine Wege, nur Wald. *Ich irrte durch die Dunkelheit zurück, voller Todesgrauen. Ich hatte also noch Lebenswillen.*

An seine Freundin Itta Blumenthal hatte er die Geschichte im Wald ein paar Wochen zuvor geschrieben, als sie gerade passiert war. Da ist er noch genauer. Es ist gegen halb zehn Uhr, als er an den hochgelegenen wilden See kommt. *Fels fiel ganz steil vor mir ab.* Und in der einbrechenden Dunkelheit irrt er umher, gerät ins Unterholz, versinkt beinahe im Morast, verliert einmal den Schuh, versucht felsauf, felsab den See zu umgehen, schafft es wieder in den Wald, gerät in schweres Tannengehölz, alles still, Spinnweben hängen ihm im Gesicht und überall Äste, die er wegschieben muss, und unter ihm merkwürdige Mooshaufen, und da *überkam mich plötzlich die Waldangst.* Und er denkt an die alten Kindergeschichten von Gnomen und Elfen, und er läuft, und die

Angst läuft mit, und sie weicht erst, als er auf einen Weg stößt. *In Schweiss gebadet und erschöpft gelangte ich an einen Feldweg und dann zur Landstraße.*

Weiss befindet sich in dieser Zeit in einem seelischen Notstand. Was er hier nächtlich in Todesangst erlebt, wird er gut zwanzig Jahre später, als er sein »Gespräch über Dante« schreibt, in der »Divina Commedia«, der Göttlichen Komödie, wiederfinden. Auf dem Gang durchs Inferno beschreibt auch Dante einen Irrweg im Wald, der, wie bei Weiss, zur lebensbedrohlichen Krise wird:

Wohl in der Mitte unsres Lebensweges
geriet ich tief in einen dunklen Wald,
so daß vom Pfade ich verirrte.

Oh, schwer wird's mir, zu sagen, wie es war,
der wilde Wald, so finster und so rau;
Angst faßt aufs neue mich, wenn ich dran denke;

Wie ich hineinkam, sicher weiß ich's nicht,
so sehr war ich von Schlaf befangen dort,
als ich vom richtgen Wege abgewichen.

Bei dem italienischen Dichter und Philosophen, der seine Commedia zwischen 1310 und 1320 geschrieben haben muss, ging es um die Liebe zu Beatrice, um politische Parteikämpfe, die ihn ins Exil brachten, und es ging auch um die Frage eigener Selbstsucht und Eitelkeit. Bei Peter Weiss geht es ebenfalls ums Exil, um ein unverschuldetes. Wie sah die Welt denn aus? Kesselschlacht um Kiew, Bomben auf London, Virginia Woolf hatte sich umgebracht, wenig später Stefan Zweig, Jugoslawien überfallen, Griechenland auch, Ströme von Flüchtlingen kamen aus den besiegten Ländern, *Wogen von Selbstmorden* wurden gemeldet, *Gerüchte von*

*Massenerschießungen und Konzentrationslagern drangen über
die Grenzen*, Bilder von großer Traurigkeit lasten auf ihm, dem
Flüchtling, der unerwünscht ist, wie er glaubt.

Er weiß, alleine wird er aus der Wildnis seiner Ängste nicht
mehr herausfinden. Er muss mit jemandem darüber reden, muss
sich helfen lassen, erwartet keine Wunder, nein, aber Zusammenhänge will er erkennen, will wissen, was in ihm los ist, warum ihm
die Menschenliebe fehlt, die Itta in so hohem Maße besitzt. Ihr,
der schwesterlichen Freundin, kann er schreiben, was ihn belastet,
sagen, wie neurotisch seine Mutter ist, wie falsch sie ihn erzogen
hat, wie sehr er seit seiner frühesten Kindheit Trotz und Empörung in sich hineingefressen hat, *all die verlorene, abgewiesene,
verkannte Liebe, die lässt sich nicht mehr gut machen.*

Ein paar Tage nach dem nächtlichen Erlebnis im Wald lernt er
Iwan Bratt kennen, einen Arzt, der psychoanalytische Schriften
verfasst hat, eine *umstrittene Persönlichkeit*, wie Weiss im »Fluchtpunkt« schreibt. Dort nennt er ihn Baahl, fast so wie den talen-
tierten Wüstling Baal von Brecht. Jedenfalls wohnt Bratt-Baahl in
Alingsås und ist bereit, ihn täglich für eine Stunde auf die Couch
zu nehmen, das heißt von halb acht bis acht Uhr fünfzehn, je-
weils für zehn Kronen, das sind sechzig Kronen die Woche und
zweihundertvierzig für einen Monat, den er sich vorgenommen
hat. Es geht also sein gesamtes Monatsgehalt plus vierzig Kronen
seiner Reserven drauf.

Weiss arbeitet inzwischen ja wieder bei seinem Vater in der
Fabrik, wohnt und isst zu Hause, das kostet ihn nichts. So geht er
denn jeden Morgen zu Iwan Bratt, der in einem Haus am Stadt-
teich wohnt. Da sitzt der Alte im Lehnstuhl *wie ein chinesischer
Weiser*, und er, der Patient, liegt auf dem Sofa und redet. Aber das
ist nicht so einfach, denn Bratt kann nicht genug Deutsch, um
Probleme richtig zu verstehen, und Weiss muss seine Probleme
auf Deutsch sagen können, weil sein Schwedisch noch zu schlecht

ist. So kommt es denn bald zu einem Zwischenfall, der mit antisemitischen Äußerungen zu tun haben kann. Jedenfalls missverstehen sich beide, und der Patient bleibt zwei Tage fort. Möglich, dass Weiss über sein Judentum gesprochen hat, von dem er erst spät und durch Zufall von seinem Halbbruder erfahren hatte. Und das war ja ein ziemliches Problem für ihn.

Itta Blumenthal ist in die Schritte und Fortschritte der Analyse eingeweiht. Weiss schickt ihr sogar als hohen Vertrauensbeweis sein Analysetagebuch, weil sie ja wirklich etwas von der Sache versteht. Und ihr erzählt er auch von diesem *judenfeindlichen* Missverständnis, erzählt, wie verbittert er gewesen sei, von seinem Halbbruder erfahren zu müssen, dass er jüdisch ist. In der Schule in Bremen war er immer in Opposition zum Antisemitismus, aber was hatte man ihnen nicht schon alles über Rassenunterschiede eingetrichtert. Sogar sein Vater habe sich doch oft herablassend über Juden geäußert. Diese ganze *Hinters-Licht-Führerei* habe ihn doch ziemlich erschüttert. Da war er also siebzehn Jahre lang in einem Betrug aufgewachsen. Und die wenigen Menschen, die ihm damals nahestanden, in London und in Prag, waren Juden. Und er hatte immer das Gefühl gehabt, sie seien zu bemitleiden *und nicht zum Grossen fähig*. Das gehörte doch schon zur Eintrichterei.

Und nun war er selber ein Jude und reagiert auf das, was er bei Bratt rausgehört haben will. Antisemitismus gibt es in Schweden doch auch. Astrid Lindgren, die ebenfalls in Stockholm lebt, notiert im Dezember 1941 in ihrem Tagebuch, dass vor einer Buchhandlung in der Beridarebansgatan ein Schild stand mit der Aufschrift: »Kein Zutritt für Juden und Halbjuden.« Da hat es dann aber doch einen Volksauflauf gegeben und die Leute hätten sich ziemlich aufgeregt. Inzwischen habe das Oberstatthalteramt den Inhaber verpflichtet, *sein Schild so aufzustellen, dass es nicht von der Straße aus zu sehen ist.* Und am 10. Oktober 1943 schreibt sie: *Die schwedischen Antisemiten hetzen, so gut sie können und ver-*

schicken Flugblätter, in denen sie Flüchtlinge als eine Schar von Mördern und Vergewaltigern darstellen.

Aber das mit Bratt hatte sich aufgeklärt. Es hatte sich sogar herausgestellt, dass er ein Judenfreund ist. Also haben sie sich versöhnt, und nun seien sie wieder beste Freunde. Und Weiss erprobt jetzt sogar bei ihm seine Schwedischkenntnisse, redet über seine Eltern, seine Bilder, seinen Weltschmerz, seine Ängste, über den Krieg und die Frauen und über Onanie. *Ich probte hier in Baahls Zimmer zum ersten Mal die neue Sprache, die Sprache dieses Landes, im Zusammenhang mit eigenen Gefühlen und Impulsen,* schreibt er. Und wenn er nicht mehr weiß, was er sagen soll, nimmt Bratt, der ja wirklich ein Unikum ist, seine Laute zur Hand und fängt an, Lieder zu singen. Da fühlt Weiss sich eingelullt, wird wütend und kann weiterreden. Und nach der Stunde sagt Bratt zu ihm, er soll versuchen, ruhig und gleichmäßig zu atmen, soll meditieren und sich entspannen.

Schon nach kurzer Zeit glaubt der Patient, er würde sich sogar selbst zum Analytiker eignen. Er entdecke viel Neues an sich, habe auch Sigmund Freud wieder intensiv gelesen, und seine Träume könne er inzwischen wunderbar alleine deuten. Doch die Mutter ist höchst beunruhigt, fragt den Sohn, über was er denn in der Analyse so spricht. Über alles, sagt er. Na, dann sei ja wohl sie an allem schuld! Nein, sagt er, niemand sei schuld. Doch bei der Vorstellung, was der Sohn auf der Couch über sie schon erzählt haben mag, sagt sie zu ihm, würde ihr wohl nichts anderes übrigbleiben, als sich auf dem Dachboden aufzuhängen. Und zum ersten Mal versteht Peter Weiss seine Mutter, die fast immer allein ist in diesem großen Haus, in diesem fremden Land mit dieser fremden Sprache, mit der sie hier ganz ohne Ansprache zu Rande kommen muss.

Er hat viel von sich preisgegeben und viel über sich gelernt bei Bratt. Er staunt über die Augenblicke, in denen er glaubt, *die*

Geburt eines neuen Menschen zu erleben. Nach vier Wochen beendet er die Analyse. Sie wird ihm auch zu teuer. Er fühlt sich ja gut und befreit, und er hat auch seinen Witz wiedergefunden. Schreibt an seine liebe Itta, dass er tagsüber dem *Maler-Jäger-handwerk* nachgehe. Steht gegen halb sieben auf und pirscht sich an das Bild heran, das er zuvor auf Erkundungsfahrten ausfindig gemacht hat. Gegen acht Uhr sei er dann im Bild, bis zwölf bemüht er sich, es zu erlegen, verschießt allerdings oft seine Munition. Doch die Beute sei nicht übel. *Die Wände hängen voller Trophäen ... Gegen drei bin ich dann wieder am Nachmittagswild*, am Abend kommt noch das Kleinwild dran, Käfer, Würmer, *und um zehn liege ich in der Klappe.* Als Itta Blumenthal kurz vor ihrer Abreise nach Amerika steht, schreibt er ihr: *Wie ist dir zumute, so an der Schwelle eines neuen Lebens? Sicher so wie mir: voll Hoffnung, Abenteuerlust und etwas Beunruhigung.*

Die Analyse hat ihm gut getan. Alle Erinnerungen, Erlebnisse und Zukunftsängste, die sich zu einem scheinbar unentwirrbaren Knäuel verfestigt hatten, sind für ihn inzwischen ein *tolles Welttheater, was sich da im eigenen Inneren vollzieht.* Jetzt versteht er sogar, warum sein Vater den schrecklichen Satz mit dem *Judenlümmel* gesagt hat. Er verfluchte damit das Unglück, *das ihn auf die Flucht und in die Heimatlosigkeit getrieben hatte.* Und er erinnert sich berührt an jenen Sonntagmorgen, als er sich noch rasierte und der Vater ins Bad kam, um in die Wanne zu steigen. Weil er sich aber vor seinem Sohn nicht ausziehen mochte, stieg er mit seiner Schlafanzughose hinein. *Ich sah ihn im warmen Wasser liegen, von der Hose umflossen, die mir sein Geschlecht verbarg, das beschnitten war.*

Peters Vater, sagt Gunilla Palmstierna-Weiss, war doch zum Luthertum konvertiert und hat auch die Kinder lutherisch taufen lassen. Er wollte vor der Hitlerzeit in die Kreise, in die er als Jude nicht so leicht gekommen wäre. Aber wenn man wie Peter eine Biographie schreibt, »Abschied von den Eltern« und »Fluchtpunkt«, dann schreibt man über seine Ängste, seine Schrecken und das Unerträgliche und nicht: Ach, was war das für ein toller Tag heute. Mit dem Schrecken, sagt sie, will man ja auch eine Distanz zum Schrecken bekommen. Also die Analyse – vor allem die zweite ein paar Jahre später – war für Peter ganz wichtig.

Und sein Interesse daran war lange schon geweckt. Weiss hatte Schriften von Sigmund Freud, C. G. Jung, Erich Fromm und Wilhelm Reich gelesen. Nach der ersten Analyse mit Bratt, die ja nur einen Monat gedauert hat, schreibt Weiss an seinen lieben Hermann nach Zürich, dass er *die quälende Bindung an die Familie, die die Verursacherin meiner Neurose war*, wohl bald ganz gelöst haben werde. Er fühle sich zum ersten Mal befreit. Auch die furchtbaren Hemmungen vor der neuen Welt seien ihm genommen. Er habe sogar wieder angefangen zu malen. Und die Farben seien jetzt *hell, freudig*. Er denke auch nicht mehr nur an den Tod und die Verbrechen um ihn herum. *Du, was das für ein Gefühl ist: zum Leben zu erwachen.* Er wird nach Stockholm zurückfahren. Dem Vater hat er versprochen, von dort aus als Musterzeichner weiter für ihn zu arbeiten. Sie haben ein wöchentliches Pensum verabredet, und das wird er einhalten.

Ich habe nach dem Tod von Peter Briefe seines Vaters gefunden, sagt Gunilla Palmstierna-Weiss. Und da las ich, dass er seinem Sohn jeden Monat Geld geschickt hat. Jeden Monat. Bis der Vater siebzig war und in Pension ging. Dann konnte er das nicht mehr. Er bekam also Unterstützung von den Eltern. Verstehen, sagt sie, konnte ich den Peter natürlich, dass es seinem künstlerischen Können und Denken widersprach, in der Fabrik Stoffmuster entwerfen zu müssen, die auch noch schrecklich waren. Aber dass die Eltern anders dachten, ist verständlich.

»EINE ORTSCHAFT, FÜR DIE ICH BESTIMMT WAR UND DER ICH ENTKAM.«

DANTE, BEATRICE UND DER TOD IM KZ

Eines Tages bekommt Peter Weiss ein Papier aus Theresienstadt. Darauf der *Stempel des Adlers mit den ausgebreiteten Schwingen*. Es ist eine Nachricht von Peter Kien, seinem Malerfreund aus Prag, der ihm Kafka geschenkt hatte. *Ein sonderbar friedlicher Ton sprach aus dem Schreiben*, als sei Kien im Urlaub. Er schaue auf blühende Kirschbäume, die vor seinem Fenster stünden, und jener Brief, schrieb er, den Peter ihm vor Jahren aus einem Ort am Luganer See geschickt hatte, trüge er als Talisman bei sich. Aber was für eine Adresse war das? Theresienstadt, Hauptstraße 228/2. Das ließ doch *die Vermutung aufkommen, dass es sich um Baracken handelte*.

Terezin, das lag etwa sechzig Kilometer von Prag entfernt. Als die Deutschen in der Tschechoslowakei einmarschiert waren, nannten sie die alte Garnisonstadt – die Kaiser Josef II. einmal als Festung gegen die Preußen hatte ausbauen lassen – um in Theresienstadt. Es war das sogenannte Vorzeigeghetto der Nazis, über das die SS zu sentimentaler und heroischer Musik den gespenstischen Film »Der Führer schenkt den Juden eine Stadt« gedreht hat. In Wahrheit war Theresienstadt das Durchgangslager nach Auschwitz – ins Gas. Auch für Peter Kien.

Der hatte dort einen so bitter hellsichtigen »Psalm aus Babylon, zu klagen« gedichtet:

Unter den Mauern Babylons
saßen wir und weinten

wenn wir der Zukunft gedachten.
Nicht zur Rückkehr löst sich die Fessel von unseren Füßen.

Aber wie Sand vor dem Herbststurm
werden wir nach den vier Winden wirbeln.
Jeder einsam in feindlichen Wüsten.

Und da sind sie dann wieder, die Bilder von damals, als Peter Weiss mit Peter Kien »Das große Welttheater« durch Prag trug und der Mensch vom Himmel flog und er dem Freund sagte, er solle fliehen, bevor es zu spät sei. Er selbst war dann nach Montagnola abgereist und hatte ihm von dort diesen Brief geschickt, der nun Kiens Talisman war. Ach, er ahnt, was in Theresienstadt vor sich geht. Und was schreibt Kien da noch? Auch Lucie wohne ganz in der Nähe, nur ein paar Straßen weiter. Lucie Weisberger.

Nun spülen die Nachwehen der Analyse auch diese Erinnerung an die Oberfläche, Bilder, die er verdrängt hatte. Nun sieht er es plötzlich vor sich, das zarte, kindliche Gesicht von Lucie, der Jüdin, der Jugendfreundin aus Prag, fünfzehn war sie damals, vielleicht, und so schön und so begabt. Ende 1941 schreibt Peter Weiss an seine Freunde nach Zürich: *Kurz und gut: ich werde demnächst heiraten. Vielleicht schon in einigen Wochen ...* Heiraten? Lucie? Ja, er habe sie gebeten, seine Frau zu werden, und er sei dabei, Himmel und Hölle in Bewegung zu setzen, sie nach Schweden zu holen. Er hoffe, es noch rechtzeitig zu schaffen.

Was für eine Hoffnung! Die alte Welt, in der Kafka gelebt, war längst *geplündert und zerstampft*, und ihre Bewohner *vertrieben oder gefangen*. Das wusste er. Doch er schreibt weiter an Bob und Hermann, dass er als Ehemann wohl für eine größere Wohnung sorgen müsse, vielleicht eine mit zwei Zimmern. In »Fluchtpunkt« heißt es, dass im Frühjahr 1942 noch die Chance da war, sich übers Außenministerium mit den feindlichen Behörden verständigen zu können. Er habe auch Geld gesammelt, um Lucie da rauszuholen. *Anfangs wurde der Eingang meiner Gesuche von den Ämtern bestätigt,* schreibt er, nur wurde er an immer andere Ämter verwiesen. Sein Anliegen sei nie abgelehnt worden. So wartete er weiter. Und eines Tages hörte er dann nichts mehr. Das war wie bei Kafka im »Prozeß«: *K. wartete während der nächsten Wochen von Tag zu Tag auf eine neuerliche Verständigung* ... Und dann erfährt Peter Weiss aus einer letzten Nachricht von Peter Kien, dass Lucie *nach unbekanntem Ort verzogen sei.*

Da ist er geboren, dieser zerstörerische Schuldkomplex, der einhergeht mit einer Selbstanklage. Zu seinen vergeblichen Versuchen der Rettung kommen nun die Vorwürfe. Ihm sei, schreibt er in »Fluchtpunkt«, *als hätte ich sie betrogen und verlassen.* Er hat sich retten können, er ist emigriert. Sie ist geblieben und wurde ermordet. Er stellt sie sich vor auf einem Leichenberg, nackt mit stumpfem Haar und gebrochenen Augen oder geschorenem Kopf. *Wir leben ja mit unseren Toten,* schreibt er in seinem »Gespräch über Dante«. *Jeder von uns trägt seine Erinnerungen an Menschen, die nicht mehr da sind.* Und immer wieder gerät man in Zwiesprache mit ihnen.

Dante Alighieri hat seine Beatrice nicht gekannt. Er hat sie nur aus der Ferne gesehen und ein Leben lang geliebt. Die Unerreichbare wurde von ihm zum ewigen Denkmal empor geschrieben. Am liebsten würde Weiss Dante auf die Couch legen und analysieren, um herauszufinden, was diese Liebe für ihn bedeutet hat. Und sich selbst stellt er in diesem Text die Frage: *Wer ist Beatrice für mich? Eine Jugendliebe,* schreibt er, *an die ich mich nie heranwagte.* Und dann kam der Krieg, der Terror, für ihn das Exil, für Beatrice der Tod. *Vielleicht wurde sie erschlagen. Vielleicht vergast. Sie war längst zu Asche geworden, da beschrieb ich mir noch ihre Schönheit.*

Margarete Mitscherlich schreibt in ihrem Buch »Erinnerungsarbeit«, dass aus *Trauerarbeit* auch eine *Trauerkrankheit* werden kann. Denn Trennung werde als innerer Tod erlebt. Und wenn sich dann noch das Gefühl einstellt, *man sei selbst irgendwie Schuld*, dann gibt es oft diese hektische Aktivität, mit der man versucht, etwas rückgängig machen zu können, was nicht mehr zu retten ist. Und so kommt es, dass Lucie als zarte Mädchengestalt, als Skelett zwischen Leichen, als melancholische Beatrice und *ungewisse Gestalt* durch das literarische Werk von Peter Weiss wandert.

1963 sitzt er als Zuhörer im ersten Frankfurter Auschwitzprozess. Der Jurist Henry Ormond, der als Anwalt der Nebenkläger fünfzehn NS-Opfer in diesem Strafprozess vertreten wird, beantragt eine Ortsbesichtigung, eine Reise ins Vernichtungslager. Er ist überzeugt, dass ein Gang durch diese inzwischen leere Hölle, die Sinne aller Beteiligten schärfen würde. Es gibt damals, knapp zwanzig Jahre nach Kriegsende, noch keine diplomatischen Beziehungen zu Polen. Doch man willigt ein, den Tatort *in Augenschein* nehmen zu können. Und so reisen denn im Sommer 1964 Richter, Staatsanwälte, Anwälte der Nebenkläger, Journalisten und Angeklagte nach Auschwitz-Birkenau.

Peter Weiss wollte mit seiner Frau Gunilla von Ostberlin aus nach Warschau fliegen. Aber als wir auf dem Flughafen Schönefeld ankommen, erzählt sie, fliegt das Flugzeug nicht. Wir mussten eine ganze Nacht im Terminal rum sitzen. Und da warteten auch die Angeklagten. Und ein chinesisches Orchester spielte die ganze Nacht hindurch. Die probten Stücke ihres Konzerts, weil auch sie nicht weiter kamen. Es war wirklich eine irre Nacht, sagt sie, absolut surreal.

Am nächsten Tag ging's dann nach Warschau. Aber dort hatten wir unseren Anschlussflug verpasst. Und so sind wir schließlich mit einem Güterzug in Auschwitz angekommen. Das war schon ein sehr merkwürdiges Gefühl. Wir sind lange dort gewesen, sagt sie. Ein ehemaliger KZ-Häftling hat uns alles gezeigt. Und da standen dann die Angeklagten vor der berüchtigten Schwarzen Wand, wo vor noch gar nicht langer Zeit die Gefangenen erschossen wurden. Auch das war eine völlig surreale Situation. Peter, sagt sie, hat das in »Meine Ortschaft« beschrieben. Sie steht auf, öffnet die Schublade der Kommode, holt ein Kästchen hervor, öffnet es und zeigt es mir. Das hätte man ihnen zur Erinnerung mitgegeben. Es ist ein Stück Eisen. Ein Stück vom Verbrennungsofen. Das geht doch nicht, sagt sie, das kann man doch nicht verschenken. Man kann es aber auch nicht wegtun. Sie legt es zurück und schließt die Schublade.

In »Meine Ortschaft« schreibt Peter Weiss, wenn er an all die Orte denke – ganz gleich, ob er dort geboren oder dahin verschlagen wurde – also an Nowawes, Bremen, Berlin, London, Prag, Zürich, Stockholm oder Paris, es waren *Durchgangsstellen*, wurden zu blinden Flecken, *und nur eine Ortschaft, in der ich nur einen Tag lang war, bleibt bestehen*. Nur diese Ortschaft, schreibt er, von der er lange wusste, doch die er erst spät sah, sei kein blinder Fleck. *Es ist eine Ortschaft, für die ich bestimmt war und der ich entkam.* Er selbst habe dort nichts erfahren, er habe keine andere Beziehung zu ihr, *als daß mein Name auf den Listen derer stand, die dorthin für immer übersiedelt werden sollten*. Und dieser Ort trägt – wie sein Geburtsort Nowawes bei Potsdam – einen polnischen Namen: Auschwitz.

Es ist ein ungeheurer Text. Nein, man ist nicht in Tränen aufgelöst wie bei Primo Levis »Ist das ein Mensch«. Dieses Prosastück von Weiss lässt einen gefrieren und verstehen, was es bedeutet, entkommen zu sein. *Ich bin hierher gekommen aus freiem Willen. Ich bin aus keinem Zug geladen worden. Ich bin nicht mit Knüppeln in dieses Gelände getrieben worden. Ich komme zwanzig Jahre zu spät hierher.* Schulklassen laufen herum, und er schaut in die Lagerkarte und stellt fest, *daß ich schon vor dem Krematorium stehe, dem kleinen Krematorium, dem ersten Krematorium, dem Krematorium mit der begrenzten Kapazität.*

Er geht die Böschung hoch und steigt aufs Dach des Krematoriums. Er sieht die Einwurflöcher, durch die Sanitäter mit Gasmasken das Zyklon B eingeworfen haben. Er sieht auch einen Galgen und weiß, wie die Todeskandidaten auf einen Schemel steigen mussten, der wurde dann weggestoßen, und *die Männer mit den Totenkopfmützen* hängten sich an die Beine der Halbtoten, *um ihnen das Genick zu brechen.* Er sieht die Abflussrinne, in die das Blut der vielen Erschossenen floss. Er sieht die Räume, wo man Frauen mit Röntgenstrahlen die Eierstöcke verbrannt hat. Er tritt in die Baracke ein, sieht die Pritschen, denkt die tausend Körper, glaubt, sie atmen zu hören, flüstern, rascheln. Und doch weiß er, wer diese Welt betritt, der sieht Pritschen, Öfen, Rinnen, die Schwarze Wand, den Galgen, er kennt Daten und die Zahl der Ermordeten. Aber mehr sieht und weiß er nicht. Er schreibt: *Ein Lebender ist gekommen, und vor diesem Lebenden verschließt sich, was hier geschah.*

»ICH SEHE NUR VERLOGENHEIT, HASS UND ZERSTÖRUNG«

ALS DER KRIEG ZU ENDE WAR

Peter Weiss ist also von Alingsås nach Stockholm zurückgekehrt. Er hatte seinem Vater versprochen, von hier aus weiter für ihn Stoffmuster zu entwerfen. Das hält er ein. Vom Gehalt, das der Vater ihm dafür zahlt, kann er sich bis zum Kriegsende durchschlagen. Er ist jetzt Gaststudent an der Stockholmer Kunstakademie. Doch die vierziger Jahre bleiben Jahre der Unruhe, des Suchens und nicht Findens. In »Fluchtpunkt« wird er jetzt schreiben, dass er Lucie schon aufgegeben hatte, bevor sein Befreiungsversuch misslang. Er hätte sich mit seinen Bittschriften an die feindlichen Behörden nur eine Weile von seinen Schuldgefühlen befreien wollen. Er hatte sie, die zum Tode Verurteilte, längst schon betrogen.

Und Else hatte er seit einem Jahr nicht mehr gesehen. Er wohnte mal bei ihr. Sie briet Eier und Schinken und kochte Kaffee und suchte Tanzmusik im Radio. Sie hatte keine Bücher, dafür Nähkorb und Nippes, Rehe, Kätzchen und Ballerinen aus Porzellan, und irgendwann würde sie seine Strümpfe stopfen, und *ich würde neben ihr sitzen und ihr beim Häkeln zusehen.* Sein Freund Max beschimpfte ihn. Er könne doch von ihr nicht verlangen, Joyce zu lesen und die Kunst der Fuge zu kennen. Und dann wurde sie schwanger von Weiss, sie trennten sich, und er fragte nicht, was sie tun werde, und irgendwann steht er vor ihrer Tür und wartet darauf, einen schreienden Säugling zu hören, sein Kind. Doch alles sei still gewesen. Er wurde hineingebeten, sie hatte einen Gefährten bei sich, aber ein Kind war nicht da. Man habe verlegen miteinander geredet, dann sei er gegangen. *In meinem Zimmer sackte ich über dem Zeichentisch zusammen. Warmes salziges Wasser verwischte Teile der gemalten Blätterranken.*

Seine erste Ehefrau, sagt Gunilla Palmstierna-Weiss, habe sie noch kennengelernt, eine tolle Frau sei das gewesen, Malerin, Bildhauerin, Tochter eines renommierten Mediziners. Sie hieß Helga Henschen. Groß wie Peter Weiss, schlank, begabt, sympathisch, aber *herzenskühl*, wie er an Itta Blumenthal nach Amerika schreibt. Er hatte sie 1942 in der Akademie getroffen, er damals am Rande des Existenzminimums. Im Frühling bis zum Sommer 1943 ziehen die beiden in die Nähe seiner Eltern nach Västra Bodarna. Da hausen sie, wie Schwester Irene schreibt, in einem alten Gemäuer mit Klappbetten, ein paar Stühlen, einer umgedrehten Kiste als Tisch, und der Tee wird aus henkellosen Tassen getrunken.

Peter Weiss beschreibt das Anwesen an Itta euphorischer. Es sei ein Haus auf einer Anhöhe, nah am Wasser, mit Küche, Veranda, Atelier und einem Garten mit Blumen, Obstbäumen, Himbeeren und Erdbeeren, alles sehr viel billiger als in Stockholm, und bei den Eltern kann er mit der Bahn in zehn Minuten sein. Die beiden malen dort, Weiss anders als sonst, keine Weltuntergänge mehr.

Die Eltern kommen zu Besuch. Und seine Ausstellung im Stadshotellet von Alingsås, schreibt Irene, sei ein voller Erfolg gewesen, alle Bilder wurden verkauft, Vater und Mutter glücklich. In ihrem Haus in Alingsås, das voller Bücher war, hing im Esszimmer sogar ein Gemälde des Sohns, »Die Kartoffelesser«: Ein schweigsames Paar sitzt am Tisch und pellt gekochte Kartoffeln, ein Ölbild, das er 1942 gemalt hat. Die Kollegen in der Akademie sagen, die Bilder von Weiss passten nicht hierher, er müsse anders malen. Da nimmt er helle, bunte Farben für neue Themen, malt Musikanten und Harlekine, Fischer und Wäscherinnen. Sie wurden genauso wenig akzeptiert wie die alten, sagt er.

Die Eltern gehören im kleinen Alingsås inzwischen zu den Honoratioren. Zweimal im Jahr wird in Haus Lillgården zum Dinner

Peter Weiss in der Idylle des wilden Gartens - frisch verheiratet, noch immer zwischen Depressionen und fehlendem literarischen Erfolg

gebeten, die gedruckten Einladungskarten haben einen Goldrand, zwei Serviererinnen in schwarzen Kleidern mit weißer Schürze und Spitzenhaube bieten den eintreffenden Gästen Getränke an, später werden sie servieren. Ihr Vater, schreibt Irene, stand im Smoking am Flügel unterm Kronleuchter und begrüßte jeden mit seinem Charme, den er aus der k. u. k. Monarchie nach Schweden gerettet hatte. Neben ihm die Mutter, immer noch schön mit ihrem schweren dunklen Haar, den leuchtend roten Lippen und eleganter, maßgeschneiderter Robe, die sie sich in einem Salon in Göteborg hatte nähen lassen.

Zurück in Stockholm heiraten Helga Henschen und Peter Weiss am 28. November 1943. Das erste Kind kommt 1944 zur Welt. Randi Maria, die sie Rebecca nennen. Der junge Vater muss jetzt noch mehr Muster für die Fabrik entwerfen, damit die Notlage nicht zur Katastrophe wird. Und als der Krieg zu Ende ist, lebt Peter Weiss schon wieder getrennt. Doch am 9. Mai 1945 sei er im wahren Freudentaumel gewesen. Er glaubt, nun würde alles gut werden. An seinem 30. Geburtstag, dem 8. November 1946, bekommt er einen Pass, er ist jetzt Schwedischer Staatsbürger. 1947 wird seine Ehe mit Helga Henschen geschieden.

Und nun schreibt er nach Jahren auch wieder einen Brief an Freund Hermann nach Zürich. Er käme in drei Wochen für eine überregionale liberale Tageszeitung als Korrespondent nach Berlin. Er hoffe, auch einen Sprung in die Schweiz zu machen. *Vielleicht können wir gemeinsam nach Lugano herunter wandern.* Seine sicherste Adresse sei aber erstmal: Schwedische Legation, Berlin, Sonderberichterstatter für Stockholms *Tidningen*. Doch vom Freudentaumel ist nicht viel geblieben, statt Einigkeit und Recht und Freiheit ist der kalte Krieg ausgebrochen. *Ich sah in diesem Sommer, wie zwei deutsche Staaten entstanden*, und er sieht den Hass auf amerikanischer und sowjetischer Seite blühen.

Für seine Morgenzeitung schreibt er Geschichten aus dem

Ende 1943 heiraten Helga Henschen und Peter Weiss.
Vor einem seiner Gemälde betrachten sie ihre Tochter Rebecca

besiegten und besetzten Deutschland. Berlin im Juni 1947: Ein
alter Park, ein Barockschloss, Trümmer, Wände voller Granat-
löcher, und innen eine Buchausstellung. An der Wand eine Tafel mit Namen: *Selbstmord, Tod im Exil, Tod in Gefangenschaft*:
Franz Blei, Sigmund Freud, Egon Friedell, Walter Hasenclever, Carl

von Ossietzky, Carl Sternheim, Ernst Toller, Franz Werfel, Theodor Wolff, Stefan Zweig. Namen, deren Bücher 1933 von Studenten ins Feuer geworfen wurden. Weiss findet Texte von Albrecht Haushofer, den Widerstandskämpfer. Als der Gefangene noch kurz vor der Befreiung von einem SS-Kommando erschossen wurde, hielt der Ermordete seine »Moabiter Sonette« fest in der Hand.

Vor vielen Gräbern hätt ich mich zu neigen,
um nach des fernen Ostens tiefem Brauch
noch Dank zu sagen, eh der eigne Hauch
hinüberweht – nun muß ich's aus dem Schweigen

der Zelle tun. Die Seele loszubinden
von aller Umwelt hab ich längst gelernt,
zu lenken, wenn sie suchend sich entfernt. –
Die Toten helfen ihr, die Bahn zu finden ...

Peter Weiss geht weiter durch die Ausstellung. Er sieht auf dem Tisch der Schulliteratur ein Buch für Erstklässler: Auf dem Umschlag – keine Grenzen zu sehen. Es gibt Asien, Afrika, Amerika – und Europa. Nur die Namen sind in die Länder eingetragen. *Friedlich liegen sie nebeneinander, ohne Abgrenzungen roter blutiger Linien. Die Karte der Zukunft.*

Berlin im Juli 1947: Besuch bei einer Kinderpsychologin. Sie kümmert sich um kaputte Seelen. Ein achtjähriges Mädchen kann das Bild ihrer kleinen Schwester nicht vergessen, die bei einem Bombenangriff getötet wurde. Sie sieht immer nur diese kleinen, zerfetzten Hände. Deine Schwester ist jetzt ein Engel, sagt man ihr. Ein Engel? Mit blutigen Händen? Und weil sie nicht aufhört zu jammern, wird sie eingesperrt, bekommt nichts zu essen. Sie wird schon wieder zu sich kommen. Aber sie kommt nicht zu sich – bis die Ärztin das sterbenskranke Kind findet. Sie spricht nicht, bleibt stumm. Doch eines Tages geht sie zum Tonklumpen, aus dem sie

*So ernst und großartig malt Weiss sich, als er nach dem Krieg
wieder in Berlin ist und über zerstörte Menschen für Stockholms
»Tidningen« schreibt.*

etwas formen soll. Sie formt eine Figur, drückt ihr Flügel in den
Rücken und bindet Bandagen um ihre Hände.

Peter Weiss geht in einen der Krankensäle. *Hinter ihren Bett-
gittern sitzen die Kinder wie Tiere in einem zoologischen Garten.*

Als er auf sie zukommt, strecken sie ihm die Hände entgegen und rufen: *Papa! Papa!* Sie haben keine Väter mehr. Aber der Fremde erinnert sie an die, die einmal ihre Väter waren. Auf einem Autowrack sitzt ein kleines Mädchen. *Mit seiner Puppe spielt es »Vergewaltigung«. Es schildert dies mit der Intensität eines Erlebnisses aus erster Hand.* Ein anderes Kind schlitzt seinem Teddy den Bauch auf und reißt ihm die Augen aus dem Kopf. Es singt: *der Soldat hat keine Augen mehr, der Soldat hat keine Augen mehr.* Und Weiss schreibt: *Aber was spielt ein Toter mehr oder weniger für eine Rolle in diesem Ausverkauf von Menschenleben!*

In einem Berliner Kino dirigiert der entnazifizierte Wilhelm Furtwängler Beethovens Fünfte, die Schicksalssymphonie. Und da sitzen sie: Amerikaner, Franzosen, Engländer, Russen, Deutsche. Besatzer und Besiegte. Peter Weiss beobachtet die ergriffenen Besiegten, deren hungrige Mägen das Andante con moto übertönen. Er sieht Tränen und Trotz in den Gesichtern und ahnt die Gedanken: *alles können sie uns nicht nehmen* – die Sieger. Und diese nationale Ergriffenheit, die am Ende in einem Ovationstaumel gipfelt, *manifestiert einen Neo-Nationalismus, der immer stärker um sich greift* – gegen die *Okkupationsregierung*. Weiss schreibt, noch könne dieses Gefühl *eine Zeitlang mit Gewalt niedergehalten werden*, doch mit Druck und Hunger könne man keinen Verbrecher heilen. Und er fragt sich, wann sie diese Symphonie noch einmal als Musik zu hören bekommen *und nicht als Politik*.

Ein paar der Reportagen werden in *Stockholms Tidningen* gedruckt, aber sie fallen aus dem Rahmen, laufen geradewegs in die Literatur hinein. Die Hoffnung, als Korrespondent eine feste Anstellung zu bekommen – und damit ein geregeltes Einkommen – erfüllt sich nicht. *Unter meinen weißen Flügeln hängend gleite ich hinab auf die Steinwelt zu.* So beschreibt der einst Entflohene den Anflug auf das Land, in dem er als junger Mann gelebt hat und das doch nie sein Land war.

Ich frage Gunilla Palmstierna-Weiss, warum die Stockholmer Morgenzeitung nicht mehr drucken wollte. Man bemängelte, dass Peter nicht deutlich genug gegen die Besiegten Stellung genommen hat, sagt sie. Er sieht doch im zertrümmerten Nachkriegsdeutschland ganz persönliche Bilder aufsteigen, und zu diesen Bildern kommen ihm Gedanken, die ein Schwede beim Frühstück nicht unbedingt lesen möchte: *Nun v e r s t a n d ich: ich verstand den Gefangenen, an seiner Stelle könnte ich gewesen sein, ich verstand den Gefolterten, an seiner Stelle könnte ich gewesen sein.* Er ist ein Überlebender, der *verurteilt zu Verbrennung* war. Und in dieser verheerenden Rolle, die ihm einst zugedacht war, steckt die Scham, dem Inferno entkommen zu sein, aber auch die Unsicherheit, ob aus ihm nicht vielleicht ein Täter hätte werden können. Er versteht also den jungen Soldaten, der geblendet war. Auch an seiner Stelle könnte er gewesen sein. Auch an der Stelle des Angreifers, der siegen will. Ja, er hätte auf beiden Seiten sein können, auch überall, wo es Unterdrückte gab und wo jemand um seine Freiheit kämpfte. *Ich wurde getötet und ich tötete*, schreibt er. Und das klingt wie der Satz von Charles Baudelaire: *Ich bin die Wunde und das Messer und bin das Opfer und der Henker.*

Die Erlebnisse seines kurzen Einsatzes in Berlin wird Peter Weiss in einem Buch zusammenfassen, das er »De Besegrade« nennt, »Die Besiegten«. Seine Gedanken darin sind durchwoben von Gefühlen und Erinnerungen. Doch von den fünf Büchern, sagt Gunilla Palmstierna-Weiss, die Peter auf Schwedisch geschrieben hat, sind nur zwei im Bonniers Vörlag erschienen: »Von Insel zu Insel« und »Die Besiegten«. Und beide Bücher auch nur in niedrigen Auflagen. Von jedem Titel sind kaum fünfzig Stück verkauft worden, sagt sie.

Und doch: Es ist ein großartiger Prosamonolog, der 37 Jahre später übersetzt im Suhrkamp Verlag erscheinen wird. Die Besiegten ist seine Suche nach einem Stück eigener Identität, die mit vielen unbewältigten Ereignissen aus vier Ländern und vier Sprachen zusammengesetzt werden muss. Er sieht sein Gesicht *mitten im wogenden Meer fremder Gesichter. Mitten in einem bodenlosen und trüben Meer schwebt die Insel meiner fiktiven Sicherheit.* Doch seine Heimatlosigkeit gibt ihm Sicherheit. Die aber, die ihre Heimat mit in den Ruin getrieben haben, wurden *zerdrückt unter den Trümmern.*

Und da lebt er nun in Feindesland, und er blickt in die Gesichter der Besiegten, wenn sie nicht ausweichen oder sich hinter ihrer Falschheit verbergen. Und er fragt sich: *Wo ist eigentlich mein Sieg?* Und wird es überhaupt einen Lohn geben für all die Opfer, die ja auch er hat bringen müssen? Er sieht sich um in den Ruinen, in denen graue Menschen in Lumpen herumlaufen, und wieder fragt er sich: *was habe ich hier eigentlich zu tun?* Die Besiegten werden ihm immer fremder. Und dass er ihnen gegenüber unfreundlich wird, manchmal sogar grob, liegt daran, dass sie verantwortlich sind für sein Unbehagen. All die grauen Gestalten sind gezeichnet von der Seuche, aber niemand traut sich, die Seuche beim Namen zu nennen. Sie wird verdrängt. Nur nicht dran denken, guckt nach vorne, vergesst die Dämonen! *Wehe dem*, schreibt Weiss, *der sich umdreht und sich erinnert: er wird zu einer Salzsäule.*

Er nennt alle beim Namen, die Knechte der Dämonen, die Henker, die Verdammten, die Mörder, die Mitmacher der Mächtigen, Gefangene, Hungernde, Heimkehrer. Es sind Texte voller Heftigkeit und Empathie. Er zeigt jedem von ihnen die Rolle, die er auf der Bühne der Zeit gespielt hat, schicksalhaft durch Erziehung oder Verführung oder Trägheit oder Überzeugung. Er sieht auch die Heere weißer Kreuze auf Friedhofsfeldern, *und jedes Kreuz ist ein Name, ist ein moderner Mensch*, schreibt er, *zuerst geschlachtet und in blutige Stücke gerissen und dann zusammengelesen*, und unters Kreuz geschaufelt. In geraden Linien, einer neben dem anderen. Hunderte, Tausende, Hunderttausende. Nein, er glaubt nicht mehr an große, schöne Worte, *ich sehe nur Verlogenheit, Haß und Zerstörung. Ich werde erstickt, doch ich lebe.*

»UM GOTTES WILLEN, GUNILLA, NICHT PETER WEISS! DAS WIRD NICHTS.«

DIE FRAU SEINES LEBENS

Er lebt wieder in Stockholm. Zwischen der Trennung von Helga Henschen und seiner spanischen Affäre mit Folgen, gibt es ein paar Frauengeschichten, die keine Spuren hinterlassen haben. Die katholische Diplomatentochter Carlota Dethorey aber wird schwanger, und Peter Weiss muss die junge Dame aus Spanien kurz vor der Niederkunft pro forma heiraten. Als der Sohn Paul im Juni 1949 zur Welt gekommen ist, der bei der Mutter bleibt, sind Weiss und Carlota bereits wieder geschieden.

Peter hat ja viele Frauen verführt, sagt Gunilla Palmstierna-Weiss. Und sicher sind auch ein paar große Lieben dabei gewesen. Aber die meisten waren Liebeleien und hatten keine Bedeutung für ihn. Ich glaube, sie passierten, weil er mit seiner Isoliertheit und seiner Angst nicht allein sein konnte. Für die intellektuellen Kreise aber war seine Lebensweise alles andere als perfekt. Man hat Peter irgendwann ausgeschlossen. Helga Henschen, sagt sie, mochte ich wirklich gerne, sie lebt nicht mehr, aber die beiden Egoisten haben sich nicht um das Kind gekümmert. Rebecca wuchs ein paar Jahre bei den Eltern von Peter auf. Das machte auch keinen guten Eindruck. Und dann diese Ehe von einer Woche oder etwas mehr. Ich meine, das geht eventuell für jemanden, der im Land geboren ist. Für mich war das kein Problem, sagt sie, mein Stiefvater war viermal verheiratet. Die lebten wie die jungen Revolutionäre aus den zwanziger Jahren. Aber kommst du von außen, sagt sie, als Emigrant, musst du schon ein bisschen aufpassen, wie du dich benimmst.

*Gunilla Palmstierna und Peter Weiss 1952 in Paris. Sie werden 30 Jahre
zusammenleben – sie als Bühnenbildnerin seiner Theaterstücke*

Nach dem Tod von Peter Weiss wird Gunilla Palmstierna-Weiss sein »Kopenhagener Journal« herausgeben. In Dänemark hatte er ein paar Monate gelebt, als er seinen Dokumentarfilm »Hinter den Fassaden« drehte. In diesem Journal geht es auch um seine sehr persönlichen Probleme, seine Analyse, seine Ängste und Frauengeschichten, kurze Verhältnisse – *etwas will mich hinaustreiben ... zu Unbekannten, zu Nächten mit Frauen, deren Namen ich nicht weiss.* Da haben Freunde zu ihr gesagt: Wie kannst du das freigeben, Gunilla! Das ist doch auch für dich nicht gerade sehr schmeichelhaft und alles andere als nett. Aber Menschen sind nicht immer nett, habe sie da zu ihnen gesagt. Und Peter hat eben auch ein Leben vor mir gehabt. Aber damit müsse sie fertig werden – oder nicht. So sei das nun mal.

Und wie viele Ablehnungen hat er in den vierziger und fünfziger Jahren erfahren müssen. In Schweden aber auch bei deutschen Verlegern. Sein erstes Buch mit poetischen Prosastücken über ein traumatisiertes Ich, das er in Schwedischer Sprache geschrieben hatte, »Från ö till ö«, »Von Insel zu Insel«, war ja zur selben Zeit erschienen wie »Die Besiegten«. Beide in einer winzigen Auflage. Sein erstes Theaterstück, der Einakter »Rotundan«, »Der Turm«, wird an der Hochschule aufgeführt. Da gab es doch eine tolle kleine Bühne, sagt Gunilla Palmstierna-Weiss. Da hat Peter einige seiner Sachen gemacht. Es gab schlechte Kritiken. Er war zu früh mit seinen Stücken. Aber auf dieser Bühne, sagt sie, sind alle Großen angefangen. Auch Ingmar Bergman.

In »Von Insel zu Insel« gibt es einen interessanten Satz: *Mein Zimmer, das bin ich selbst.* Fünfzehn Jahre später wird er im »Fluchtpunkt« über Zimmer schreiben, in denen er einmal gelebt hat. Kahle Zimmer, Zimmer mit Flecken von fremden Händen, Zimmer, in denen *schattenhafte Abrisse verschwundener Gegenstände zu sehen waren*, Zimmer, in denen nächtliches Flüstern zu hören war, gemietete Zimmer, Pensionszimmer, Hotelzimmer.

Egal, wo er war und wo er ist, er schlägt ein Lager auf und befestigt das Lager mit Eigentum, *meinem Eigentum.* Wenn er länger bleibt, braucht er Bücherregal, Bett, Stuhl, Staffelei und Zeichentisch. Wenn er auf der Durchreise ist, in einem Zimmer für eine Nacht, versucht er, durch ein Provisorium *die Vergänglichkeit zu betrügen, und die Lage zu sichern mit dem Auspacken von ein paar Büchern, einem Zeichenblock, einer Schreibmappe.* Und jedes Ding hatte eine Bedeutung, war durch seine Hände gegangen oder durch seine Hände entstanden. Also sein Zimmer, das ist er selbst.

Nach der Insel, den Besiegten, dem Turm hatte er 1951 »Duellen« geschrieben, »Das Duell«, diesen Kampf mit sich selbst, wieder auf Schwedisch, findet aber keinen Verlag, Weiss lässt 500 Stück privat drucken. Und es ist ja kein einfacher Text, es sind surrealistische Welten einer Nachkriegszeit, die er beschreibt, Gedanken zweier Ichs, eines Schmerzgeplagten, der seine Einsamkeit verherrlicht, und einem ist der Boden unter den Füssen verloren gegangen. *Gelandet auf dem Mond, er blickte zum schwarzen Himmel auf, an dem die Erde diesig schwamm.*

Dieser Text sei das Resultat seiner Isoliertheit während der Emigrationsjahre gewesen, sagt er zwanzig Jahre später, als das Buch bei Suhrkamp gedruckt wird. Und Gunilla Palmstierna-Weiss erzählt noch, dass der Neffe seiner ersten Frau, der Verleger war, einen noch ungedruckten Text von Peter gelesen hatte. Er nahm das Manuskript in seiner Gegenwart zwischen Daumen und Zeigefinger und ließ es auf den Boden fallen. Herr Weiss, sagte er, wir verlegen keine Pornographie! Danach hat Peter nichts mehr auf Schwedisch geschrieben, sagt sie.

Dabei sprach er inzwischen perfekt, ohne Akzent. Das lag sicherlich auch daran, dass er außerordentlich musikalisch war, sagt sie. Er kam 1939 in dieses kleine Alingsås. Na ja, da gab es nun gar nichts für den Geist. Dann ist er nach Stockholm gefahren und wollte natürlich in die intellektuellen Kreise. Das geht aber nicht mit ein paar Sätzen. Da muss er schon über Literatur, Psychologie, Malerei oder Surrealismus reden können. Sonst geht das nicht, sagt sie. Und dann waren da noch die Frauen. Der Peter ist ja immer verliebt gewesen. Und seine Freundinnen waren intelligent. Da kann man auch nicht nur sagen: Ich liebe dich, ich will ins Bett mit dir. Das ist zu wenig. Also hat er die Sprache gelernt. Und das perfekt.

Als wir dann später zusammen lebten und arbeiteten, konnte ich hören, welch große Begabung er hatte, sagt sie. Wenn Peter ans Telefon ging und jemand aus Nordschweden dran war, dann sprach er mit nordschwedischem Akzent. Und wenn jemand aus dem Süden anrief, wo man ganz anders spricht, dann sprach Peter mit südschwedischer Färbung. Das war unglaublich. Und von Engländern hatte ich gehört, dass auch sein Englisch perfekt und akzentfrei war. Einmal haben wir überlegt, ob wir nach Frankreich ziehen sollten. Aber da hat er gesagt: Das geht nicht. Ich lebe in Schweden und schreibe auf Deutsch. Das ist schon mühsam genug. Und jetzt noch Französisch? Nein. Geht nicht.

Aber das war viel später. Wie lebten Sie denn zu Beginn Ihrer Beziehung?

Ganz am Anfang? Da hatten wir ja kaum Geld.

Aber Sie hatten einen Beruf.

Na ja, ich habe getöpfert und als unbezahlte Bühnenbildnerin für Studententheater gearbeitet und Peter als Autor von Filmskripten und abgelehnten Theaterstücken.

Und was haben Ihre Freunde und Bekannten zu Peter Weiss gesagt?

Um Gottes Willen, Gunilla, nicht Peter Weiss! Das wird nichts! Dazu muss man natürlich wissen, wie er damals gelebt hat. Also ökonomisch war das eine Katastrophe.

Konnte er denn hin und wieder ein Bild verkaufen?

Ich hab's versucht. Ich habe seine Ölbilder in meinen Deux

Chevaux eingeladen und bin landauf, landab gefahren, um sie zu verkaufen.

An Galerien oder an Privatleute?

An Galerien. Ich kannte ja ein paar. Die waren aber nicht interessiert.

Was mochten die Schweden nicht an seinen Bildern?

Das Altdeutsche. Diese düstere Thematik von Peter. Das passte nicht in die Schwedische Kultur.

Malte Peter Weiss damals denn noch?

Nein. Er wollte auch nichts mehr davon wissen. Später, in einer großen Ausstellung, da hat er seine Bilder noch einmal entdeckt. Dann war es vorbei. Er wollte schreiben.

Wie lange hat es gedauert, bis sie zusammengezogen sind?

Zwölf Jahre. Aber Peter ist oft zu mir gekommen. Ich wohnte in der Altstadt. Bei mir war es warm, und da gab es was zu essen. Irgendwann ist er auch in die Altstadt gezogen. Da waren wir uns dann schon näher.

Und wie würden Sie seine Seelenlage von damals beschreiben, seinen Gemütszustand?

Wie soll ich die zwei Seiten bei ihm erklären. Manisch-depressiv klingt so schwer. Aber sie wechselten ja, die Stimmungen. Unsere Tochter Nadja hat mal zu einem Journalisten gesagt: Leider ist mein Vater so früh gestorben, ich war erst neuneinhalb. Aber dein Vater war doch so düster ... Nein, überhaupt nicht, sagte sie. Ich fand ihn lustig und witzig. Das hat mich sehr gefreut.

Hat Ihre Liebe zu Peter Weiss von Anfang an gehalten?

Nein, zweimal haben wir uns getrennt. Ich bin sogar ein Jahr nach Amerika gefahren.

Weil Sie nachdenken mussten?

Nein, er musste nachdenken. Und ich fuhr durch die Staaten. Ich hatte ja keine Green Card, deshalb musste ich dauernd die Städte wechseln.

Haben Sie sich Briefe geschrieben?

Ich hatte ihm gesagt, ich würde nicht schreiben. Aber einen habe ich dann doch losgeschickt. Und zur gleichen Zeit kam vom Peter einer. Die zwei Briefe haben sich dann über dem Atlantik gekreuzt. Da haben wir gesagt: gut, dann versuchen wir es noch mal.

Und sind wieder zusammengezogen?

Richtig. Aber später, so Anfang der siebziger Jahre, gab es noch einmal einen Krach.

Das war dann schon nach Marat/Sade, nach der Ermittlung und Trotzki im Exil, wo Sie die Bühnenbilder und Kostüme gemacht haben. War für Peter Weiss diese enge gemeinsame Arbeit mit einer Frau normal?

Das hat er erst bei uns in Schweden gelernt, dass Männer und Frauen dieselben Rechte haben. Wir haben vom Tag Null an zusammengearbeitet. Doch damals, als wir diesen Krach hatten, waren wir zu zweit in einem Atelier, das ging irgendwie nicht. Und wie das so ist, wenn man sich trennen will, dann gibt man sich einen Abschiedskuss. Na ja ...

Und Sie sind gegangen?

Sicher.

Und der Abschiedskuss hatte Folgen?

Es war ja so: Peter war doch oft krank, wir dachten, er konnte keine Kinder mehr kriegen. Und ich eigentlich auch nicht mehr. Und auf diesem kleinen Millimeter Möglichkeit – ist die Nadja entstanden.

Wie hat Peter Weiss reagiert?

Ich habe ihm nichts erzählt, obwohl wir uns gelegentlich gesehen haben. Nach etwa drei Monaten bin ich dann zu ihm gegangen und sagte: Ich habe eine Überraschung. Aber eine Abtreibung kommt nicht infrage. Ich verdiene genug Geld, ich habe eine schöne Wohnung, ich habe Arbeit. Aber wenn du's toll findest, können wir wieder miteinander leben.

Und fand er es toll?

Er war vom Augenblick an ein völlig anderer Peter. Meine Freunde hatten noch gesagt: Du bist verrückt, Gunilla. Peter ist über fünfzig, er kann nicht mit jemandem zusammenleben, und schon gar nicht mit einem Kind. Aber es war eine ganz tolle Zeit. Und Peter hat keinen Menschen je so geliebt wie die Nadja. Seine ersten beiden Kinder haben das nicht erlebt. Aber die Nadja war für Peter ein Wunder – für nur neuneinhalb Jahre.

Doch zurück in die fünfziger Jahre, zurück zu den Rückschlägen und Enttäuschungen. Die Jahre seien für ihn das reine Chaos gewesen. In den ersten Texten wirbeln schon mal drei Sprachen durcheinander, da gibt es schwedische, sogar englische und deutsche Passagen. Er ist ein Autor, der seine Manuskripte über Jahre hinweg verschickt. Er glaubt, dass es damals kaum einen deutschen Verlag gab, auf dessen Lektoratstisch nicht irgendeine Erzählung, ein surrealistischer Text von ihm gelegen hätte. Aber niemand reagiert. Keiner will ihn drucken. Und Gunilla? Hatte doch auch ihre Probleme, schreibt er im Kopenhagener Journal. Probleme mit der Arbeit, ihrer Werkstatt, ihrem geschiedenen Mann. Und ja, er liebt sie. Aber oft mit Zärtlichkeit, ohne Leidenschaft. Auch das macht ihm zu schaffen. *Es ist als gönne ich mir nicht dieses Leben als Ehemann.* Immer wieder treibt es ihn raus, weg, und immer wieder gerät er dann in die Gefangenschaft seiner Melancholie.

Was für ein Leben ist das! Und er wird bald vierzig. Er muss mit jemandem reden, will noch einmal eine Analyse machen. Am liebsten wollte er die bei meinem Stiefvater machen, sagt Gunilla Palmstierna-Weiss, der ja in Schweden ein berühmter Psychoanalytiker war. Wie meine Mutter kam er aus der Schule von Sigmund Freud. Aber der wollte Peter nicht haben, Peter hatte zu wenig Geld, der wollte mit Gemälden zahlen. Mein Stiefvater hat ihn aber zu einem ungarischen Analytiker vermittelt, zu Lajos Székely, den er im Kopenhagener Journal René de Monchy nennt. Und der, schreibt Peter Weiss, hatte ihm sehr bald schon prophezeit: *Wenn Sie sich nicht heilen, dann wird die Geisteskrankheit einmal kommen, und die Gefahr des Selbstmords ist da.*

Und was waren das auch für Träume, die ihm den Schlaf zerstörten. In einer Nacht steht er kurz vor der Hinrichtung, schleicht aus der Baracke, versucht zu fliehen, es wimmelt von Wachposten und Hunden. Noch beim Aufwachen ist er in Erwartung des Todes. *Namenlose Furcht beim Gedanken, dass sie mich gleich niederknallen werden, mit Schüssen ins Gesicht und ins Herz.* Und wieder ein Todestraum. Ein Mann will durch die Luke seines Ateliers steigen, er stößt ihm die Füße zurück durch den Fensterspalt, verschließt die Luke, ruft die Polizei an, weiß aber nicht mehr, wo er wohnt, und da steht der Mann plötzlich im Atelier, sie kämpfen miteinander, ringen, er kann eine Peitsche greifen – und schlägt zu, wieder und wieder. Und einmal wacht er durch das Muhen einer Kuh auf. *Sie war gerade dabei, meinen Schädel mit ihren Hörnern einzurammen.*

Ich glaube aber nicht, dass Peter Deutungen für seine Träume wollte, sagt Gunilla Palmstierna-Weiss, also keine Aufklärungen im Freudschen Sinne. Peter hat doch immer ein Notizbuch am Bett gehabt. Darin hat er alles notiert, was ihm nachts durch den Kopf ging. Also Träume. Auch nächtliche Tagträume. Ich sehe das eher als Inspiration, aus der er poetische Texte sog. *Traum – Erleuchtung – jetzt weiß ich es!* Bei all dem sei die Psychoanalyse für ihn natürlich sehr wichtig gewesen. Bei Székely hatte er gelernt, mit kreativem Denken gegen Einsamkeit und Angst anzugehen.

Doch nach Kriegsende sind sie noch geballt da, die depressiven Phasen und melancholischen Momente. Und das jüdische Trauma hinterlässt Spuren im Notizbuch:

Etwas ging zugrunde
die einen erlebten dieses Zugrundegehen als
Soldaten in den Armeen
die andern in den KZ's
Ich erlebte es in der Losgerissenheit
Etwas endgültig verloren

Er steht an einem Tag im Frühjahr – das war noch im Jahr 1947 – in seinem zerwühlten Zimmer zwischen Stößen zerlesener Zeitungen und angefangener Texte mit abgebrochenen Sätzen, und *meine Ehe war mißglückt,* und *aus einer Anpassung war nichts geworden.* Er geht in ein Reisebüro, sieht ein buntes Plakat: Paris. Noch am selben Abend steigt er in den Zug und ist zwei Tage später in der Stadt, die ihm einen Augenblick größten Glücks bescheren wird. Er kann ein paar Sätze, nicht viele, irgendwo hat er sie aufgeschnappt: garçon, encore un café und l'addition s'il vous plaît, die Rechnung, bitte. Und dann war da der Augenblick der Sprengung, der Augenblick, *in dem ich hinausgeschleudert worden war in die absolute Freiheit.* Diesen Moment unwiederholbaren Glücks erlebt er auf dem Damm mitten in der Seine, in der Allée des Cygnes. Er steht da, schaut ins Wasser, sieht die Boote vorbeifahren, sieht die letzten Strahlen der sinkenden Sonne auf der Spitze des Eiffelturms, und *da sah ich, daß es möglich war, zu leben und zu arbeiten,* und er hatte schon dreißig Jahre gelebt und alles Mögliche versucht, und alles immer wieder in Frage gestellt. Was war das jetzt für ein Gefühl? Warum konnte er plötzlich frei atmen? Warum sah er jetzt einen Weg vor sich? *Vielleicht war es die plötzliche Einsicht gewesen, daß ich verschont geblieben war, den Krieg überlebt hatte.*

So ähnlich war es dem fünfunddreißigjährigen Kurt Tucholsky ergangen, als er die frühen Naziaufmärsche in Berlin und den längst aufkeimenden Antisemitismus nicht mehr ertragen konnte

und im April 1924 nach Paris fährt. Da gibt es auch so einen befrei-
enden Augenblick im Park Monceau, den er seither liebte:

Hier ist es hübsch. Hier kann ich ruhig träumen.
Hier bin ich Mensch – und nicht nur Zivilist.
Hier darf ich links gehn. Unter grünen Bäumen
sagt keine Tafel, was verboten ist.

Und Heinrich Heine? Unerwünscht in Deutschland. Seine Texte
zu frech und zu frei, die Zensur geht wie eine Walze über sie hinweg. Da zieht der dreiunddreißigjährige 1831 nach Paris, und
das erste, worüber er schreibt, ist das neue Gemälde von Eugène
Delacroix im Louvre zur Feier der Julirevolution: »Die Freiheit
führt das Volk«, dieses herrliche Weib mit bloßem Busen und
der phrygischen Mütze auf dem Haupt, die Flinte in der Linken,
die Trikolore in der Rechten. *Heilige Julitage*, schreibt Heine. *Wie*
schön war die Sonne, und wie groß war das Volk von Paris! Die Göt-
ter im Himmel, die dem großen Kampfe zusahen, jauchzten vor
Bewunderung, und sie wären gerne aufgestanden von ihren golde-
nen Stühlen und wären gerne zur Erde herabgestiegen, um Bürger
zu werden von Paris!
   Drei Juden, drei Augenblicke der Freiheit, und alle drei erleben
diesen Moment in Paris.

»LIEBER ENZENSBERGER, FINDEN SIE, DASS ICH QUERULIERE?«

MIT DEM KUTSCHER ZUM ERFOLG

Nach einer achtjährigen Odyssee durch schwedische und deutsche Verlage druckt Siegfried Unseld 1960 den *Mikro-Roman* »Der Schatten des Körpers des Kutschers« von Peter Weiss im Suhrkamp Verlag. Weiss ist überrascht von dieser *Verlegerpersönlichkeit aus einer Tradition, die in Schweden völlig unbekannt ist.* In Schweden seien es unbeteiligte, kühle Geschäftsleute gewesen, mit denen man kein persönliches Wort sprach. Hier schreibt man sich Briefe, hier diskutiert man miteinander und trifft sich beim Verleger mit anderen Autoren. *So auch gestern im Zusammensein mit Martin Walser.* Und Unseld sei dabei der Zuhörende, der das Gespräch aber immer wieder in die richtige Bahn lenkt. *Selbst nicht produktiv, aber außerordentlich geeignet, das Produktive zu erkennen und zu fördern.*

Empfohlen hatte ihn Walter Höllerer, der Literaturwissenschaftler, der die »Akzente« gegründet hatte, die Zeitschrift für Literatur, in der Ingeborg Bachmann, Nelly Sachs und Elias Canetti schrieben. Höllerer hatte das Talent des Peter Weiss aus Schweden erkannt, hatte Kürzungen vorgeschlagen, die der Autor gemacht hat. *Es hat dadurch an Versponnenheit verloren und an Knappheit gewonnen,* schreibt er an Unseld. Und Urs Jenny, der Schweizer Kritiker, bejubelt ein literarisches Ereignis. Das Ereignis besteht für ihn darin, einem *so genauen, so gekonnten, so bestürzend gut geschriebenen Buch zu begegnen.*

Auf einem ländlichen Gut beherbergt eine Haushälterin neun Gäste. Ein Ich-Erzähler beobachtet diese Gesellschaft und beschreibt mit höchster Akkuratesse, was er hört und sieht. Dafür schaut er auch schon mal durch Schlüssellöcher. Und wenn er nicht mehr beobachten mag, liegt er auf seinem Bett in der Dachkammer und gibt sich erotischen Glückseligkeitsgedanken hin. Irgendwann kommt es im Haus zum Tumult und zu einer Revolte, Personen müssen kurz vorm Erstickungsanfall mit Axt und Brecheisen aus einer kleinen Kammer befreit werden, und als schließlich der Kutscher mit seinem Wagen samt den Kohlen für den Keller eintrifft, sieht der langsam trübsinnig gewordene Ich-Erzähler nach dem Nachtmahl, als die Gäste sich verabschiedet und zurückgezogen haben, nur noch Schatten.

Um diese Schatten besser erkennen zu können, lehnt der Erzähler sich weit aus dem Fenster. Er berechnet durch den Schein der Lampe die Lage der zwei Figuren, sieht den Schatten des Kutschers und den der Haushälterin, die sich in der Küche auf dem Tisch bewegen. Er sieht, wie sich der Schatten des Kutschers über den Schatten der Haushälterin stülpt, bis beide zu einer *Schattenmasse* zusammengeschmolzen sind, sieht, wie der Schatten des Kutschers *einen strangartigen Schatten* hervorholt, *der, der Form und Lage nach, seinem Geschlechtswerkzeug entsprach.* Und nach heftig bewegten Schatten und dem Aufbäumen von Brüsten, nackten Schenkeln und einer hochgereckten Hand, in der die Haushälterin noch immer den Schatten der Kaffeekanne balanciert, löst sich irgendwann der wie zusammengewachsene Schattenklumpen auf ...

Diese fast vier Seiten lange Szene ist nicht nur ein höchst vergnügliches Kopulationsschattengewächs, sie könnte auch eine Verbeugung von Peter Weiss vor seinem verehrten August Strindberg und dessen »Fräulein Julie« sein. Darin geht es um die adelige junge Dame Julie, die sich mit dem in der Welt herumgekommenen und gebildeten Diener Jean am Ende auf dem Küchentisch vergisst und sich für diesen unerlaubten gesellschaftlichen Missgriff das Leben nehmen wird. Peter Weiss hatte das Kammerspiel zur Zeit des Kutschers schon ins Deutsche übertragen.

Und was hatte dieser Strindberg auch für Bilder gemalt. Öl-orgien in seegrün und scharlachrot, Wolkengebirge, die er »Nacht der Eifersucht« nennt oder »Wunderland«. Es sind Traum- und Albtraum-Gebilde mit Klippen und Wogen und Wellen und ei-nem »Inferno-Bild«, als wollte der Dramatiker in Dantes Hölle hinabsteigen. Das ist die meisterhafte Doppelbegabung, die ja auch Peter Weiss hat. Als Henrik Ibsen 1895 in einer Ausstellung ein Strindberg-Portrait des norwegischen Malers Christian Krogh kauft, schreibt er an seine Frau: *ich nenne es »Der hervorbre-chende Wahnsinn«.*

Wie viele haben Strindberg zu jener Zeit für geisteskrank ge-halten. Es war die düstere Phase nach dem Bruch seiner zwei-ten Ehe, als er unter schweren Depressionen litt und »Inferno« schrieb, in dem Gott als böser Geist und Luzifer, der gestürzte Lichtbringer, auftreten. *Ich sehe nichts Krankes an ihm,* schreibt Peter Weiss, *wenn er nachts, halbnackt, am offenen Fenster steht und beim Schein von zwei Kerzen mit einem Kompaß und seiner In-duktionsmaschine die Elektrizität mißt, mit der sein Körper bis zum Bersten geladen ist.* Nein, so etwas mache kein Kranker. Ein Kran-ker sei gelähmt, der wage nicht, *in das Fieber, in die Fäulnis einzu-dringen.* Ein Kranker, schreibt Weiss, warte eher gottergeben auf Hilfe der Ärzte. Das tat Strindberg nicht. Er lebte in einer Welt, die krank machte, sei sein eigener Arzt gewesen, und sein Körper war der Gegenstand seiner eigenen Untersuchung. In dieser maroden Welt *stand er selbst lebendig, gesund, mit weit offenen Sinnen.*

Peter Weiss kannte diese depressiven Phasen nur zu genau. Er selbst war doch auch dabei, sich aus einem ähnlichen Inferno zu befreien. Er macht Collagen, gibt Malunterricht im Stockhol-mer Gefängnis Långholmen. Und wenn dieser kleine Erfolg mit dem Schatten des Kutschers nicht gewesen wäre, sagt Gunilla

Palmstierna-Weiss, wäre Peter vielleicht im Nebel der Hoffnungslosigkeit verschwunden. Er hatte doch auch Filme gemacht, dokumentarische, avantgardistische, experimentelle Filme, vierzehn insgesamt, auch ein Spielfilm war dabei. Und weil wir kein Geld hatten, hat Peter alles selbst gemacht, Texte, Beleuchtung, Musik. Und unsere Freunde haben mitgespielt, sagt sie. Die meisten sind später berühmt geworden, unsere Filme nicht. Wissen Sie, was jemand über den letzten schrieb? Lasst uns die Pestfahne über dieses Kino hängen! Das alles zu überleben, ist nicht so einfach. Und Peter, sagt sie, hatte doch aus Verzweiflung wieder angefangen, auf Deutsch zu schreiben. Also der Kutscher hat ihm die Tür geöffnet.

Und die stand mit dem nächsten Buch, dem »Abschied von den Eltern«, sperrangelweit offen. Dieser erste Band seiner Erinnerungen, die bis zur Emigration nach Schweden reichen, sind ein Vulkanausbruch. Sein *späteres Ich* hatte nach dem fast gleichzeitigen Tod der Eltern den Lavastrom laufen lassen. Weiss war sicher, es hatte mit der Psychoanalyse zu tun, die *starke emotionale Kräfte* ins Spiel brachte. Und *große Abschnitte standen unter dem Zeichen des Hasses*, schreibt er. Aber welch eine Sprache, welch eine Kraft, und welche Bilder sind da aus Wildheit, Phantasie und Poesie entstanden. Und doch: *Das ungeheuer dünne Gewebe des Schreibens, das schon vom leisesten Hauch des Zweifels zerrissen werden kann.* Und Zweifel setzen bei dem über vierzigjährigen Autor schon da ein, wo ein Lektor seine *freundlich-spöttischen Bemerkungen* macht.

Weiss schreibt an den lieben Dr. Unseld, dass er mit dem Titel hadere. Er würde gerne noch ein paar Vorschläge machen. »Abschied von den Eltern« sei ihm zu gefühlsbetont. Er hätte gern etwas Nüchternes, Sachliches, Aktenmäßiges wie »Stadien der Loslösung«,«Befreiungsversuch« oder »Austritt aus der Familie«. Aber diese Titel seien ebenso emotional überladen, antwortet ihm Unseld. Alle fänden den »Abschied« vorzüglich. Also, Hans Magnus Enzensberger würde ihm das selbst noch einmal schreiben.

An Enzensberger, der damals im Suhrkamp-Verlag sein Lektor ist, hatte Weiss doch auch schon Alternativen geschickt: »Textur« oder »Vorgeschichte«, »Aufbruch«, »Gewebe«. Aber er fragt auch gleich: *finden Sie, dass ich queruliere?* Also, wenn der »Abschied« nun schon gedruckt sein sollte, könne er sich damit auch abfinden, so wie Knut Hamsun sich damit abfinden musste, dass sein Name durch einen Druckfehler entstanden sei, denn der gebürtige Knud Petersen habe sich eigentlich Hamsund nennen wollen. Am nächsten Tag bekommt Weiss bereits den Probedruck des Buches, der natürlich »Abschied von den Eltern« heißt. Und jetzt gefällt ihm der Titel sogar. Er bittet den lieben Enzensberger, seine wankelmütigen Erwägungen vom Tag zuvor in die Schublade oder den Papierkorb zu befördern.

Und nun macht Peter Weiss Ende Januar 1962 eine Reise in die Vergangenheit. In Zürich besucht er nach dreiundzwanzig Jahren seinen Freund Hermann, den Einsiedler, in seiner Dachkammer zwischen Büchern und Bildern. Er lernt auch seine Verlobte kennen, verbringt bei ihr einen Abend in *alteingesessener Bürgerlichkeit* mit Freunden, wird bei Tisch gemästet und mit Gesprächen über Kleider, Autos und Wintersport berieselt. Und er staunt nur so über seinen Hermann in der Rolle eines *geglätteten Hausherrn*.

Vor seiner Weiterfahrt verabschiedet Weiss sich bei ihm unterm Dach, und Hermann hätte gesagt, dass der Abend leider z niedrigem Niveau gestanden habe. Er sagte das ganz einfach, so wie es war, und es schien ihm nicht unangenehm zu sein. Sitzt da an seinem kleinen Holztisch über seinen jüdischen Religionsbüchern, und hinter ihm hängt das Bild, das er, Pit, in Carabietta gemalt und das Hermann ihm kurz vor dem Krieg, als er nach Schweden emigrieren musste und kein Geld mehr hatte, für zweihundert Franken abgekauft hatte. Er sieht den jungen Mann darauf, der mit dem Rücken zum Betrachter dasteht, in eine fremde Stadt hoch schaut, die unter angstgrünem Himmel liegt. Das war damals, *als die alte Welt endgültig verlorenging und es uns ganz ins Exil verschlug.*

Dann fährt er weiter nach Lugano, wo der See und die Berge in Nebel gehüllt sind, aus dem nun langsam auch die Erinnerungen dieser Zeit aufsteigen. Er geht den alten Weg nach Montagnola hinauf, doch Klingsors Landschaft ist mit neuen Villen verbaut, nur die Casa Camuzzi liegt in ihrer brüchigen Schönheit da. Auch den wilden tropischen Garten mit den Lianen und dem Feigenbaum gibt es noch und den Turm, in dem Bob, Hermann und er am letzten gemeinsamen Abend die Glocken geläutet haben. Er geht zur Casa Hesse. Doch als er vor dem Haus steht, sieht er an der Tür das Schild BITTE KEINE BESUCHE. Soll er umkehren? Er überlegt, spaziert noch ein wenig durch die Weinberge, dann klingelt er doch.

Und da steht er plötzlich in jenem Raum, in dem die Welt stehengeblieben zu sein scheint. Und der zarte, gebrechliche 85jährige Hesse mit dem zu weiten Anzug, den knotigen Händen und entzündeten Augen, der noch in diesem Jahr sterben wird, isst mit Weiss und Frau Ninon zu Mittag. Sie hält alles von ihm fern, was ihn beunruhigen könnte, und der Gast wird *noch einmal der befangene Schüler*, der er war, als er ihn zum ersten Mal besuchte. Da war Hesse sechzig und hatte ihm geschrieben, er solle aus seiner Dichtung keinen Broterwerb machen. *Nur dies nicht!* Und Weiss fragt nichts von dem, was er ihn fragen wollte, denkt nur die ganze Zeit, warum er eigentlich hier sei. Und da ist der Alte auch schon aufgestanden und durch die Tür entschwunden. Dieses Siechtum, das Weiss hier wie ein Menetekel erlebt, lastet er seiner *unglücklichen Treue zur Vergangenheit* an. Seinem Freund Hermann wird er schreiben, dass es bei Hesse ein schöner Tag gewesen sei. Er habe ein paar Stunden bei ihm verbracht, und der Dichter sei *frisch und ganz klar* gewesen.

Nein, nicht das ist es, was Hermann Levin Goldschmidt irritieren wird, als er in den Notizbüchern von Peter Weiss – die 1982 posthum erscheinen – die Passagen über die Tage in Zürich liest. Doch wie despektierlich der Freund über seine Braut geschrieben hat, das kränkt ihn schon, denn es sei eine ausgedachte, *undankbare Verfälschung* der nicht nur damals freundschaftlich beschwingten Beziehung gewesen. Besonders bitter aber empfindet es der Religionsforscher Goldschmidt, dass Weiss kein Wort über ihr großes Gespräch zum Judentum erwähnt, das doch für seinen Freund so wichtig zu sein schien. Vor allem sei nichts davon in die »Ermittlung« eingeflossen, in der, wie der Auschwitz-Überlebende Eli Wiesel später schreiben wird, nicht einmal das Wort »Jude« vorkommt. Das Stück sei für ihn genauso judenrein wie es der größte Teil Europas nach dem Holocaust gewesen sei.

Was war es, fragt Goldschmidt nun nach dem Tod seines Freundes, *auf das Pits sogenannte »Ermittlung« tatsächlich hinauslief?* Was sollte das offenbar in ironischer Absicht geschriebene Ende des Stücks, in dem der Angeklagte, der Holocaust-Täter, das letzte Wort haben darf und dafür auch noch frenetisch beklatscht wird:

Heute
da unsere Nation sich wieder
zu einer führenden Stellung
emporgearbeitet hat
sollten wir uns mit anderen Dingen befassen
als mit Vorwürfen
die längst als verjährt angesehen werden müssten

Dabei seien es doch aufwühlende Gespräche gewesen in Zürich, schreibt Goldschmidt. Er und Pit hätten sich so intensiv über die Bedeutung ihrer jüdischen Wurzeln unterhalten. Und da, so glaubt er, mag wohl auch das Schicksal von Peter Kien und das von Lucie Weisberger aus der Verdrängung aufgestiegen sein.

Aber genau das, was sein Freund moniert, wollte Weiss doch. Und ironisch war das Ende seines Stücks keinesfalls gedacht. Er wollte ja die verkrustete Bürgerlichkeit der jungen Bundesrepublik anprangern, die längst wieder ums goldene Kalb tanzte und die Erinnerung an die Shoah verdrängte. Von dieser bedrängenden Erinnerung wird Goldschmidt erst im »Inferno« lesen, dem ersten Teil der geplanten Trilogie, die erst viele Jahre nach Freund Pits Tod erscheint. Da kehrt Dante – genau wie Peter Weiss – ins Land der Täter zurück. Und die Täter – die beide, Dante wie Weiss, verbrennen wollten – sitzen noch immer an den Schaltstellen, während die Geretteten mit den Schuldgefühlen ihres Überlebens zu kämpfen haben. Da sagt Weiss als Dante:

Ich gehöre zu den letzten
die noch am Leben sind von jenen
die zur Verbrennung verurteilt wurden
Wenn wir vergehen vergeht auch
jede Erinnerung an sie
Sie die ich nicht mehr erreichen konnte
ging den Weg dem ich entkam
mir blieb nur übrig
sie in meinen Gedanken
lebendig zu erhalten

Bei Dante ist es Beatrice, bei Weiss Lucie Weisberger. Und wer weiß, welche grauenvollen Assoziationen es gegeben haben mag, als Peter Weiss im Auschwitz-Prozess die Aussagen der Überlebenden anhört.

»Inferno« sollte der erste Teil seiner Trilogie heißen, einer modernen »Divina Commedia« mit den Katastrophen des Zwanzigsten Jahrhunderts. »Purgatorio« und »Paradiso« sollten folgen. Im Inferno werden bei Dante Sünder bestraft. Über seinem Tor zur Hölle steht:

Lasciate ogne speranza, voi ch'intrate.
Lasset, die ihr eintretet, alle Hoffnung fahren!

Denn in seiner Hölle sind für jeden Täter, je nach Schwere der Schuld, Strafen für die Ewigkeit erdacht. Gewalttäter hocken dort in einem kochenden Blutstrom.

Durch mich geht man hinein zum ewigen Schmerze,
Durch mich geht man zu dem verlorenen Volke.
Gerechtigkeit trieb meinen hohen Schöpfer...

Und wo hocken die Täter, die das Inferno Auschwitz möglich ge-macht haben? Die Sadisten, Mörder, Menschenschinder? Hier leben sie unter uns. Triumphieren, als seien sie im Paradiso. Wer-den nicht bestraft, leben *im Wohlstand*, wie Weiss im Notizbuch schreibt, und *im VERGESSEN*. Schuldgefühle? Sie haben doch nur ihre Pflicht getan. Sie alle bekommen im Inferno von Weiss Namen. Der Chef tritt in verschiedenen Masken auf: als mytho-logischer Fährmann Charon, der die Toten über den Styx vor die Pforte des Hades rudert, als Pluto, der im alten Rom als Gott der Unterwelt herrscht, als Minotaurus – halb Mensch, halb Stier, als Odysseus oder Phlegyas, der Apollos Tempel angezündet hatte und dafür, mit Pfeilen durchbohrt, im Hades landet.

Ach es ist so tief in uns hinabgesunken –
Warum sollen wieder wir
immer noch
uns damit befassen

Im 30. Gesang wird Weiss noch einmal als Dante daran erinnern, was Emigration bedeutet:

Ich glaubte einmal dass ich war wie ihr
denn ich wuchs auf mit euch
und alles was für euch bestimmt war
das schien auch für mich bestimmt
Der der mein Vater war war hier zuhause ...

Aber der Vater war Jude. Und so flohen sie und entkamen dem Gas und den Flammen. Er nahm nur seine Sprache mit, schreibt er, doch die hing lange im Leeren, wurde nicht gebraucht, bis sie ihre Wurzeln verlor. Der Verlust der Sprache wird das Thema seiner Rede zum Lessing–Preis sein. Als er in sein Land zurückkommt, sagt man ihm, dass das Urteil, das einst über ihn gesprochen wurde, noch immer gilt.

Glaubst du denn wirklich
dass wir uns den größten Spass den es hier gibt
nehmen lassen

Da antwortet Dante, er habe nichts mit dieser Gesellschaft zu tun. Es ist die Gesellschaft der frühen sechziger Jahre in der Bundesrepublik: *inferno ist das Deutschland von heute*, denn die Täter sitzen bereits wieder an den Schaltstellen. Und in den ersten der vielen Entwürfe werden Täter noch beim Namen genannt, erinnern an Wernher von Braun, für den KZ-Häftlinge schuften mussten und der 1959 in der Bundesrepublik mit dem Großen Verdienstkreuz ausgezeichnet wird. Erinnern an Theodor Oberländer, der am Hitlerputsch beteiligt war und mit dem Bataillon »Nachtigall« in Lemberg war, als die systematischen Massenmorde an Juden stattfanden. Eine Mitschuld hat er stets geleugnet. Er war 1953 für zwei Jahre Bundesminister für Vertriebene. Erinnern auch an Hans Globke, Urheber der Nürnberger Rassengesetze, der zehn

Jahre Chef des Bundeskanzleramts unter Adenauer war. Nein, das war nicht sein Land.

So werfen sie im 31. Gesang dem renitenten Dante ein Netz über den Kopf und schleudern ihm einen Stofffetzen vor die Füße:

Hier hast du das letzte Andenken an sie
die du uns zur Behandlung
überlassen hast
Wir führten aus was du erwünschtest
und bewahrten ihr
die ewige Jugend

Da ist es wieder, das Trauma von der ermordeten Lucie Weisberger. Es ist das gewaltigste Werk, das Peter Weiss bisher in Angriff genommen hat. Doch es bleibt unvollendet. Und »Die Ermittlung«, die einmal Teil der Trilogie sein sollte, wird losgelöst im Sommer 1964 entstehen.

Doch jetzt, 1962, nach seinen Besuchen bei Hesse und Hermann Goldschmidt, also nach der Rückkehr aus der Schweiz, erscheint sein »Fluchtpunkt«, die Fortsetzung vom »Abschied«, 1963 wird »Das Gespräch der drei Gehenden« publiziert, also Abel, Babel und Cabel. Und in dieser Zeit arbeitet Peter Weiss bereits intensiv an seinem künftigen Welterfolg mit dem sicher längsten Titel, den ein Theaterstück jemals hatte: »Die Verfolgung und Ermordung Jean Paul Marats dargestellt durch die Schauspielgruppe des Hospizes zu Charenton unter Anleitung des Herrn de Sade«.

Die großen Erfolge ihres Sohnes haben die Eltern nicht mehr erlebt. Die Mutter war im November 1958 in Bad Oeynhausen gestorben. Der Vater hatte sie dorthin begleitet, doch ihre chronischen Herzprobleme waren durch einen Kuraufenthalt nicht mehr zu kurieren. In »Abschied von den Eltern« erinnert Peter Weiss sich, wie er seinen Vater zum letzten Mal gesehen hat. Er lag nach der Beerdigung seiner Frau unter einer Decke auf dem Sofa im Wohnzimmer, *sein Gesicht grau und undeutlich von Tränen verwischt, sein Mund den Namen der Verstorbenen stammelnd und flüsternd.* Mitte Februar flog der Vater, auch bereits krank, nach Belgien. Erst nach Brüssel, von dort nach Gent. Er wollte Geschäftsbeziehungen, die unterbrochen worden waren, wieder aufnehmen. Im Grunde aber, schreibt Weiss, *um wie ein verwundetes Tier im Versteck zu sterben.*

Die Nachricht von seinem Tod kommt Anfang März. Der Sohn fliegt nach Brüssel, fährt weiter nach Gent. Im Hospital führt man ihn in eine Kapelle, wo der Vater liegt, *die Hände auf der Brust gefaltet, und im Arm das eingerahmte Foto meiner Mutter.* Sein Gesicht, schreibt Weiss, hatte *etwas Stolzes, Kühnes,* das er früher nie an ihm wahrgenommen hatte. Er berührt seine kalten, gelblichen, noch immer schönen Hände. Da lag er, der Leichnam seines Vaters, lag in der Fremde in einem Raum der eher ein Schuppen war. Und er war doch sein Leben lang an große Wohnungen und große Häuser gewöhnt, an große Zimmer mit vielen Teppichen, Möbeln, Büchern, Bildern, und während der ganzen Zeit der Emigration hat er nie aufgehört, *an das Ideal des bestehenden Heims zu glauben.* Er war gereist und hatte in Hotels übernachtet. Und immer trug er auf seinen Dienstfahrten die Fotos seiner Frau und seiner Kinder bei sich, *diese abgegriffenen, zerknitterten Bilder,* die er sich wohl abends in den Hotelzimmern angeschaut hatte. Nun wird er im Krematorium außerhalb von Gent verbrannt, mit dem Bild seiner Frau in der Hand. Darum hatte der Sohn gebeten. Und am Harmonium sitzt ein Mann, *mit dem Gesicht eines Trinkers, und spielte eine Psalmmelodie.* Zwei Stunden später holt Peter Weiss die Urne ab. Er geht in die Stadt hinunter, besorgt Papier und Bindfaden, verpackt und verschnürt alles in einem Karton und verbringt die Nacht im Hotel *mit den Überresten meines Vaters in der Garderobe versteckt.*

Die Eltern von Peter Weiss 1955 in Bad Orb, wo die Mutter eine Kur machte. Es ist das letzte gemeinsame Foto.

»GRASS IN DER PAUSE BÖSE AN MIR VORBEI. NAHM MIR DAS STÜCK ÜBEL«

MARAT UND DE SADE

Mein Sohn Mikael, sagt Gunilla Palmstierna-Weiss, hatte sich den Film »Madame sans-Gêne« mit Sophia Loren im Kino ange-schaut, also diese Geschichte der Pariser Waschfrau, zu deren Kun-den auch der junge Napoleon zählt. Und nachts, als Peter schon im Bett lag, hat der dem Jungen die Französische Revolution ein bisschen als Märchen erzählt. Am nächsten Tag hockten die bei-den dann schon über den Büchern, die ich von meinem anderen Großvater geerbt hatte.

Das waren ungefähr zwanzig Bände über die Revolution, er-zählt Mikael Sylwan, als wir Ende April 2016 nach der langen Peter-Weiss-Nacht in Berlin noch draußen vor der Akademie der Künste sitzen. Und in einem dieser Bücher waren herrlich schaurige Bil-der von Ludwig dem XVI. unter der Guillotine, und der Scharf-richter hält den Kopf an den Haaren hoch und zeigt ihn dem ju-belnden Volk. Ich war ja jung damals, sagt er, ich fand das alles ziemlich aufregend. Und dann seien beide noch einmal in den Film gegangen. Aber nicht, weil der so toll war, sagt er und lacht, sondern weil Peter die Sophia Loren unbedingt sehen wollte. Und immer wieder, schreibt Weiss im Notizbuch, stießen wir auf Marat, und da ergaben sich dann *Assoziationen zu meinen eige-nen Jugendüberlegungen.*

Das war die Initialzündung. Und so beginnt er denn im Herbst 1962 mit dem Quellenstudium, liest den ganzen Winter hindurch, und Marat lässt ihn nicht mehr los. *Marat war als politisch denken-der Mensch seiner Zeit weit voraus,* sagt Weiss in einem Gespräch mit Dieter Stér. Er sei der Vordenker von Marx gewesen und gehöre zu den Schöpfern des sozialistischen Gedankens. Doch für die damalige Zeit habe er zu kühn gedacht, wurde angegriffen, beschimpft, verteufelt, war als der blutrünstige Marat verschrien.

Armer Marat in deinem belagerten Haus
du bist uns um ein Jahrhundert voraus ...

singen die vier Sänger, die im Stück zum Lumpenproletariat gehören. Alle Schrecken und Schandtaten werden sie bald auf ihn abladen, Marat in der Wanne war der Sündenbock.

Marat was ist aus unserer Revolution geworden
Marat wir wolln nicht mehr warten bis morgen
Marat wir sind immer noch arme Leute
und die versprochenen Änderungen wollen wir heute ...

Marat in der Wanne hatte Skrofulose, diese Hautkrankheit mit dem heftigen Juckreiz, der in kaltem Wasser mit Essig und Kräutern am ehesten zu ertragen war. Doch manchmal ist es so schlimm, dass der Revolutionär sich die Haut aufkratzt und das Wasser blutrot wird. Seine Frau Simonne, die er nicht ...

nach einer Zeremonie unter kirchlichem Gebimmel
sondern auf Grund eines Gelöbnisses unter offenem Himmel

genommen hat, also Simonne bittet ihn, endlich mit der Kratzerei aufzuhören! Da sagt Marat:

Was ist eine Wanne voll Blut
gegen das Blut das noch fließen wird
Einmal dachten wir daß ein paar hundert Tote genügten
dann sahen wir daß tausende noch zu wenig waren

Marat war Schweizer, hatte Philosophie, Physik und Medizin studiert, zog nach Paris und macht sich einen Namen, weil er gute Heilerfolge bei Gonorrhoe erzielt, dem verbreiteten Tripper. Er lebt dann zehn Jahre in London, praktiziert weiter als Arzt, schreibt den Roman, »Die Abenteuer des jungen Grafen Potowski«, auch eine Abhandlung über die menschliche Seele und ein Buch über die »Ketten der Sklaverei«. Zurück in Frankreich macht er sich über Elektrizität, Feuer, Licht und Optik her.

Als Marat kurz vor dem Sturm auf die Bastille schwerkrank wird, zu sterben glaubt und sein Testament macht, wird der Mythos Marat geboren: Abraham Louis Breguet, der berühmte jüdische Uhrenmacher aus der Schweiz, der Marat schon aus Neuchâtel kennt und inzwischen in Paris lebt, dieser Abraham habe am vermeintlichen Totenbette seines Jugendfreundes gesessen, ihm vom Elend des Volkes erzählt und von den beginnenden Unruhen, die sich zu einer Revolution auszuweiten schienen. Er müsse endlich aufstehen und sich in die Politik einmischen.

Da sei er gesund geworden, habe sich zum Wortführer des Vierten Standes gemacht, der Besitzlosen, der Sansculotten, und er wird von nun an deren Interessen in seiner frisch gegründeten Zeitung L'AMI DU PEUPLE vertreten, dem Volksfreund. Doch bald schon ist er als blutrünstiger Anarchist verschrien, als Aufpeitscher der Massen, wird von der Nationalgarde verfolgt, wird angeklagt, taucht unter, versteckt sich wochenlang in feuchten Kellern und Kloaken, wo er sich wohl die Hautkrankheit geholt hat.

Armer Marat verfolgt und verschrien
immer wieder mußt du dich vor ihnen verziehn ...
Armer Marat an den wir glauben
immer weiterschreibend mit entzündeten Augen
bei rauchender Lampe in Verstecken
bis sie dich mit Spürhunden wieder entdecken

1792 wird er in einem Prozess freigesprochen und im Triumph von seinen Anhängern in den Konvent gewählt. Als Präsident des Jakobiner—clubs wird er gemeinsam mit Robespierre die Girondisten zerschlagen.

Dann taucht Charlotte Corday auf, die vierundzwanzigjährige Urenkelin des Dramatikers Pierre Corneille, die sich im Stück von Peter Weiss wie eine Somnambule durch die Szenen bewegen wird. Sie kommt am 13. Juli 1793 – also am Vorabend des Gedenkens an den Sturm auf die Bastille – nach Paris, kauft unter den Arkaden des Palais Royal ein Küchenmesser mit langer Klinge, wickelt es ein und versteckt es in ihrem Brusttuch. Im Stück singen der Baß und der Bariton:

Charlotte Corday kam in unsre Stadt ...
Ging in der Morgensonne zum Palais Royal
wo einer ihr einen Messerschmied empfahl

In höchsten Tönen preisen ihr nun unter den Arkaden der Tenor und der Sopran Pasten und Schminke an und Mittel gegen Syphilis, doch sie steuert auf den Messerverkäufer zu, und der fragt sie nach dem Kauf: zu wessen Schaden?

Sie aber lächelte nur und bezahlte den Preis
von zwei Livres wie jeder weiß

Die Figur der somnambulen Charlotte entspricht bei Peter Weiss der historischen Corday, die am Vorabend der Revolutionsfeier dreimal an Marats Tür klopfen wird. Bei Jean Paul Marat ist Weiss sehr nah am Original. Die meisten seiner Aussprüche seien seinen Schriften sogar wörtlich entnommen, sagt er. Corday klopft also an Marats Tür, wird nicht eingelassen, gibt für ihn einen Zettel ab, auf dem gestanden haben soll: *Ich komme aus Caën. Ihre Liebe zum Vaterland muss es Ihnen erwünscht erscheinen lassen, die Komplotte, die man dort schmiedet, kennen zu lernen. Ich warte auf Antwort.* Zweimal wird sie von Simonne abgewiesen, beim dritten Mal ruft Marat aus dem Bad, sie solle reinkommen.

Der sitzt in der Wanne, und auf dem Holztablett, auf dem er arbeitet, liegt eine alte Ausgabe des *L'AMI DU PEUPLE, die später voller Blut sein wird.* Er schreibt an seinem Aufruf zum 14. Juli an die Nation. Nach einer etwa fünfzehn Minuten langen Unterhaltung sagt die Corday, sie würde ihm jetzt Namen und Aufenthalt geflüchteter Girondisten nennen. In der Uraufführung wird die zarte, verführerische Lieselotte Rau zu süßen Flötentönen zu ihm kommen:

Marat
ich will dir die Namen meiner Helden nennen
doch ich verrate sie nicht
denn ich spreche zu einem Toten

Und weil Marat sie nicht verstehen kann, sagt sie lächelnd:

Namen nenne ich dir
Marat ...
Barbaroux nenne ich dir
und Buzot
und Pétion ...

Die Namen hört Marat und notiert sie begierig, und da zieht Corday den Dolch aus ihrem Brusttuch und sticht zu. Der Angestellte Laurent Bas, der gerade die aktuelle Ausgabe der Zeitung falzt, hört aus dem Bad den Bürger Marat mit matter Stimme um Hilfe rufen. Als er mit seinen Kollegen zu ihm läuft, liegt Marat schon tot in der Wanne.

Ich tötete e i n e n um tausende zu retten
und sie zu befreien aus ihren Ketten
Und könnt ich meine Tat noch einmal begehn
ihr würdet mich wieder vor diesem hier sehn

Das spricht Charlotte Corday im Epilog. Im wirklichen Leben wird
sie vier Tage nach dem Mord aufs Schafott zur Guillotine geführt.

Was für eine Geschichte. Aber ein Stück nur über Marat und
seine Ermordung? Geht nicht. Das hat Peter Weiss schon gewusst,
als er Gunillas Sohn Mikael Geschichten über die Revolution vor-
las und dabei immer wieder auf die faszinierende Figur Marat
stieß. Also Marat brauchte einen ebenso interessanten Gegenpart.
Und eines Tages, sagt Gunilla Palmstierna-Weiss, hörte ich Peter
schreien: Jetzt hab ich's, jetzt hab ich's! Da stand in den Büchern
meines Großvaters, dass der Marquis de Sade die Trauerrede für
Marat im Pantheon gehalten hat: *O Marat! ... Mitten unter den*
Tyrannen sprachst Du von Freiheit; und dennoch beschuldigten
Sklaven Dich, dass Du Blut geliebt hättest! ... Du hast auf die Ver-
räter gezeigt: der Verrat musste Dich treffen ... So fing das an, sagt
sie, mit so vielen Zufällen.

Und de Sade ist natürlich das Ideal eines Gegenspielers. Die
Revolution, mit der er sich anfangs durchaus identifizierte, hat
den fünfzigjährigen aus dem Gefängnis wieder ins Rampenlicht
geschwemmt. Er hält flammende Reden im Konvent, ist der Revolutionär der Vernunft, und als die Guillotine im Blut schwimmt,
wird er der Verteidiger der Verfolgten. Im Stück wird er dabei von
Charlotte Corday ausgepeitscht, und der Marquis erklärt seinem
Kontrahenten Marat unter den Hieben, wohin sie führt, die Revolution:

zu einem Versiechen des einzelnen
zu einem langsamen Aufgehen in Gleichförmigkeit

zu einem Absterben des Urteilsvermögens
zu einer Selbstverleugnung
zu einer tödlichen Schwäche
unter einem Staat
dessen Gebilde unendlich weit
von jedem einzelnen entfernt ist ...

Sein halbes Leben hatte Sade wegen sexueller Ausschweifungen im Gefängnis gesessen, wo er seine erdachten Giganten für die Nachwelt erfand und sein Attentat auf die Schöpfung schrieb, »Die 120 Tage von Sodom«. Der Sadismus trägt seinen Namen. Doch als er seine Schwiegermutter, die ihn ins Gefängnis gebracht hatte, aufs Schafott hätte schicken können, setzt er sie auf die Liste der zu Verschonenden.

Aber noch im Herbst 1966 liegen de Sades Bücher in Frankreich im Giftschrank, und die Nachfahren des Marquis erhoben vor der Aufführung des Weiss-Stücks im Théâtre Sarah Bernhardt Einspruch gegen den Titel. Er wurde folgendermaßen geändert: »Die Verfolgung und Ermordung Jean Paul Marats dargestellt durch die Schauspielgruppe des Hospizes zu Charenton unter Anleitung eines Herren, dessen Name in Frankreich nicht genannt werden darf«.

Dabei ist de Sade ein Kopf- und Denk-Sadist, der sein Leben lang für die Abschaffung der *grässlichen Todesstrafe* plädiert. Er ist der extreme Individualist. Er glaubt nur an sich und an die Sprache. An nichts sonst. *Sade*, sagt Peter Weiss, *war der Vorkämpfer der absolut freien Menschen.* Auch er wollte, wie Marat, soziale Änderungen, aber er fürchtet einen *entarteten Sozialismus*, der in einem totalitären Staat entstehen könnte. Genau das wird fünfzig Jahre später auch Heinrich Heine denken, auf den der Kommunismus ebenfalls *einen Zauber* ausübte, *dessen ich mich nicht erwehren kann.* Doch er denke mit Grausen daran, wie das *sieg-*

reiche Proletariat mit rohen Fäusten *erbarmungslos die Marmor-bilder der Schönheit, die meinem Herzen so teuer sind*, zertrümmern würde. Im ersten Band der »Ästhetik des Widerstands« lässt Peter Weiss seinen Vater einen Heine-Band aus der Vitrine holen und daraus vorlesen, wie der Dichter mit Selbstironie über jene Epoche schreibt, *in der die finstern Bilderstürmer, die Kommunisten, zur Herrschaft gelangen, und alles Flitterwerk der Kunst zertrümmern, des Dichters Lorbeerhaine fällen und dort Kartoffeln anpflanzen und aus seinen Poesiebüchern Tüten drehn würden, um Kaffee drin und Schnupftabak zu verwahren.*

Also Marat und de Sade, daraus ergab sich jetzt für Peter Weiss *ein interessantes Spiel von These und Antithese.* Aber noch fehlte das Originelle, das seinem revolutionären Stück einen Schub ins unberechenbar Revoltenhafte geben würde, vor allem aber ins Theatralische. Das findet er schließlich in den letzten Lebensjahren des Marquis de Sade. Denn im Jahr der Ermordung Marats holt ihn die Vergangenheit wieder ein. Ein knapper Aktenvermerk kostet Sade, wie er sich in Revolutionszeiten natürlich nur noch nennt, erneut die Freiheit. 1791 hatte er sich, arbeitslos, für die königliche Wache beworben. Und er hat seine Herkunft geleugnet, hat sich als schlichten Bürger ausgegeben und seine adeligen Vorfahren zu Händlern und Landwirten degradiert. Das reicht 1793 für eine Haupteslänge. Da ist er dann wieder der Giftmischer, der Kinderschänder, der Menschenfresser. So einer gehört unter die Guillotine.

Doch zunächst wandert er im Dezember 1793 durch verschiedene Gefängnisse, und als Robespierre ein halbes Jahr später enthauptet wird, bedeutet das für Sade ein paar letzte Jahre Freiheit, bis ihn Napoleons Polizei 1803 in die Irrenanstalt Charenton steckt. Vielleicht wegen eines Pamphlets gegen ihn, vielleicht wegen einer Neuauflage der wüsten »Justine«, in der das Laster seinen Siegeszug gegen die armselige Tugend feiert. Doch die

Irren in der Heilanstalt Charenton sind zumeist Gesellschafts-Gestörte Kreaturen, bei denen man nicht weiß, wohin man sie sonst stecken sollte. Und da sitzt er nun, der fett und feist gewordene Sade, immerhin in einer Anstaltswohnung, und schreibt Theaterstücke, die er mit den »Patienten« aufführt. Und dieser Fund wird für Peter Weiss zur zündenden Idee: Er wird mit Marat und Corday und einem sechzigköpfigen Ensemble unter Anleitung des Herrn de Sade Theater im Theater spielen.

Als Peter begann, das Stück zu schreiben, sagt Gunilla Palmstierna-Weiss, bin ich nach Paris gefahren, in die Nationalbibliothek. Da habe ich alles von und über Marat und de Sade gelesen. Die Sachen lagen ja im Giftschrank, waren doch verboten. Und ich habe für mein Bühnenbild und die Kostüme vierhundert Fotos machen lassen. Die musste später Siegfried Unseld bezahlen. Und nach einem Monat, sagt sie, begrüßte mich der Concierge dann am Eingang so: Ah, c'est vous, Madame de Sade!

War Peter Weiss, als er das Stück geschrieben hatte, bewusst, dass ihm da etwas Geniales gelungen war?

Geniales? Nein.

Hat er den Marat zuerst in Schweden angeboten?

Ja, in Stockholm, im Dramaten. Aber die haben es abgelehnt. Das Stück sei unspielbar, sagten sie. Und das war natürlich sein Glück.

Dort hätte es allenfalls einen Achtungserfolg gehabt, mehr nicht.

Peter Weiss hatte Monate vor der Uraufführung am Berliner Schillertheater eine Einladung zur Gruppe 47 bekommen, wo er einen Querschnitt aus dem Marat/Sade lesen sollte. Waren Sie dabei?

Ja. Aber ich hatte mir doch, als ich damals mit meiner Familie von Berlin nach Schweden zurückgekommen war, geschworen, nie mehr ein Wort Deutsch sprechen zu wollen.

Das haben Sie durchgehalten?

Sicher. Und Peter war auch wütend darüber, weil ich seine Freunde damit gezwungen habe, englisch oder französisch zu sprechen. Und bei der Gruppe 47 sagte er dann: Du kannst mitkommen, aber du wirst nichts davon haben, du sprichst ja kein Deutsch mehr. Da hab ich das dann aufgegeben und wieder gesprochen.

Die Lesung scheint ja höchst vergnüglich gewesen zu sein.

O ja, Peter hatte eine Trommel dabei, hat sich aus der Küche aber auch noch Geschirr und Löffel geholt, sich auf einen Stuhl gesetzt, gelesen, auch gesungen und zwischendurch geschlagen und getrommelt. Und die Bonzen der Gruppe 47 haben es toll gefunden. Aber dann kam der große Erfolg mit dem Stück. Da fanden sie es nicht mehr so toll. Da kam die Eifersucht. Dabei sind einige wirklich enge Freunde gewesen.

Hans Werner Richter sagt, er sei ein Freund geblieben. Er erzählt in seinem Buch »Im Etablissement der Schmetterlinge«, dass er die Entstehungsgeschichte zu Marat/Sade miterlebt habe. Es war in Berlin am Steinplatz. Da trafen Weiss und er sich zufällig in der Künstlerkneipe »Die volle Pulle«. Der Barkeeper, Karl Rosenzweig, hieß für Eingeweihte nur Karlchen. Und wenn jemand von der Gruppe 47 kam – damals lebten ja einige von ihnen in der Halbstadt – dann setzte er sich dazu und schenkte ein. Und je mehr sie tranken, desto gesprächiger wurden sie. Und da habe Peter Weiss erzählt, dass er dabei sei, über ein Theaterstück nachzudenken, er war sich nur noch nicht im Klaren, welche Figur der Weltgeschichte, vielleicht der Französischen Revolution, in sein politisches Weltbild passe.

Karlchen, schreibt Richter, sei sogleich alle interessanten Köpfe durchgegangen, die er sich für ein Stück vorstellen könnte. Joseph Fouché etwa, Napoleons Polizeiminister. Das war er auch schon während der Revolution und hatte für die Hinrichtung

Ludwigs XVI. gestimmt. Na ja, aber dann war er auch verantwortlich für über fünfzehnhundert Todesurteile. Also der Mitrailleur
de Lyon, dieses Maschinengewehr von Lyon sei wohl doch nicht so
geeignet. Zu blutig. Wie wär's mit Kardinal Richelieu? Zu abgedro-
schen. Aber Heinrich IV., der sei doch interessant. Und Karlchen
holte gleich eine Biographie hervor, die er unterm Tresen liegen
hatte, denn er war ein gebildeter Mann, der viel las. Heinrich sei
doch ideal für ein Theaterstück.

Da hätte Peter Weiss gesagt, dass er eher an jemanden wie Jean
Paul Marat dächte. Und da ging dann die Diskussion erst richtig los. Karlchen fand Marat zu düster. Und er kannte sich in der
französischen Revolution aus. Aber wenn schon düster, dann
doch lieber Robespierre. Doch den fand Weiss wieder zu düster. Er blieb bei Marat. Und nun hätten die drei alles aus ihrem
Kopf gekramt, was sie über diesen Mann in der Wanne in Erinnerung hatten. Und Karlchen, schreibt Richter, *goß dabei immer
wieder unsere Gläser voll, und Marat wurde immer größer und be-
deutender, ja manchmal erschien es mir, als sei die ganze Französische Revolution eine Angelegenheit Marats gewesen.* Als sie
die Kneipe nachts gegen vier Uhr verließen, fand Richter aber
immer noch, dass Marat für ein Theaterstück ungeeignet sei,
und er war sicher, dass auch Peter Weiss das bald genauso sehen
würde.

Umso überraschter ist er, als er seinen Freund ein paar Monate
später in der Berliner Akademie der Künste wieder trifft. Es ist
Frühling, und *der Tiergarten hinter der Akademie grünte fröhlich
vor sich hin.* Richter logierte für ein paar Tage dort und wunderte
sich, dass immer, wenn er den Flur entlang ging, an dem sein Zimmer lag, jemand wie wild in die Schreibmaschine hämmerte. Es
war Peter Weiss. Und der schrieb an seinem Theaterstück. Und die
Figur, die er gewählt hatte, hieß tatsächlich Marat. Er las Richter
ein paar Stellen vor. In Knittelversen. Und der Chef der 47er denkt:

Mit Knittelversen würde er die Revolution erschlagen und Marat verniedlichen. Doch darüber diskutierten sie nicht.

Ein knappes Jahr vor der Uraufführung im Schillertheater bittet Richter ihn zu der Lesung nach Saulgau. Weiss dankt und schreibt aus Stockholm, er werde natürlich, *soweit ich am Leben bin, dabei sein.* An Siegfried Unseld schreibt er, dass er zur Marat-Lesung *mit dazugehöriger Trommel* gehen werde. *Sie sehen, ich mache Grass Konkurrenz.* Das mit der Trommel beschreibt Richter auch in seinem Buch. Da heißt es, dass Weiss ihn gebeten habe, für seine Lesung eine Trommel zu besorgen. Das fand Richter lästig, er fand auch, es ginge zu weit, ihn damit zu beauftragen. Doch Weiss hätte auf der Trommel bestanden. Also wurde der dortige Hotelchef gebeten, eine zu besorgen. Und der kannte, wie Richter schreibt, *einen Reiterverein mit Fanfarenbläsern und Trommlern, und so kam Peter zu seiner Trommel.*

Es gibt einen kurzen Mitschnitt der Lesung vor den Herrschaften der Gruppe 47. Da liest Weiss im Ton eines Bänkelsängers – begleitet von kurzen Trommelwirbeln – den Prolog des Direktors der Heilanstalt Charenton:

Das Stück unter der Leitung des Herrn Alphonse de Sade
lassen wir stattfinden in unserm Bad
und hier sind uns nicht im Wege
die technischen Errungenschaften der Körperpflege
im Gegenteil sie bilden die Szenerie
zu Herrn de Sades Dramaturgie
denn in unserm Spiel geben wir Ihnen Kunde
von Jean Paul Marats letzter Stunde
die dieser wie bekannt in der Wanne verbrachte
während Charlotte Corday über ihn wachte

Ein knappes Jahr vor der Uraufführung liest Weiss vor der Gruppe 47 aus seinem "Marat/Sade" vor - begleitet von Trommelwirbeln

Und die Bonzen der Gruppe 47, wie Gunilla Palmstierna-Weiss sie leicht ironisch nennt, hören, wie man es auf dem Mitschnitt vernimmt, mit höchstem Vergnügen zu, einmal reagieren sie so entzückt, dass auch Weiss über seinen geknittelten Vers lachen muss. Und doch scheinen nicht alle begeistert zu sein. Richter schreibt, dass die meisten missvergnügt reagiert hätten, ein Gespräch sei nur langsam in Gang gekommen, Kritik gab es genug, aber *auch verhaltene vorsichtige Zustimmung*. Uwe Johnson hätte allerdings gelangweilt Zeitung gelesen, und Günter Grass schien ähnlich genervt zu sein. Und an eine Theateraufführung soll so gut wie niemand geglaubt haben.

Marats letzte Stunde, um die es im Stück von Peter Weiss geht, spielt im Jahr 1808, also zur Zeit Napoleons, als der Marquis de Sade in Charenton eingesperrt ist. Und vom Bonapartismus her, der eine bourgeoise Gesellschaft hochgespült hat – sie schaut getrennt von den spielenden Irren aus den Logen zu – also von der Bourgeoisie aus gesehen ist die Revolution, die am 14. Juli 1789 mit dem Sturm auf die Bastille begonnen hatte, gescheitert.

Im Bad der Anstalt wird nun über Sinn und Irrsinn der Jahre unter Robespierre, Danton, Marat und Sade gezankt und gestritten. Es gibt kleine Schlägereien, Ohnmachtsanfälle und Zusammenbrüche. Duperret, der den Abgeordneten der Girondisten darstellt, ist der Erotomane der Anstalt und versucht immer wieder seine Rolle als Liebhaber Cordays mit lüsternen Überfällen auf die Somnambule auszunutzen. Das animiert auch andere Irren, ein bisschen herumzufummeln.

Denn was wäre schon die Revolution
ohne eine allgemeine Kopulation

Dem Darsteller des radikalen Sozialisten Jacques Roux mussten die Wärter eine Zwangsjacke anziehen, weil er in seiner eingeübten Rolle zum Äußersten bereit zu sein scheint. Die vier Sänger gehören zum vierten Stand, neigen zum Anarchismus, und Rossignol, der Sopran, marschiert schon mal als Marianne mit Säbel und Trikolore durch die Szene. Die für eine Rolle unbrauchbaren Patienten lachen und kreischen im Hintergrund über das, was sie nicht verstehen.

Ernst Schröder, der in der Uraufführung den Marquis de Sade spielen wird, klagt in seinen Erinnerungen »Das Leben – verspielt«, wie tot das Theater damals war, wie satt diejenigen, die es machten und die, die es besuchten. Kein Hunger mehr. Und dann kommt dieser Peter Weiss aus seiner Stockholmer Emigration mit einem Stück an – frech und großartig: *Knittelverse und aufreizende Musik, Sex und vor allem Politik in unabgenutzter Radikalität.* Also nicht Stockholm, wo man das Stück für unspielbar hält, sondern Berlin, die geteilte Stadt, ist die Bühne für zwei extreme Standpunkte, für den Versuch einer politischen und sozialen Umwälzung zum Sozialismus hin gegen einen bis zum Äußersten gedachten Individualismus.

In Westberlin wurde damals über die Bildungskatastrophe gestritten, in Ostberlin verlor Robert Havemann gerade seinen Lehrstuhl wegen *Verrats an der Sache der Arbeiter- und Bauernmacht*, die Achtundsechziger machten sich langsam auf den Weg, und der Erste Auschwitzprozess schreckte seit einem Jahr schon viele Verdränger auf. In diese Stadt, aus der Peter Weiss dreißig Jahre zuvor hatte fliehen müssen, kommt er nun mit einem Stück, in dem der Westteil sich eher der Haltung des Marquis de Sade zuwendet, der Ostteil dem Sozialisten Marat applaudieren wird. In Rostock wenigstens. Helene Weigel hatte die Geschichte fürs Berliner Ensemble mit der Begründung abgelehnt, sie sei konterrevolutionär.

Peter Weiss findet diese Einteilung in östliche Welt und westliche Welt schrecklich. Die Entfremdung, heißt es im Notizbuch,

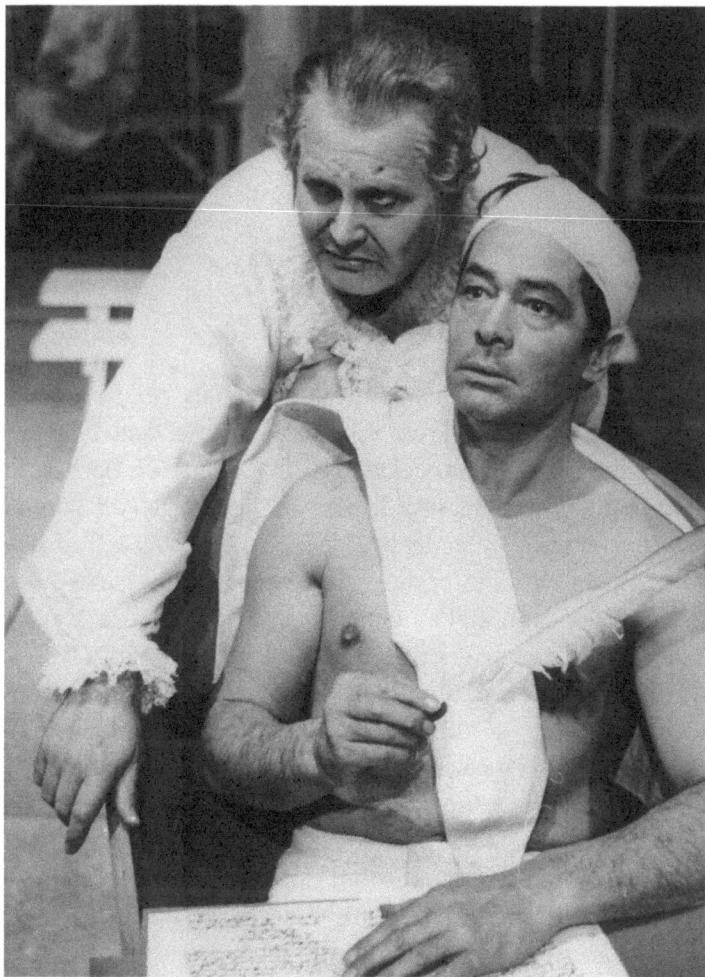

Ernst Schröder als de Sade und Peter Mosbacher als Marat sind die Stars des Abends, von der Kritik gelobt in höchsten Tönen.

sei schon so weit gegangen, dass die Leute gar nicht mehr wahrnehmen, was sie sagen. *Haben sich an alle diese Benennungen gewöhnt.* Worte wie »Zone« oder »Passierscheinfrage« geben sie unüberlegt weiter. Und alles sei nur noch »sogenannt«.

Ein sogenanntes Leben
eine sogenannte Politik
sogenannte Berufe
sogenannte Liebe ...

Und das sogenannte Schillertheater? Damals *ein frustriertes Staatstheater*, schreibt Ernst Schröder. Der Intendant Boleslaw Barlog, notiert Peter Weiss, *glaubte nicht an das Stück.* Doch dann kommt dieser hochbegabte, liebenswürdige junge Pole Konrad Swinarski ins Haus, der Marat/Sade inszenieren soll. Er lässt sich Zeit, besucht Weiss in Stockholm, spricht mit ihm das ganze Stück durch, probt dann drei Monate lang, dirigiert zweiundzwanzig Schauspieler, vierzig Choristen und Statisten und fünf Musiker zu Höchstleistungen. Gunilla Palmstierna-Weiss wird das Bühnenbild und die Kostüme entwerfen, wird irgendwann ihrem Mann auf einer Probe ausgelassen die Zwangsjacke von Jacques Roux überziehen, Schröder ist von ihrem Charme entzückt, der das ganze Ensemble stimuliert habe, und Peter Weiss, der bei den Proben anwesend ist, scheint ihm *ein zärtlicher Beobachter von Vorgängen zu sein, die manch einem entgingen.*

So inszeniert Swinarski ein theatralisches Fest, das Günther Rühle *ein Wunder an Regie* nennen wird, in dem Witz, Eleganz, spielerische Leichtigkeit, ironische Einfallskraft und höchste schauspielerische Konzentration bejubelt wurden. Die Moritat, schreibt er, war für dieses Thema geeignet, denn es spiegele die Welt der gespaltenen Ideologien und getrennten Wirklichkeit: *Wohlleben hier, revolutionäre Dürftigkeit dort. Genuss der Gegen-*

wart und Leben auf die Zukunft hin. Und Swinarski war nicht der
Verführung erlegen, den politischen Streitdialog in Knittelver-
sen und freien Rhythmen des Herrn Marquis und des Bürgers
Marat ironisch und polemisch miteinander ausfechten zu lassen.
Swinarski entscheidet sich für einen Disput, in dem das brilliert,
was Weiss geschrieben hat: Klugheit, Geist und Intelligenz. Und
dazu hatte er sich zwei großartige Schauspieler gewählt: Peter
Mosbacher als Marat und Ernst Schröder als de Sade.

Wie genau Weiss seine spektakuläre Dialektik betrieben hat,
hätte er, Schröder, allabendlich an der Betroffenheit und der Stille
des Publikums beobachten können. Er, von dem seine Kollegen
sagten: Wenn er den Brandstifter spielt, gerät er in Brand, wenn
er einen Betrunkenen spielt, fährt er stocknüchtern, nur mit
der Rolle im Blut, gegen einen Baum, und wenn er für ein Stück
grüne Haare braucht, würden sie ihm über Nacht wachsen, also
Schröder sitzt in seiner Rolle des de Sade im Lehnstuhl mit einem
Schreibbrett vorm Bauch und ist beinahe zur Bewegungslosigkeit
verurteilt.

Und diese Bewegungslosigkeit sei ihm zunächst wie eine Strafe
erschienen. Doch es half ihm, wie er schreibt, *auf einfachste Weise
zu mir selbst zu kommen. Zu meiner eigenen Stille.* Das wird
Henning Rischbieter in seiner Kritik bejubeln. Schröders Sprech-
kunst, schreibt er, sei *doch wohl im Kern Denkkunst, Mitdenkkunst.*
Davon ginge die einzigartige Faszination dieses Schauspielers
in dieser Rolle aus. Das wenige ist das viele. Er sitzt, er denkt, er
spricht. So muss auch Peter Mosbacher in seiner Wanne hocken,
sich von seiner Frau Umschläge für den fiebernden Kopf machen
lassen, damit er, der Eiferer, weiter mit Pathos und Beharrlichkeit
de Sade dessen Verrat an der Revolution vorwerfen kann. Sie waren ein glanzvolles Duett.

Für Peter Weiss war der politische Streitdialog, den er erdacht
hatte, wohl sein eigener gordischer Knoten, den er gern für sich

und einen dritten Weg zerschlagen hätte. Seine Sympathien für einen revolutionären Kommunismus, schreibt er 1960 im Kopenhagener Journal, seien Illusion. Denn er fordere auch eine intellektuelle, eine künstlerische Freiheit, so wie sie bei Sergej Eisenstein, der den »Panzerkreuzer Potemkin« gedreht hat, beim Dichter Wladimir Majakowski oder beim Bildhauer Alexander Archipenkow kurz aufzublühen schienen. Die Übergriffe des Kapitalismus mit Geschäftemacherei und Rüstungsbetrieben, die *Verfaultheit dieser Gesellschaftsordnung*, stünden auf keinem festen Boden, ließen sich aber anprangern. *Ich vertrete den dritten Standpunkt*, sagt Weiss, *der mir selber nicht gefällt.* So fragt denn der Ausrufer im Epilog des Stücks:

Sagen Sie uns Herr Marquis
was Sie erreicht haben mit Ihrer Regie
Führte das Spiel in unserm Bad
zu einem erkennbaren Resultat

Da muss der Herr de Sade, der dem Autor die Antwort auch noch einmal für das Publikum abzunehmen scheint, ihn enttäuschen. Er hatte gehofft, die ständigen Zweifel durch These und Antithese erhellen zu können:

Jedoch finde ich wie ichs auch dreh und wende
in unserm Drama zu keinem Ende ...
einerseits der Drang mit Beilen und Messern
die Welt zu verändern und zu verbessern
andererseits das individuelle System
kraft seiner eigenen Gedanken unterzugehn
So sehn Sie mich in der gegenwärtigen Lage
immer noch vor einer offenen Frage

Und die Irren, vor allem aber die bourgeoisen Herrschaften, die das Stück von ihren Logen aus angeschaut haben, leben bereits in einer ganz anderen Zeit, haben zu essen, haben Kohlen und Brot,

und haben wir auch noch einen Krieg
so leuchtet vor uns doch nur der Sieg.

Ja, sie näherten sich, wie sie glaubten, ihrem Ziel, viele haben wenig und nur noch wenige viel,

und wir dürfen uns äußern in jeder Weise
und was wir nicht äußern dürfen sagen wir leise

Da jubelt die Musik den neuen Sieger herauf. Der Souffleurkasten öffnet sich, und es entsteigt, mit dem Rücken zum Publikum, die Gestalt Napoleons – *denn einer ist da um uns alle zu leiten*. Die Irren geraten außer Rand und Band, schreien und kreischen, die Wärter und Pfleger werden angehalten, die Patienten mit Knüppeln zur Raison zu bringen. Da dreht die gewaltige Figur sich um, und das Publikum starrt in den Tod hinein. So endet der 29. April 1964 mit frenetischem Jubel. Der siebenundvierzigjährige Autor und sein vierunddreißigjähriger Regisseur werden überschüttet mit Bravo-Rufen. Von nun an wird das Stück einen Siegeszug durch die Welt antreten.

Es waren viele Kollegen der Gruppe 47 in Berlin und guckten sich die Uraufführung natürlich an. Aber hatten sie sich einen Erfolg gewünscht? Nicht doch lieber einen Verriss erhofft? In der Pause will Hans Werner Richter, dem die Aufführung gut gefiel, den Missmut einiger Autoren gespürt haben. Weiss wird später in sein Notizbuch schreiben: *Grass in der Pause böse an mir vorbei. Nahm mir das Stück übel.* Und auf der Premierenfeier habe sich dann eine richtige Front gegen ihn aufgetan. Da ist ihnen einer über den Kopf gewachsen. Das mögen die Dichter nicht. Sie stehen in Grüppchen herum und tuscheln miteinander. Und als der eben noch beklatschte Autor zu ihnen kommt, halten sie den Mund, und außer ihm, schreibt Richter, habe niemand Weiss gratuliert.

Peter und ich, sagt Gunilla Palmstierna-Weiss, lagen noch im Bett, als der Siegfried – also Unseld – mit den Kritiken im Hotel ankam. Er war selig und las uns alles vor: *Wir haben das seit Brecht und seinem Theater nicht mehr gehabt*, Henning Rischbieter. Hier war *eine Art Geniestreich anzusehen*, Friedrich Luft. *Einen solchen Schlußbeifall*, heißt es in der Süddeutschen Zeitung, habe es *für ein nach 1945 geschriebenes Theaterstück* in deutscher Sprache noch nicht gegeben. Peter, sagt sie, war natürlich auch froh. Und als Siegfried alles vorgelesen hat, sagt er zu mir: Gunilla, jetzt ist Peter weltberühmt. Jetzt hörst du doch sicherlich auf zu arbeiten und kümmerst dich nur noch um ihn. Da hab ich ihm gesagt: Deine Frau war einmal Lehrerin. Wäre sie Direktorin geworden oder Rektorin einer Universität, hättest du dann deinen Verlag aufgegeben? Da sagte Siegfried: Frauen wie du, Gunilla, machen einen Mann impotent.

»ÜBERALL WO ICH BIN, IST AUCH EINER, DER MICH ERMORDEN WILL«

DAS LEBEN DANACH

Ich frage Gunilla Palmstierna-Weiss, ob der Welterfolg mit hunderten Rezensionen und Inszenierungen in London, Buenos Aires, Basel, Kopenhagen, Brüssel, Oslo, in Montevideo, Paris und Malmö, in Chile, New York, Israel und Sydney und Istanbul und auch am Dramaten in Stockholm, ob dieser ungeheure Erfolg Peter Weiss verändert hat? Da lacht sie und sagt ihr herrliches schwedisches nein – nej! Aber sie habe gestern, weil ich ja heute kommen würde, noch mit einer Bekannten telefoniert, die Peter genauso lange kannte, also auch dreißig Jahre. Sag mal, hab ich sie gefragt, hat der Peter sich damals, als dieser gewaltige Erfolg kam, verändert? Nej, hat sie gesagt, er ist immer mies gewesen! Das war natürlich ein Witz, sagt sie und lacht.

Eigentlich sei es so gewesen: Je größer der Erfolg, je größer wurden auch seine Ängste. Er war ja kein junger Mensch mehr, der Erfolg sei doch eher spät gekommen. Geändert habe sich nur die Ökonomie. Peter musste jetzt nicht mehr mit dem Bus fahren, sagt sie, er konnte ein Taxi nehmen, er konnte sich auch ein Atelier kaufen. Das konnte er früher nicht. Und natürlich verändert man sich, wenn man besser wohnt und nicht mehr Angst haben muss, morgen nichts rechtes zu essen zu haben. Aber es war immer noch so: Negative Kritiken irritierten ihn, über positive musste er nicht lange nachdenken.

Ein paar Wochen vor der Uraufführung des Marat/Sade hatten Peter Weiss und Gunilla Palmstierna am 4. Januar 1964 geheiratet. Weiss hält es mit vier Worten und einer Zahl im Notizbuch fest: *Eheschließung – nach 12 Jahren Zusammenleben.* Sein Stein im Schuh bekommt mehr Aufmerksamkeit: *Beim Gehen bald der obligatorische Stein im Schuh, versteh nicht, wie es diesem kleinen Stein immer gelingt, in den Schuh hineinzuschlüpfen –*

Geht er, im nu
ist ihm der Stein im Schuh
wie kommt denn dieser Stein
immer in sein Schuh rein

Hat es denn einen besonderen Grund gegeben, frage ich Gunilla Palmstierna-Weiss, dass Sie jetzt nach zwölf Jahren geheiratet haben? Schwanger waren Sie ja nicht.

Nein, noch lange nicht. Der Grund hatte mit unseren Testamenten zu tun. Wir haben doch viele Testamente gemacht, weil wir viele Reisen machten, auch gefährliche. Und Peter hatte seine beiden Kinder, ich hatte Mikael, und wenn wir wieder irgendwo hinflogen, haben wir Papier geholt, uns hingesetzt und aufgeschrieben, was sein sollte, wenn.

Haben Sie das ohne Anwalt gemacht?

Nein, mit. Unser Anwalt war ein Freund von uns, der sagte, das ist ja höllisch, bei jeder Reise von euch muss ich hier am Tisch sitzen und schreiben, wer die Wohnung bekommt und wer dies und wer das. Und da hat er dem Peter dann gesagt: Also, der Vater von Mikael hat sich nie um seinen Sohn gekümmert, adoptier ihn, heirate Gunilla, und dann kann man ein normales Testament machen. Deshalb haben wir damals geheiratet. Das war keine große Feier, aber es hat eine Bedeutung gehabt, und Peter hat Mika adoptiert, er hatte nun die gleichen Rechte.

War der Vater von Mikael gleich damit einverstanden?

Christopher Sylwan? Da muss sie lachen. Er war ja ein toller Zeichner, aber gekümmert hat er sich nicht. Wissen Sie, was er ge-

Die Kinder: Mikael Sylwan-Weiss, von Peter Weiss adoptiert,
Rebecca Weiss-Bothe und Paul Michael Weiss

sagt hat? Oh, Peter, du willst Mikael adoptieren? Kannst du nicht auch meine anderen Kinder noch nehmen?

Das Ehepaar hatte jetzt eine Wohnung Tür an Tür in der Grevgatan. Linke Tür war ihr Eingang, rechte Tür seiner. Und nachmittags, sagt sie, kam der Peter rüber und hat vorgelesen. Jeden Tag. Also immer, wenn er was Frisches geschrieben hatte. Im September 1964 habe er die Gruppe 47 nach Sigtuna geholt, das ist eine kleine Kulturstadt, fünfzig Kilometer von Stockholm entfernt. Er kannte doch die schwedischen Schriftsteller, sagt sie. Damals waren Olov Enquist dabei und Lars Gustafsson, beide noch jung, beide sehr bald berühmt geworden. Und Olov Lagercrantz, Schriftsteller, Publizist und Chefredakteur von *Dagens Nyheter,* kam auch. Er spielte im Literaturbetrieb eine große Rolle und war bald auch mit Siegfried befreundet. Und Unseld war es dann, der Lagercrantz den Auftrag gab, die große Biographie über August Strindberg zu schreiben. Peter, sagt sie, der ja auch ein Bühnenaffe war, hat außer »Fräulein Julie« noch Strindbergs »Traumspiel« und den »Vater« übersetzt.

Gründungsvater Hans Werner Richter hatte die Tagung in Schweden zu einem Höhepunkt der Gruppe 47 machen wollen. Schon vor der Marat/Sade Uraufführung war von ihm ein Plan ausgebrütet worden: Frische, junge Autoren sollten eingeladen werden, Hubert Fichte, Peter Bichsel, Gisela Elsner. Für Theateraufführungen sollten Peter Weiss, Wolfgang Hildesheimer, Günter Grass und Martin Walser sorgen, Johannes Bobrowski würde ein Orgelkonzert geben, weil er *ein großer Orgler ist.* Dann Lesungen prominenter Autoren natürlich und eine Ausstellung mit Graphiken von Weiss, Grass und Hildesheimer. Also ein Fest der Kunst und Literatur sollte es werden mit lukullischem Krebs-Essen samt Beschwörung der guten, alten 47er-Zeit.

Helmut Böttiger zitiert in seinem Buch über die Gruppe 47 aus einem Brief Richters an Wolfgang Hildesheimer. Er möchte unbedingt ihn und seine Frau Sylvia in Schweden dabei haben. *Ich möchte mit euch lachen und Unsinn reden, weil, ja weil diese Tagung da oben die Krönung einer jahrelangen Arbeit ist.* Doch bei der Krönung wird Hildesheimer fehlen. Zu viel Öffentlichkeit auf den Tagungen. Fehlen werden am Ende viele der großen Namen: Ilse Aichinger, Alfred Andersch, Ingeborg Bachmann, Heinrich Böll, er sei krank, Uwe Johnson, er habe sich schon in Saulgau geärgert, dass sie dort von einem Fotografen wie eine Fußball-mannschaft aufgestellt worden seien, Siegfried Lenz wird fehlen, Günther Eich und Martin Walser natürlich, denn Walser hatte in der *ZEIT* öffentlich gemacht, was viele dachten. Und damit hatte er das *Grummeln*, wie Böttiger schreibt, *zu einem lauten Störge-räusch* gemacht: Die Gruppe sei, so sein heftiger Trompetenstoß, eine literarische Monopolgesellschaft geworden, *etwas Herrsch-süchtiges, eine Dauerverschwörung.* Ihm grause vor Klüngeleien, und wenn unter der Ankündigung einer seiner Lesungen der Satz stünde: Mitglied der Gruppe 47, dann rieche ihm das nach *Markenartikel.*

Doch die Tagung findet statt, und Günter Grass wird aus sei-nem Stück »Die Plebejer proben den Aufstand« lesen. Die Idee dazu war offenbar eineinhalb Jahre zuvor auf der Premierenfeier nach der Uraufführung des »Stellvertreters« geboren. Ich erin-nere mich noch, sagt Rolf Hochhuth, da saß Grass neben Pisca-tor, Ledig-Rowohlt und Raddatz und sagte: Wenn ich es mir recht überlege, dann hat der Brecht 1953 beim Volksaufstand der DDR genauso miserabel reagiert wie Pius XII. im »Stellvertreter«. Und dann habe er »Die Plebejer« geschrieben. Lars Gustafsson wird sehr ironisch über die Grass-Lesung, die lang und heftig diskutiert wurde, schreiben, dass das Drama vielleicht zu *brillant* sei, *um auch künstlerisch diskutabel zu sein,* und Joachim Kaiser erzählt süffisant, dass sich Grass bei seiner Lesung, als er Brecht zum Chef macht, versprochen habe und statt Chef Schuft las.

Und Peter Weiss? Er wird bereits in der ersten Nacht der Tagung in Sigtuna – der vom 9. auf den 10. September – ins Notizbuch schreiben: *Einer lauert auf der Straße, legt das Gewehr an. Ich fliehe. Kaum in Sicherheit, weiß ich, er nimmt mich schon wieder aufs Korn.* Ein paar Zeilen vor dieser Notiz stehen einfach nur die Sätze: *Ich gehöre diesem Gesindel an!* Und: *Überall wo ich bin, ist auch einer, der mich ermorden will.*

Mit Günter Grass, sagt Gunilla Palmstierna-Weiss, waren wir anfangs eng befreundet. Wir mochten uns, haben zusammen gegessen, haben getanzt, geflirtet. Und plötzlich war das aus. Die Freundschaft war aus. Auch mit Uwe Johnson. Ich weiß nicht, woran das lag. Ich bin jetzt mal ein bisschen gemein, sagt sie, und glaube, sie dachten da ganz primitiv männlich. Grass und Johnson lebten in Berlin eingeengt. Und wir hatten schwedische Pässe, konnten rein und raus, wie wir wollten, nach Ost und West. Vielleicht haben sie uns das übel genommen.

Und das sieht Gunilla Palmstierna-Weiss wohl richtig. Es gibt in den Stasi-Akten von Peter Weiss aus dem Jahr 1965 einen »Treffbericht« der Quelle GI »Martin«. GI steht für Geheimer Informant und »Martin« ist der Deckname des späteren DDR-Großschriftstellers Hermann Kant. 1965 hatte er gerade seinen ersten Roman »Die Aula« veröffentlicht. Kant erzählt seinem Oberleutnant Treike zwischen 13 und 15 Uhr bei sich zu Hause, dass er in den letzten Tagen den Schriftsteller Stephan Hermlin besucht habe. Der hätte ihm von einem Treffen erzählt, bei dem unter anderen auch Uwe Johnson, Manfred Bieler, Wolf Biermann und Hans Bunge gewesen seien. Und da habe Johnson – wie es im Stasi-Jargon heißt, »sinngemäß zum Ausdruck gebracht«, *daß Peter Weiss nur deshalb so progressiv auftritt, weil er in Schweden lebt. Würde Weiss in Westdeutschland oder Westberlin leben, dann würde er eine andere Position beziehen. Deshalb muss man den Begriff der Freiheit bei Weiss anders als wie bei einem westdeutschen oder Westberliner Schriftsteller einschätzen.* Hermlin habe Peter Weiss dann verteidigt und sei vorzeitig gegangen, weil ihm die Diskussion *zu blöde wurde.*

Woher Hermann Kant allerdings seine biographischen Erkenntnisse zu Peter Weiss hat, die er der Staatssicherheit übermittelt, bleibt sein Geheimnis. *Peter Weiss ist im Bezirk Karl-Marx-Stadt geboren.* (Nein, er ist in Nowawes bei Potsdam geboren) *Er hat die gleiche Schule mit Hermlin und Heym besucht.* (Nein, er ist in Bremen zur Schule gegangen.) *Weiss ist Halbjude und ist mit seinen Eltern 1933 von Deutschland nach Schweden emigriert.* (Nein, die Eltern sind 1937 und Peter Weiss 1938 nach Schweden emigriert.) *Seine Eltern sind von dort aus nach den USA ausgewandert und leben geschieden.* (Nein, die Eltern waren nie in Amerika und waren auch nie geschieden.)

Eine enge Verbindung zu Stephan Hermlin und Stefan Heym scheint Kant vielleicht für einen künftigen Verbündeten der DDR nützlich zu sein. Schon ein Jahr zuvor, 1964, hatte er seinem Oberleutnant berichtet, dass die Mutter von Peter Weiss mit der Mutter von Stephan Hermlin befreundet gewesen sei. Doch seit Jahren gäbe es da keine Verbindung mehr. Wie sollte es auch. Wenn es je diese Verbindung gegeben hätte, wüsste er, dass die Mutter von Peter Weiss schon Ende 1958 gestorben ist. Am Schluss seines Berichts empfiehlt Kant folgende »Maßnahmen«: Berichte sammeln und eine Handakte anlegen. Ob Kant wohl einen roten Kopf bekam, als Peter Weiss ihm viele Jahre später den dritten Band seiner »Ästhetik des Widerstands« mit der Widmung schickte: »Meinem Freund und Genossen Hermann Kant von Peter Weiss«?

Zurück zu Gunilla Palmstierna-Weiss und das wohl gelöste Rätsel der zerstörten Freundschaft. Denn Grass, sagt sie, hatte mich auch noch gefragt, ob ich das Bühnenbild für seine »Plebejer« machen würde. Ich habe nein gesagt, ich hätte genug zu tun. Da war er beleidigt, ist wütend geworden und fragte: Weil du mit Peter zusammenlebst? Nein, habe ich gesagt, weil ich andere Aufträge habe. Einer kam von der Royal Shakespeare Company, für die sie – unter der Regie von Peter Brook – Bühnenbild und Kostüme für die Marat/Sade-Inszenierung in London entwerfen sollte.

Einmal beschlossen die zwei Ehepaare Weiss und Richter, einen gemeinsamen Urlaub zu machen. Sie fuhren im Sommer 1965 an die Adriaküste nach Bibione, das damals noch ein halbwegs verträumter Badeort etwa hundert Kilometer nordöstlich von Venedig war. Weiss sei mit ziemlich viel Gepäck angereist. Was er denn da alles mitschleppe, fragte Hans Werner Richter. Bücher, sagte Weiss. Er sei ein schneller Leser, und sie seien immerhin vier Wochen hier in Italien. Gleich am ersten Tag kam er mit Karl Marx an den Strand. Und sie hatten auch sonst noch allerlei dabei, was sie für ihre Wanderung in Richtung der Tagliamento-Mündung brauchten, also Sonnenschirme, Badesachen, Handtücher. Und kaum hatten sie eine einsame Stelle gefunden, verkroch Weiss sich auch schon mit dem »Kapital«. Also er sei über fünfzig Seiten nicht hinausgekommen, sagt Richter zu ihm. Irgendwann guckte er seinem Freund über die Schulter und sah, dass der noch immer auf Seite zehn war.

Am nächsten Tag hätte er dann auch schon nicht mehr gelesen. Stattdessen lief er in der heißen Sommerhitze ungeschützt herum. Er würde sich einen Sonnenbrand holen, sagten sie ihm, doch er hörte nicht auf sie. Gunilla, schreibt Richter, habe ihm erzählt, dass Peter noch nie im Süden gewesen sei. Es war tatsächlich sein erster Urlaub. Und von ihr habe er dann auch erfahren, in welcher Armut er gelebt habe und dass er während der Kriegsjahre mit Holzfällern in den nördlichen Wäldern Schwedens geschuftet habe. Er kenne sich also mit südlicher Sonne nicht aus. Und das hatte dann Folgen. Zuerst wurde er im Wasser von einem giftigen Fisch gestochen. Da musste ein Arzt her. Und dann kam der Sonnenbrand. *Er überfiel ihn mit einer solchen Wucht*, schreibt Richter, *daß er Karl Marx und die vielen mitgebrachten Bücher ganz vergaß und wohl auch seinen Urlaub verwünschte.*

Als Peter Weiss 1965 in Hamburg den Gotthold Ephraim Lessing Preis bekommt, variiert er dessen Abhandlung »Laokoon oder über die Grenzen der Malerei und Poesie« in seiner Dankrede zu »Laokoon oder über die Grenzen der Sprache«. Denn die Sprache, das hatte schon Hannah Arendt zweiundzwanzig Jahre zuvor in ihrem Essay »We Refugees« geschrieben, die verlorene Sprache könne für den Flüchtling zum Zusammenbruch seiner privaten Welt führen. Nun erklärt Weiss seinen Zuhörern, was es heißt, plötzlich aus seiner Vergangenheit geworfen zu werden, also aus seiner Sprache verbannt zu sein, die für ihn doch einmal der *Beweis seines Vorhandenseins* war. Und dieser Beweis ist nun nicht mehr da.

Denn der Erwachsene wird *zurückversetzt in sein erstes verdunkeltes Zimmer.* Er wird wieder zum Kind, das lernen muss, *für jede seiner Regungen einen Namen zu finden.* Und das, was er einmal mit seiner von früh auf erlernten Sprache beherrschte, Gedanken artikulieren zu können, ist jetzt wieder ein Lallen und Stammeln. Und *durch ein Fuchteln seiner Hände, ein Grimassieren seines Gesichts* muss er, der Erwachsene, versuchen, seine Absichten zu verdeutlichen. Und jede Sprache hat Laute, die ungewohnt sind und mit Zunge, Zähnen und Lippen ertastet und nachgeformt werden müssen. Manchmal, wenn er allein ist, spricht er für sich in der alten Sprache, die er nicht mehr gebrauchen kann. Er tut es nur, um zu hören, ob sie noch da ist. Aber eigentlich ist sie längst so fern, wie das Land, das er hatte verlassen müssen.

Und so stolpert er weiter durch die neue Sprache, *turnte zwischen den Wörtern umher*, und viele dieser Wörter hatten scharfe Kanten *an denen er sich stieß.* Und was kann er nach Wochen mit dem Erlernten anfangen? Nicht mehr als das, was er für einen

Tellerwäscher, einen Laufjungen oder einen Gehilfen im Warenlager braucht. Und damit wird er zu einem, der geduldet oder abgeschoben werden kann. Je nach Laune der Leute oder Lage des Landes. *Die andere Sprache gehörte der Nacht an.* Und die Nacht wird durch die vertrauten Wörter zur alten Welt seiner Erinnerungen. *Die Wörter trieben plätschernd umher, schaukelten, gingen unter, andere schwammen auf, manche stachen und brannten, oder rissen ihn in einen Wirbel.* Er nimmt sich Papier und Stift und versucht, die Leere, die ihn umgibt, mit Wörtern zu umspannen. Aber die Leere dringt immer wieder durch die Ritzen zwischen den Wörtern, überflutet sie, schwemmt sie weg, löscht sie aus. *Es war niemand da, an den er sich mit ihnen wenden konnte.*

Laokoon und seine Söhne, schreibt Weiss, *von Schlangen umwunden, verharren in den Dehnungen und Krümmungen ihres Gefangenseins* – kämpfen verzweifelt, bis sie zu Tode gedrückt werden. Was war passiert? Der trojanische Priester Laokoon hatte die Griechen durchschaut, als sie das hölzerne Pferd, das mit Kriegern gefüllt war, vor die Tore seiner Stadt schoben und angaben, es sei ein Geschenk, und sie würden jetzt mit ihren Kämpfern abziehen. Ein Geschenk? Das glaubte er nicht. Er schlug mit seinem Speer auf das Holztier ein und wurde dafür von Athene mit den mörderischen Schlangen bestraft. In einer ähnlichen Lage war auch Peter Weiss damals. Um sich aus seiner Umklammerung zu befreien, in die das Exil ihn mit Erstarrung, Hilflosigkeit und Ohnmacht getrieben hatte, musste er lernen, *sich in der neuen Sprache anzusiedeln, oder er mußte in der Sprachlosigkeit untergehen.* Es ist ein großartiger Text, der beschreibt, wie Weiss über den Umweg der Verzweiflung mit dem erkämpften Wort, *das nirgendwo mehr einen festen Wohnsitz hat,* zu einem der großen Schriftsteller des letzten Jahrhunderts wurde.

Damals schreibt er einen Brief an Hans Werner Richter: *Du kennst meine kurzen Deutschlandbesuche,* schreibt er. *Du hast oft von mir gehört, daß ich jetzt, dieses Mal, endlich versuchen würde, eine Wohnung zu finden,* aber dann sei er doch jedes Mal wieder nach Schweden zurückgekehrt. Und jedes Mal habe er sich gefragt, warum er nicht in dem Land lebe, in dessen Sprache er arbeite. Er wusste natürlich, dass es nicht daran lag, dass er seine Familie und sein Arbeitszimmer *mit all dem dazugehörigen Kram* in Stockholm hatte, nein, das alles ließe sich schließlich an einen anderen Ort versetzen, wenn er und Gunilla überzeugt gewesen wären, *daß es sich dort leben ließe.*

Das Merkwürdige sei gewesen, dass er damals, 1947, als er Sonderberichterstatter für Stockholms *Tidningen* war, glaubte, hier in Berlin wieder neu beginnen zu können, *obgleich Schicklgrubers Tausendjähriges Reich noch so nah lag.* Doch da sei er für einen Umzug zu träge gewesen, obgleich alle Optionen in Ost und West noch offen waren. Die sozialistische Demokratie, schreibt er weiter, die Ihr damals plantet, *wurde unter dem Berg aus Hirsebrei begraben.* Aber in Westdeutschland, *wo die gebratenen Tauben fliegen,* wo alles nur so vor Effektivität und Aufschwung strotzt, liegen sie schmatzend und wiederkäuend rum und wälzen sich schlaftrunken von einer Seite zur anderen und finden, dass alles in bester Ordnung sei.

Natürlich weiß er, dass es Ausnahmen gibt. Ausnahmen hat es immer gegeben. *Auch unter dem Anstreicher lebten die Ausnahmen.* Aber was konnten sie tun, außer sich anzupassen, Kompromisse zu machen, oder in die innere und am Ende in die äußere Emigration zu gehen. Dass es inzwischen die Möglichkeit einer sozialdemokratischen Regierung für die Bundesrepublik gebe, sei ein Fortschritt. Aber wer sind denn die Ausnahmen? Doch wieder nur die, *die damals eigentlich hätten vernichtet werden sollen* und der Vernichtung mit Mühe und Not entkommen sind. Nein, er hört die meisten nur gesättigt röcheln, und er fragt sich, ob sie dabei nicht nur an die verlorene Macht und Größe denken. So erklärt er dem lieben Hans Werner Richter, dass er nicht vorhat, ins Land seiner Sprache zu ziehen. *Herzlichst, Dein Peter Weiss.*

Und weil sein Erfolg so spät gekommen ist, arbeitet er in einem unglaublichen Tempo an vielen Themen gleichzeitig. Es hatte sich doch so viel aufgestaut in all den Jahren. Er sitzt schon 1964 im großen Auschwitzprozess, in dem Täter und Überlebende befragt werden. Es ist die Vorarbeit zu seinem zweiten Stück, jenem Oratorium, das »Die Ermittlung« heißen wird. Und im Sommer 1964 waren er und Gunilla mit Richtern und Staatsanwälten, Journalisten und Angeklagten durch Auschwitz-Birkenau geführt worden.

Die Sonne ging unter hinter den Krematorien und glänzte in den Fenstern der Wachtürme –
alles dürr und trocken
wie ist es möglich, daß die Angeklagten so lange in Freiheit leben konnten?

Zur selben Zeit arbeitete er auch an einem Stück über Giotto und Dante. *Ich begann mit Studien über Giotto. Der stand am Morgen immer vor der Werkstatt Cimabues und sah dem Meister bei der Arbeit zu, bis dieser ihn als Schüler bei sich aufnahm ...* An Siegfried Unseld hatte er geschrieben, es solle ein Gegenstück zum Marat/Sade werden. *Wo es dort ums Politische und Soziale geht, würde es hier um die Anschauungen in der Kunst gehen.* Also eine Gegenüberstellung des Malers und des Schreibers. Giotto interessiere ihn, dieser Realist, der die Malerei *aus dem Ikonenhaften* befreit und *die grosse Sachlichkeit, Einfachheit, Klarheit* in die Kunstgeschichte gebracht habe. Dagegen *Dantes Infernovisionen.* Und Giotto und Dante kannten sich, seien befreundet gewesen. Noch sei er mitten in der Vorbereitung, doch das Thema sei *sehr spannend.* Vielleicht hatte er so ein Stück für das Dante-Jahr schreiben wollen. Doch er verabschiedet sich dann doch von dieser Idee, die bald ja zur Trilogie anwachsen wird, die unvollendet bleibt.

Im März 1965 sind Weiss und Gunilla Palmstierna-Weiss zum ersten Mal in Rostock. In Ostberlin spürt er sofort die Kälte, die ihn jedes Mal überkommt. *Das östliche Berlin immer wieder bedrückend,* schreibt er, *obgleich ich es stets gegenüber dem westlichen »Paradies-Berlin« verteidige.* Aber diese Grenzsoldaten. Diese Stimmen. Dieser Befehlston. Geld vorzählen! Als seien er und Gunilla Devisenschmuggler. In solchen Augenblicken beschleicht ihn das grauenvolle Gefühl: Wofür sind sie in Auschwitz gestorben? *Wurde nach ihnen eine menschenwürdige Welt errichtet?*

In Rostock hatte Hanns Anselm Perten, Generalintendant aller mecklenburgischen Volksbühnen, den Marat/Sade für eine Inszenierung in der Provinz durchgekämpft. Das war nicht einfach gewesen. Und Perten wusste natürlich, dass die Genossen die Inszenierung eines Stückes, das in Ostberlin von Helene Weigel als konterrevolutionär abgelehnt worden war, mit Argusaugen verfolgen würden. So war er denn schlau genug, sich einen intelligenten Verbündeten zu holen. Das war Manfred Haiduk, promovierter Literaturwissenschaftler, der sich bald mit einer Arbeit über Peter Weiss habilitieren wird. Haiduk steht im Zweifel als Garant für die Klugheit der Marat-Figur ein. Und Perten war immerhin freundlichst mit der Staatssicherheit verbandelt. Die Herrschaften im Kleppermantel wussten, dass er Fragen, *die für unser Organ von Interesse sind,* jederzeit gerne beantworten würde. Und bei fröhlichen Festen bezeichnete er sich auch schon mal wodkaselig als alten Stalinisten.

Einmal, erzählt Gunilla Palmstierna-Weiss, waren wir bei ihm zu Hause eingeladen, zum Essen. Also das war so altmodisch. Die hatten eine Haushälterin, ich fand, das war politisch ein ziemlicher Unsinn. Er und Christine van Santen – sie spielte die Charlotte Corday – waren doch erwachsene Leute, hatten keine Kinder. Na ja, dann wurde der Tisch gedeckt. Und die Haushälterin bekam von Perten, oder von seiner Frau, die Schlüssel für eine Kiste, in der das Silber lag. Das musste sie herausholen, so, wie meine Urgroßmutter das früher gemacht hat. Und nach dem Essen, als das Silber abgewaschen war, musste sie es vorsichtig in die Kiste zurücklegen, abschließen und den Schlüssel wieder abgeben. Also das war für mich 1850!

Aber er kann inszenieren. Peter Weiss sieht noch die letzte Probe auf Pertens Vorzeigebühne und ist sehr angetan von diesem Marat, der parteilich ist, revolutionär sozialistisch. Er ist der beklatschte Held des Abends. Nicht de Sade. Der war im Westen als parteilicher Individualist der Held des Abends. So wird das Stück für Weiss plötzlich zum Lehrstück: *Wie Marats Stimme durchdringt auch dort, wo ich geglaubt hatte, er müsse aufgeben*, schreibt Weiss nach der Premiere ins Notizbuch. Und er weiß, dass Heiduk der Ausdeuter seines Textes war, der Analytiker, der ihm dieses Vergnügen verschafft hat. In einem ADN-Interview wird Weiss sagen: *Ich habe immer wieder betont, dass ich das Prinzip Marat als das richtige und überlegene ansehe.*

Und doch hat er einmal nach einem dritten Weg gesucht. Und auch jetzt noch schreibt er, dass es für ihn *keine eindeutige Wahrheit* gibt. Die Möglichkeit der Wahrheit entstehe bei ihm *aus Zweifeln und Widersprüchen*. Es habe lange gedauert, bis er zu dieser hypothetischen Wahrheit gekommen sei. *Ich sage, ich schreibe, um diese Wahrheit zu befestigen.*

Mit der Marat-Sade-Inszenierung wird Hanns Anselm Perten eine Tournee durch die Bundesrepublik machen. Die Truppe wird von einer »Quelle«, die jeden beobachten muss, und von einem Soldaten der Nationalen Volksarmee begleitet, einem Unterleutnant, der alles für die Stasi daheim notiert. Aus Hamburg berichtet er, dass die Schauspieler vier Stunden frei rumgelaufen seien, um mit Verwandten einen Stadtbummel zu machen. Ein Ensemblemitglied sei in einer Gaststätte vom Sohn eines Gewerkschaftsführers angesprochen worden, der ihm ein Handgeld von 1600

Westmark anbot, falls er im Westen bleiben wolle. Das hätte der Schauspieler mit der Bemerkung abgelehnt: Da sind Sie bei mir an der falschen Adresse, ich bin Marxist.

In Dortmund sei einer der Akteure sehr gut bei Verwandten aufgenommen worden, obere Gesellschaftsschicht, aber er sagte, er sei froh, wieder abzufahren, weil ihn das Gebaren der Leute angekotzt hätte. In Lübeck habe sich eine Schauspielerin mit ihrem Geliebten aus Hamburg getroffen. Die Verbindung werde weiterhin operativ beobachtet. Ein Akteur habe sich nachts vom Kollektiv entfernt und sei Opfer eines Raubüberfalls geworden. In Bremerhaven sei alles ohne Provokation und Buh-Rufe abgelaufen. Der Ehefrau von Perten habe man einen Nelkenstrauß überreicht, aber auf der Premierenfeier sei die Menge der angebotenen Getränke sehr dürftig gewesen. Fazit: Kein Ensemblemitglied habe sich für längere Zeit vom Kollektiv entfernt, und alle seien in die DDR zurückgekehrt.

»FÜR MICH IST JEDER EIN MÖRDER, WENN ICH IHN SELBST BEIM MORDEN GESEHEN HABE«

DER AUSCHWITZ-PROZESS

Als ich Ende 1966 in der Kulturabteilung des Südwestfunks in Baden-Baden anfing zu arbeiten, teilte ich mir für kurze Zeit das Zimmer mit Horst Krüger. Er hatte fünfzehn Jahre lang das hochgerühmte Literarische Nachtstudio im Sender geleitet und war auf dem Wege nach Frankfurt, wo er künftig als freier Schriftsteller leben würde. Jetzt war er dabei, Papiere und Bücher zu ordnen, auch Briefe, er zeigte mir ein paar, die er, der ungewöhnliche Reise-Poet, zu seinen Geschichten aus Polen, Prag oder Ungarn bekommen hatte. Es waren handgeschriebene Briefe im Stil des *Stürmers:* Sie hätte man auch vergasen müssen! Einige waren mit vollem Namen unterzeichnet. Also er sei jetzt für ein paar Tage unterwegs, sagte Krüger, das Zimmer gehöre mir. Und ich fragte, ob ich in seine Bücher schauen dürfte. Aber ja, sagte er und gab mir »Das zerbrochene Haus«, das gerade von ihm erschienen war.

Da las ich seine Geschichte über den Auschwitzprozess, 27. Februar 1964. Es ist der 20. Verhandlungstag im Frankfurter Römer. Für drei Monate war der Plenarsaal des Rathauses geräumt worden, bis man in den Theatersaal des neuen Bürgerhauses Gallus umziehen konnte. Am Abend zuvor ist Krüger auf einer Gesellschaft. Smalltalk. Und Sie, was machen Sie gerade? Er gehe zum Auschwitz-Prozess. Betretenes Schweigen. Dann: Sie Ärmster. Und: Ist ja furchtbar. Und schenken ihm einen Whisky ein, lenken ab von diesem Wort, das sie nicht hören mögen. Es waren keine Nazis, schreibt er, aber das Wort war unpassend. *Auschwitz sagt man in unserem Lande nach Dienstschluß nicht gern; es ist ein verpöntes Wort.*

Am nächsten Tag geht er zum Römerberg ins Rathaus. Unten wird geheiratet. Da ist seit ewigen Zeiten das Standesamt. Ein junges Paar lässt sich fotografieren. Die Braut im Schleierkleid lächelt verkrampft den frischen Gatten im Smoking an. In zwanzig Jahren, glaubt Krüger, wird er wohl ein verkniffener Beamter sein, wird seine Frau hassen und sie ihn, *und das wird dann eine Ehe sein, eine ganz normale, richtige Ehe.* Sie wissen nicht, was eine Treppe höher verhandelt wird. Die Strafsache gegen Mulka und andere. Auch die anderen werden beim Namen genannt: Boger, Kaduk, Stark, Klehr, Capesius. Da hebt ein Arzt die Hand zum Schwur und sagt: *Zwei Komma neun bis drei Millionen Menschen wurden nach unseren Berechnungen in Auschwitz getötet.* Krüger hatte sich das anders vorgestellt, *strenger, hoheitsvoller.* Kein Angeklagter im Glaskasten wie ein Jahr zuvor Eichmann in Jerusalem. Das hätte doch etwas von Größe und Dramatik gehabt: Gerichtstag, *Nemesis, Tribunal und Urteilsspruch der Geschichte.*

Und dann hört er die Aussagen der Überlebenden, hört Geschichten, die aus einer Welt kommen, die unvorstellbar ist, dem Schlachthaus der Mörder, hört, was die gewagt haben, Menschen anzutun. Foltern in Stehzellen, Fleddern der Leichen, Verbrennen der Vergasten, Todesschüsse an der Schwarzen Wand. Die Sitzung wird für zehn Minuten unterbrochen. Krüger wollte nur Zuschauer sein. Jetzt ist er Journalist, wird schreiben. Er erhebt sich wie ein Träumender, geht ins Foyer, da lachen zwei Anwälte in Roben, andere trinken Cola und rauchen, einige holen ihre Mäntel und gehen. Ein Kollege kommt auf Krüger zu, er kennt ihn, er hat im KZ gesessen, sie reden, Krüger fragt: Und die Angeklagten, *wo sind denn die eigentlich*? Da sieht ihn der Kollege erstaunt an, sagt leise: Na, hier, direkt neben Ihnen steht einer, und da hinten im Clubsessel, am Fenster, an der Garderobe. Zweiundzwanzig sind angeklagt, vierzehn in Untersuchungshaft, der Rest auf Kaution frei. Die Mörder sind also mitten unter ihnen.

Gegen vierzehn Uhr schleicht Krüger *von Melancholie gelähmt* durch die Straßen Frankfurts, vorbei an der Paulskirche, durch den Großen Hirschgraben, vorbei am Goethehaus, das im Krieg zerstört wurde. Es sei ja wohl sinnvoll gewesen, *dass im schlimmsten Jahr von Auschwitz auch dieses Haus in Asche sank.* Er geht schließlich in ein rumänisches Restaurant. Der Chef kommt persönlich an seinen Tisch, ein weißhaariger Herr aus Budapest. In gebrochenem Deutsch empfiehlt er Spezialitäten des Hauses. Und er verbeugt sich, verbeugt sich nicht nur einmal. Das entsetzt Krüger. *Was ist mit uns Deutschen? Sind wir schon wieder die Herren Europas?* Gestern noch, schreibt er, hätten wir diese Völker im Osten überfallen und ausgeplündert und zu Sklaven degradiert.

Diese Szene erinnert an das »Inferno« von Peter Weiss. Da kehrt Dante nach Florenz zurück und Weiss nach Berlin, die Städte, aus denen sie einmal geflohen waren, um nicht auf dem Scheiterhaufen verbrannt zu werden. Und der doppelte Dichter kann es nicht fassen, dass die Bewohner lachend und vergnügt über die Plätze laufen, auf denen gestern noch die Scheiterhaufen brannten. Sie haben verdrängt. Sie haben vergessen.

Ich gehöre zu den letzten
die noch am Leben sind von jenen
die zur Verbrennung verurteilt wurden ...

So holt Krüger denn, während er auf sein Essen wartet, die Aufzeichnungen hervor, die er sich gemacht hat. Er hat nur Worte notiert, die auch lieber verdrängt und vergessen sein würden. Es sind Worte eines Zeugen: Liquidieren, verladen, vergasen, krepieren, selektieren, anfallende Leichen verarbeiten, ins Gas, Zyklon

B, Rampe, Appell ... und er denkt: *Dieser Hitler, der bleibt uns – lebenslänglich.*

An diesem selben Tag, dem 27. Februar, ist auch Martin Walser im Prozesssaal des Römers. Auf sieben Seiten notiert er im Tagebuch, was die Zeugen über die Täter aussagen. Angeklagter Boger, 57. Als ein Häftling seine Karteikarte nicht schnell genug vorzeigen kann, erschießt er ihn. Einen sechzigjährigen Geistlichen ertränkt er eigenhändig. Er hat die Boger-Schaukel erfunden. Auf der hängen die Opfer. Die Hoden werden ihnen zerprügelt. Sie verbluten ein paar Tage später. *Boger wirkt anmaßend, herrisch, scharf*, schreibt Walser. *Der Vorsitzende: Ob man berechtigt gewesen sei, all diese Todesurteile zu fällen. Boger: Na klar.* Ein Häftling erzählt, wie Boger ein kleines Mädchen an die Hand nimmt, es zur schwarzen Wand führt, seinen Kopf an die Isolierplatten drückt, ein paar Schritte zurückgeht und das Kind erschießt. Einer der Zeugen weint, als er seine Peiniger sieht. Er wird von seiner Frau aus dem Saal geführt. Draußen bricht er zusammen.

Walser nennt die Täter beim Namen. Gibt kurze Charakteristika. Unterscharführer Stark peitscht auf die Leute ein. Herein, ihr Schweinehunde. Da liegen etwa siebenhundert Leichen. Wie Pakete verschnürt. *Los, die Leichen ausziehen.* Sie sind schon steif. Wenn ein Kleidungsstück kaputt geht, schlägt Stark mit der Peitsche zu. Der Vorsitzende sagt zu einem Zeugen: *Bitte nennen Sie die Angeklagten nicht Mörder, solange sie nicht in einem Urteil als Mörder bezeichnet werden.* Der Zeuge sagt: *Für mich ist jeder ein Mörder, wenn ich ihn selbst beim Morden gesehen habe.*

Unter dem Eindruck des Auschwitzprozesses schreibt Martin Walser sein Theaterstück »Der Schwarze Schwan«, der am 16. Oktober 1964 im Württembergischen Staatstheater in Stuttgart uraufgeführt wird. Es geht beim Schwarzen Schwan, der für SS steht, um einen KZ-Arzt, einen »Jedermann«, von denen es viele gegeben hat, die nie zur Rechenschaft gezogen wurden. In einer dramatischen Auseinandersetzung mit seinem Sohn wird deutlich, dass der Vater ein notorischer Verdränger ist und es bleiben will und wird, doch der Sohn, der diesen Vater nicht erträgt und fürchtet, er könnte selbst eines Tages zu einem Täter werden, erschießt sich. Walser setzt in seinem Aufsatz: »Unser Auschwitz« eine Lebensregel von Goethe an den Beginn:

Willst Du Dir ein hübsch Leben zimmern,
Mußt Dich ums Vergangne nicht kümmern.

Peter Weiss ist immer wieder im Auschwitz-Prozess. Er notiert knapp und stichwortartig. Wenn Menschen auf der Boger-Schaukel gefoltert wurden: *er hat nicht mehr wie ein Mensch ausgesehen.* Nachdem ein Zeuge geweint hat, sagt man ihm: *Hier müssen Sie persönliche Gefühle ausscheiden.* Frage an einen Angeklagten: Haben Sie die Vergasung für legal gehalten? Ja. Eine Zeugin soll auf dem Lageplan angeben, wo sich das, was sie erzählt, zugetragen habe. Sie ist verwirrt, findet sich nicht zurecht. Der Rechtsanwalt sagt zu ihr: ich weiß es nicht, ich war ja nicht da. Weiss dachte, das alles könne man nicht beschreiben. Doch da es Taten seien, Taten, von Menschen begangen an Menschen auf dieser Erde, muss man es beschreiben können. Er, der *Emigrant + Jude,* beschäftigt sich schon wieder und noch immer mit diesem Thema, während die andern, *die das alles entfacht hatten,* seelenruhig leben und gut schlafen. »*Bis zur Vergasung*« heute im Sprachgebrauch.

Zwischendurch andere Weiss-Gedanken. Besuch des Emigranten in Deutschland: *Er stirbt daran, er wird also verspätet doch noch gemordet.* Und wenn er an sein Marat-Stück denkt, das im April des Jahres in Berlin uraufgeführt wird, also mitten im Frankfurter Prozess, dann denkt er auch an die, die er einmal für seine Freunde gehalten hat. Ja, es sei schon bitter zu sehen, wie *gleichgültig, ja abweisend* sie sich ihm gegenüber verhalten, während andere, die er vorher kaum kannte, *ihr großes Interesse zeigen.*

In seinem ausgezeichneten Buch über »Fritz Bauer oder Auschwitz vor Gericht«, erzählt Ronen Steinke die Geschichte, wie der Generalstaatsanwalt in den Besitz einiger Blätter mit Namen von Tätern gelangte, die den Prozess in Gang gebracht haben. Als der Krieg zu Ende war, hatte die SS in Breslau das SS-und Polizeigericht in Brand gesteckt. Und während die Flammen das meiste fraßen, was vernichtet werden sollte, segelten verräterische Blätter im Feuersturm durchs Fenster und auf die Straße herunter. Ein Mann, der einmal unter der SS gelitten hatte, sammelt acht von ihnen, die nicht verkohlt, sondern noch gut zu lesen waren, auf und nimmt sie mit nach Hause. Es dauert viele Jahre, bis er sich traut, sie einem Journalisten der *Frankfurter Rundschau* zu übergeben. Und der schickt die brisanten Papiere sofort weiter an Fritz Bauer. Das war am 15. Januar 1959. Und Bauer hatte damit, wie Steinke schreibt, *einen kleinen Anker, mit dem sich das gesamte Thema Auschwitz vor Gericht ziehen lässt.*

Als der Bundesgerichtshof Bauer den Auftrag zum Prozess erteilt, sucht der sich zwei loyale junge Juristen, die sich ausschließlich um den Casus Auschwitz kümmern sollen. Ein kleines Team, das sich an die Arbeit macht. Sie rufen über Zeitungsartikel, Radiointerviews und jüdische Organisationen Überlebende auf, sich zu melden und Aussagen zu machen. Und sie haben Erfolg. Bis zum Prozessbeginn im Dezember 1963 werden 1500 Zeugen ausfindig gemacht, und 250 davon sind bereit, im Prozess auszusagen. Die Frankfurter Ermittler haben inzwischen 599 mutmaßliche Auschwitztäter ermittelt. Und es soll sich niemand von den Wachleuten in Auschwitz mehr damit rausreden können, dass sie zu den Verbrechen gezwungen worden seien. Jeder, der nicht mitmachen wollte, konnte sich zum Kriegsdienst melden.

Nein, es ging nicht alles reibungslos über die Bühne. Man wusste, dass Josef Mengele, der in Auschwitz grauenvolle Menschenversuche gemacht hat, gelegentlich aus Paraguay ins schwäbische Günzburg kam. Aber sollten die Leute im Ort ihn verraten? Die Familie Mengele war doch ein wichtiger Arbeitgeber. Was wusste man denn auch schon Genaues? Und Frankfurter Richter hatten in einem Euthanasie-Prozess die angeklagten Ärzte unter frenetischem Beifall im Saal freigesprochen, weil sie, wie die furchtbaren Juristen erklärten, ohne »Unrechtsbewusstsein« gehandelt hätten, also überzeugt waren von der Richtigkeit ihrer Tötungen.

Ach, die Richter. Wie viele Informationen werden von ihnen nicht weitergegeben oder verschleiert, wie viele Anfragen bleiben unbeantwortet, wie viele Aufenthaltsorte von Tätern werden verheimlicht. Die Richter aus der NS-Zeit hatten sich doch nicht in Luft aufgelöst, die meisten waren doch noch immer an ihrem Platz. Noch vierzehn Jahre nach dem Beginn des Auschwitzprozesses wird der ehemalige Marinerichter Hans Filbinger den entlarvenden Satz sagen: »Was damals rechtens war, kann heute nicht Unrecht sein.« Und nun sollten sie diesem jüdischen Generalstaatsanwalt, der im Konzentrationslager gesessen hat, helfen? Fritz Bauer hat nie einen Hehl daraus gemacht, wie er sich in dieser Umgebung gefühlt hat. Sobald er sein Büro verlasse, sagte er, befände er sich in Feindesland.

»ICH WILL DEN KAPITALISMUS BRANDMARKEN, DER GESCHÄFTE MIT GASKAMMERN MACHT«

DIE ERMITTLUNG

Peter Weiss arbeitet in Stockholm an seinem Stück über den Prozess. Er bittet den lieben Siegfried im Juli 1964, sich doch bei Dr. Bauer zu erkundigen, wann diese Filmvorführung über das Lager stattfinden soll. Er habe davon in der FAZ gelesen und möchte dazu unbedingt nach Frankfurt kommen. Und ob er ihm auch ein Foto vom Modell der Gaskammern besorgen könnte? Und vielleicht auch eine Abschrift vom Bericht des Angeklagten Broad, der zur Wachmannschaft in Auschwitz gehörte. Und bitte, wenn irgend möglich, auch einen Plan des Lagers, auf dem die einzelnen Gebäude verzeichnet sind. *Ich kämpfe schwer mit dem neuen Stück. Eine fast unmögliche Aufgabe. Herzlichst Dein Peter.* Und Unseld schreibt am 17. Juli zurück, er habe mit dem Generalstaatsanwalt gesprochen. Der habe ihm *in schönster Weise geantwortet* und die Unterlagen in Aussicht gestellt. Die schönste Weise ist wohl der Satz von Fritz Bauer: *Die Staatsanwaltschaft kennt ihre vorrangige Verpflichtung gegenüber Dichtern und Denkern!*

Ja, Peter Weiss quält sich mit seinem zweiten Stück, das er endgültig aus dem Projekt seiner Dante-Trilogie herausgelöst hat. Was er nun schreibt, kann von keinem Regisseur mit Lust und Phantasie auf einer Bühne inszeniert werden. Da sind kein Marat, kein de Sade und keine Corday, die mit Monologen und Dialogen brillieren können. In der Ermittlung kann Weiss sich nur noch ganz statisch auf das Wort verlassen. Und das muss so gewaltig wirken, dass es die Funktion eines Dramas übernimmt.

Ein Jahr lang hat er immer wieder Prozesstage in Frankfurt besucht. Er hat so ziemlich alles gelesen, was in den Zeitungen darüber geschrieben wurde. Er ist mit Gunilla Palmstierna-Weiss in Auschwitz gewesen, wo sie zuvor auf dem Flughafen Schönefeld festsaßen und eine surrealistische Nacht hindurch im Terminal mit Angeklagten und einem chinesischen Orchester auf den Flieger am Morgen warten mussten. Und dann war er als Lebender viele Stunden im Lager. Und vor diesem Lebenden, schrieb er, *verschließt sich, was hier geschah.* Alles, was übrig geblieben in der Erde, sei die Asche derer, die für nichts gestorben seien, die aus ihrem Leben herausgerissen wurden, aus ihren Wohnungen, weg von ihren Familien, ihren Frauen, Männern, Geliebten. *Nichts ist übrig geblieben als die totale Sinnlosigkeit ihres Todes.* »Die Ermittlung«, diesen eratischen Block, wälzt er nun – wie Sisyphos seinen Felsbrocken – zu einem Oratorium in elf Gesängen empor.

1 Gesang von der Rampe
Beim Abladen wurde ein Kind geboren
Ich wickelte es in Kleidungsstücke
und legte es neben die Mutter ...
Was tust du mit dem Dreck da
rief er
und gab dem Kinde einen Fußtritt
so daß es 10 Meter fortflog
Dann befahl er mir
Bring die Scheiße hierher
Da war das Kind tot

2 Gesang vom Lager
Einer kam auf uns zu
der rief
Häftlinge

Seht den Rauch da hinter den Baracken
Der Rauch
das sind eure Frauen und Kinder

3 Gesang von der Schaukel
Es war ein Gestell
Daran wurden sie gehängt
Wir hörten die Schläge und das Schreien
Nach einer Stunde
oder auch nach mehreren Stunden
wurden sie herausgetragen
Sie waren nicht mehr zu erkennen

4 Gesang von der Möglichkeit des Überlebens
Da fragte mich der Häftlingsarzt
Willst du leben
Ich sagte Ja
Er sah mich eine Weile an
dann nahm er mich bei sich auf

5 Gesang vom Ende der Lili Tofler
Durch den Türspalt sah ich
wie Lili Tofler von Boger
in den Waschraum geführt wurde
Ich hörte zwei Schüsse
und sah nach dem Fortgang Bogers
das Mädchen tot auf dem Boden liegen

6 Gesang vom Unterscharführer Stark
Wir kannten genau Starks Verhalten
wenn er von einer Tötung kam
Da mußte alles sauber und ordentlich
in der Stube sein

7 Gesang von der Schwarzen Wand
Die Häftlinge wurden
mit dem Gesicht zur Wand gestellt
1 bis 2 Meter voneinander entfernt
Dann trat der Erschießende an den ersten heran
hob den Karabiner an dessen Genick
und schoß aus einer Entfernung
von etwa 10 Zentimetern

8 Gesang vom Phenol
Die Venen der Häftlinge waren aber
auf Grund der Auszehrung
schwer zu treffen
Deshalb wurde das Phenol später
Direkt ins Herz injiziert

9 Gesang vom Bunkerblock
Mein Freund Kurt Pachala
starb in der Zelle nebenan
nach 15 Tagen
Er aß zuletzt seine Schuhe auf

10 Gesang vom Zyklon B
Da waren ein paar Herren von der Firma Degesch
die das Gas lieferte
Diese unterwiesen uns
in der Handhabung des Gases
und der Gasmasken

11 Gesang von den Feueröfen
Die Elektromotoren wurden eingeschaltet
Diese trieben die Ventilatoren
die das Feuer in den Öfen
auf den erforderlichen Hitzegrad brachten

Fünf Monate vor der Uraufführung des Oratoriums schreibt Siegfried Unseld an Peter Weiss, dass er mit dem Generalstaatsanwalt Fritz Bauer telefoniert habe. Er hätte das Stück in der letzten Nacht gelesen, er sei sehr bewegt gewesen und sähe keine juristischen Bedenken. Weder von Seiten der Angeklagten noch von den Verteidigern. Sie würden es vielleicht versuchen, aber kein Glück haben. Denn alle Aussagen seien ja wortwörtlich aufgenommen und es sei kein Schuldspruch gefällt.

Als Unseld erfährt, dass die szenische Lesung in der DDR im Haus der Volkskammer stattfinden soll, ist er entsetzt. *Wieso kommt plötzlich diese Idee auf?* Er schreibt am 14. September an den lieben Peter, dass mit dem Präsidenten der Akademie der Künste, mit Konrad Wolf, *eindeutig im Vertrag vereinbart* worden war, es in der Akademie aufzuführen. Uwe Johnson sei gerade bei ihm gewesen. *Er meint, Du solltest einer Lesung in der Volkskammer keineswegs zustimmen*, denn das sei eher ein Bekenntnis zum dortigen Regime, *als zu den Leuten, die gegen das Regime den Sozialismus mühevoll versuchen.*

Am 29. September schreibt Karlheinz Braun, Leiter des Suhrkamp Theaterverlags und Lektor von Weiss, an den lieben Peter: *Wir haben Anfragen, ob Du inzwischen Bürger der DDR geworden bist. Stimmt das?* Da schreibt ihm Peter Weiss am 1. Oktober aus Stockholm, das sei *totaler Quatsch*, ihm so etwas unterzuschieben. Alles Verleumdung, *was in dem hysterischen, schwer psychotischen, kommunistenfresserischen Westdeutschland zur Zeit auf mich losgelassen wird.* Er, Karlheinz, glaube doch im Ernst nicht, dass er seine schwedische Staatsbürgerschaft aufgebe, um Bürger der DDR zu werden, wo der Sozialismus zwar in der Grundlage enthalten, aber weit davon entfernt sei, wie er sich ihn wünsche. Schweden sei für ihn immer mehr *ein gesundes, anständiges Land*, in dem es sich leben und arbeiten lasse. *Ich hoffe wirklich, Du lässt Dich nicht auch beeinflussen von dem Scheissgeschreibe der Springer & Konsorten-Presse!* Er sei übrigens in einer Woche in Berlin in der Akademie der Künste – *wenn sie mich dort reinlassen und nicht als Kommunisten rausschmeissen.* Was für ihn Kommunist zu sein bedeutet, schreibt Weiss in seinen Notizbüchern: *jeden Gegenstand kritisch zu untersuchen u dann seine Lage u Bedeutung innerhalb größerer Zusammenhänge zu bestimmen. Nichts als gegeben anzusehen.*

Ja, das war wirklich totaler Quatsch, sagt Gunilla Palmstierna-Weiss, dass Peter Staatsbürger der DDR geworden wäre. Er hatte doch dieses sehr turbulente Leben mit Reisen, Proben und Aufführungen, und dann kam wieder eine Arbeitsperiode. Ich glaube, deshalb fuhr er immer wieder nach Stockholm zurück in sein ruhiges Zimmer. Schweden war für ihn das Land einer langen, erprobten Demokratie. In Schweden brauchte er die Stille, um zu schreiben. In Deutschland war er der Suchende, der Materialsammler, da war er oft geradezu euphorisch. Aber Anfragen, ob er Bürger der DDR geworden sei? Das war kalter Krieg.

Noch Jahre später wird Peter Weiss ins Notizbuch schreiben, dass Günter Grass und andere wegen seiner politischen Einstellung auch seine literarischen Arbeiten ablehnten. *Ihre spöttischen Bemerkungen betreffen ebenso meine Bücher.* Aber für ihn sei nun mal Politik und Schreiben eins. Für Grass und die anderen ja auch. Doch ihre Haltung sei *liberal, reformistisch.* Es sei ewig dasselbe: parteipolitische Gegnerschaft, *übertragen aufs Kulturelle.*

Und auf sein Stockholm lässt Weiss gar nichts kommen. An einem Abend, als er auf die Stadt schaut, wünscht er, dass sie *nie einer Zerstörung anheimfallen* dürfe, dass sie ihre eigenartige Schönheit behalten möge. Stockholm sei doch wie eine aus der Landschaft herausgeformte Skulptur, natürlich gewachsen aus Granit und schwerem Holz, *durchleuchtet von Wasser*, und über der Stadt wachen die Schatten der vier großen Stockholmer: Bellman, Söderberg, Almqvist und Strindberg.

Zwei Monate nach der Verkündung der Urteile im Auschwitz-prozess wird »Die Ermittlung« am 19. Oktober 1965 auf die Bühne kommen, genauer auf sechzehn Bühnen am selben Abend. Es war Erwin Piscators Vorschlag, dieses Stück geballt unter die Leute zu bringen. In der DDR sind es die Städte Ostberlin, Cottbus, Dresden, Gera, Halle, Meiningen, Neustrelitz, Potsdam, Rostock und Weimar. In der Bundesrepublik wird in Berlin West gespielt, in Essen, Köln, München und Stuttgart. In London wird Peter Brook sich mit der Royal Shakespeare Company an der Simultanaufführung beteiligen.

Erwin Piscator, der große jüdische Avantgardist der Weimarer Republik, der mit Filmprojektionen und Spruchbändern und Bild und Ton moderne Politdramen inszeniert hatte, in dessen Dramaturgen-Kollektiv damals Egon Erwin Kisch, Heinrich Mann, Walter Mehring und Erich Mühsam arbeiteten, der Musik von Hanns Eisler für seine Stücke komponieren ließ und Bühnenbilder bei George Grosz und John Heartfield bestellte, Piscator war 1951 aus der US-Emigration zurückgekommen, weil er dort inzwischen vom FBI beschattet wurde und während der McCarthy-Kommunistenhetze eine Vorladung wegen unamerikanischer Umtriebe bekam. Seit 1962 war er Intendant der Berliner Freien Volksbühne am Kurfürstendamm. Mit seiner Inszenierung will er den Versuch unternehmen, *dem Theater seinen Rang als moralische Anstalt zurückzugeben.* »Die Ermittlung« wird die letzte große Theater-arbeit vor seinem Tod sein.

Die Angeklagten verschanzen sich bei Piscator arrogant hinter Sonnenbrillen und vermelden ihre Unschuld: Totschlag mit der Handkante? Könne er gar nicht. Der Erzbischof habe gesagt, wir stünden im Krieg, da käme eben manches vor. Nein, er habe niemanden ermordet, aber mancher sei schon umgefallen, wenn er nur die Hand gehoben hätte. Massentötungen in Gaskammern? Davon sei ihm nichts bekannt. Und im Übrigen hätten sie nur ihre Pflicht getan. Die Richter fragen kühl und sachlich, wie es die Paragraphen vorschreiben. Die Ankläger fragen nach. Die Zeugen sprechen ihre emotionsgeladenen Texte mit dem Rücken zum Publikum.

Piscators Szene, schreibt Günther Rühle, *zeigte eine gegenwärtige Gesellschaft. Höllisch klang das gebündelte Lachen der Angeklagten*, als am Ende der Inszenierung einer der Täter, Kaduk, jenen letzten Satz spricht, dass man sich doch jetzt mit anderen Dingen befassen sollte als mit denen, die längst als verjährt angesehen werden müssten. *Der Satz*, schreibt Rühle, *verwies auf eine noch weit verbreitete Meinung im Land.* Und mit diesem Schluss werden die verstörten Theaterbesucher entlassen.

Piscator hatte den italienischen Komponisten Luigi Nono gebeten, eine Bühnenmusik für die Uraufführung zu schreiben. Und Nono wird mit zwölf Chormusiken das Trauma Auschwitz in einen flammenden Aufschrei gegen Folter und Mord komponieren. Die Stücke werden einzeln nach jedem Wort-Gesang ihre Rolle spielen. Gunilla Palmstierna-Weiss fand die Nono-Musik ganz groß, und doch war es ihr zu viel. Wir haben lange darüber diskutiert, sagt sie. Auch Peter hätte gesagt: Ich glaube, man braucht die Stille. Walter Jens fand die *bildüberbrückende Musik* von Nono sogar *so geisterbahnhaft, so grell und Emotionen heischend*, dass sie der *luziden Spiritualität* von Piscators Inszenierung widersprach. Doch für Piscator war die Musik von großer Bedeutung. Das, was kein Wort und keine Deklamation ausdrücken könne, konnte für ihn durch das Noteninferno von Nono sinnlich erfasst werden: die Millionen Toten von Auschwitz.

Nach der Aufführung, sagt Gunilla Palmstierna-Weiss, haben wir unheimlich viele anonyme Briefe bekommen. Haufenweise. Mit schrecklichen Texten. Unglaublich, was die Leute sich schon wieder trauten zu schreiben. Oder sich noch immer trauten. Und da machte Piscator etwas, sagt sie, das fand ich wirklich toll: Er stellte alle Briefe im Foyer aus. Er hat sie aufgehängt. Die Leute sollten das lesen.

In Ostberlin glich die Lesung einem Staatsakt: Veranstaltet von der Akademie der Künste, präsentiert im Haus der Volkskammer in der Luisenstraße, eingerichtet von Konrad Wolf, dem Präsidenten der Akademie, von Karl von Appen, dem Bühnenbildner des Berliner Ensembles, dem Regisseur Erich Engel, dem Schauspieler Lothar Bellag, der gerade im Film von Christa Wolffs »Der geteilte Himmel« mitgespielt hatte, und von Manfred Wekwerth, der sein Regiehandwerk noch bei Brecht gelernt hat.

Sie alle dirigieren neben jüngeren Schauspielern – wie Brechts Schwiegersohn Ekkehard Schall oder Hilmar Thate – ein Aufgebot von Antifaschisten:

Alexander Abusch: Kommunist, bis 1932 Chefredakteur der »Roten Fahne«, nach der Machtübernahme der NSDAP Flucht nach Frankreich, 1965 im Ministerrat für Kultur und Erziehung.

Stephan Hermlin: Emigrant während der Nazizeit, in der DDR einer der großen jüdischen Schriftsteller.

Bruno Apitz: Schriftsteller, überlebte verschiedene Konzentrationslager.

Wieland Herzfelde: Floh vor der Gestapo über Prag und London in die USA, kommt 1949 als Verleger in die DDR.

Helene Weigel: Schauspielerin, war mit ihrem Mann Bertolt Brecht im Exil.

Wolfgang Heinz: Schauspieler, Kommunist, floh wegen seiner jüdischen Herkunft.

Maxim Vallentin: Leiter des Maxim Gorki Theaters, war vor den Nazis geflohen.

Fritz Cremer: Bildhauer, Mitglied der »Roten Kapelle«, von der Gestapo verhaftet, konnte fliehen.

Werner Klemke: Illustrator, war im Widerstand und fälschte Pässe und Papiere für holländische Juden.

Ernst Busch: Sänger und Schauspieler, von der Gestapo verhaftet, Zuchthausstrafe, von der roten Armee befreit.

Erwin Geschonneck: Schauspieler, die Konzentrationslager Sachsenhausen, Dachau, Neuengamme und den Untergang der Cap Arcona überlebt. 1949 holen Brecht und Weigel in ans Berliner Ensemble.

Und Paul Dessau: Emigrant, jüdisch und links, komponiert die Musik für die Ermittlung.

Die Texte, schreibt Günther Rühle, werden sitzend aus dem Buch gelesen. Nur die Zeugen führt man nach vorne. *Die Angeklagten blieben eine dumpfe Gruppe*, über die der Richter, gesprochen von Hilmar Thate, *hinwegsah und die Stimme hob,* wenn er polemisch in Richtung Westen sagte:

daß die Nachfolger dieser Konzerne heute
zu glanzvollen Abschlüssen kommen
und dass sie sich wie es heißt
in einer neuen Expansionsphase befinden

Der Antifaschismus und der Fünfjahresplan waren Programm der Partei. Die alten Nazis waren selbstverständlich in den Westen geflohen, und damit war die Schuldfrage für die SED geklärt.

Erwin Geschonneck, der große proletarische, charismatische Star am Berliner Ensemble, schreibt in seinen Erinnerungen, wie sehr ihn die Besetzung dieses Abends beeindruckt habe. *Fast jeder der Beteiligten hatte unter Einsatz seines Lebens selbst gegen den Faschismus gekämpft.* Und jetzt gehörten sie zu den besten Künstlern des Landes. *Solch eine Besetzung haben wir in der DDR nie wieder für eine antifaschistische Manifestation zusammenbekommen.* Am Schluss, schreibt er, hätte es keinen Beifall gegeben. Es war nur tiefe Stille. Jeder sei aufgewühlt hinausgegangen. Er habe dann in den Kritiken gelesen, dass auch der alte Paul Verhoeven, mit dem er 1950 seinen ersten Farbfilm drehte, »Das kalte Herz«, dass der sich an der Ring-Uraufführung in München beteiligt hätte. Ausgerechnet in München, schreibt er, *der bayrischen Hauptstadt mit den vielen rechtsorientierten Kräften*, also dazu habe sicherlich persönlicher Mut gehört.

Aber Geschonneck war ja nicht nur der Tragöde aus »Nackt unter Wölfen« oder später »Jakob der Lügner«, er war auch ein herrlicher Komödiant. Ich habe ihn einmal nach der Wende kennengelernt. Da erzählte er, wie Brecht 1954 mit seiner Truppe endlich ins Theater am Schiffbauerdamm einziehen konnte. Womit wollen wir eröffnen? Mit »Don Juan«, sagte Brecht. Und wer soll den spielen? Geschonneck. Wie bitte? Ich? Aber ja, sagte Brecht, er sei genau das Gegenteil vom Klischee. Und nun erklärte Brecht ihm, warum gerade er ihn spielen sollte. Don Juan sei ja kein schöner Mann gewesen, kein Liebhaber, kein Beau. Geschonneck müsse sich doch nur mal so einen Ludwig XIV. vorstellen oder diesen XVI. Das seien doch Lüstlinge gewesen, die Macht hatten und diese Macht ausnutzten. Die hatten kurze Beine und dicke Bäuche und schlechte Zähne und stanken. Aber immer die tollsten Mädchen. Don Juan ist eine sexuelle Großmacht! Das müssen Sie spielen, sagte Brecht. Und dann stand Geschonneck lachend auf und machte Brecht nach, wie der auf die Bühne stieg und versuchte, wie ein japanischer Samurai zu gehen. So, sagte Brecht, so müssen Sie gehen, Geschonneck.

Als Peter Weiss einmal im Brechthaus an der Chausseestraße war, notiert er über die Bibliothek des Dramatikers: *Der hat nur Krimskrams gelesen.* Seine Mitarbeiter hätten ihm Exzerpte angefertigt von interessanten Büchern. *Marx studiert – hat er nicht.* Nur Zusammengefasstes gelesen. Über das Schreiben hatte er geschrieben: *Wenn man mit großer Anstrengung schreibt, schreibt man weniger Mist.*

Peter Palitzsch war schon 1949 von Brecht ins neugegründete Berliner Ensemble geholt worden und wurde später der große

Brecht-Interpret. Er erzählte, dass Brecht ja eher scheu und verlegen gewesen sei, aber diese Art und Weise, wie er denken konnte, diese Mühelosigkeit des Denkens, die habe er an ihm geliebt. Zur Zeit des Mauerbaus hatte Palitzsch in Ulm gearbeitet und war nicht in die DDR zurückgekehrt. Er inszenierte »Die Ermittlung« der Ring-Aufführung in Stuttgart, und da hängte er Fotos mit den Köpfen der angeklagten Täter aus dem Frankfurter Auschwitz-Prozess auf die Bühne. Und zu diesen Köpfen sprachen die Zeugen das, was sie in Auschwitz erlebt hatten. Also reden ins Angesicht der Mörder.

Hanns Anselm Perten ließ seine Zeugen auf der Rostocker Bühne in gestreifter KZ-Kleidung auftreten. Und Ingmar Bergman, der Direktor des Dramaten in Stockholm, brachte das Stück kurz darauf auf die Bühne. Das war großartig, sagt Gunilla Palmstierna-Weiss. Nicht, weil ich das Bühnenbild für ihn gemacht und mitgearbeitet habe, sagt sie, nein, sie habe auch Krach mit Ingmar gehabt. Aber großartig war, dass er das Oratorium wie ein Shakespeare-Stück gemacht hat. Ingmar war ja eher unpolitisch. Aber durch diese Form, sagt sie, bekam man einen Abstand. Und dann hat er noch etwas gemacht: Er ließ den ganzen Abend über das Licht im Zuschauerraum an. Das war gemein, weil beim Publikum doch die Gefühle aufbrachen. Das war in Stockholm, im Dramaten.

Kritik an der Ermittlung hatte es schon vor der Uraufführung gegeben. Die Bühne ertrage Auschwitz nicht, hieß es, und Auschwitz die Bühne nicht. Nicht? Sie muss! Doch Joachim Kaiser schrieb ein Plädoyer gegen das »Theater-Auschwitz«. Werde da nicht, fragte er in der *Süddeutschen Zeitung,* der unselige, aber deutsche Versuch gemacht, auf dem Theater Ersatzentscheidungen herbeizuführen, während man sich um reale Sinnesänderungen herumdrücke? Er nennt die Ring-Aufführung eine *Uraufführungsorgie,* die für ihn ein Zeichen von *Beflissenheit, Trägheit und schlechtem Eifer* sei. Hier ginge es ja gar nicht mehr um ein Stück, sondern um eine Dokumentation. Und das Publikum sei vielleicht enttäuscht, weil es lieber »Das weiße Rößl« sehen möchte. Darauf antwortet Martin Esslin, der große Theatertheoretiker, der Ungar, der durch ganz Europa vor den Nazis hatte fliehen müssen, dass die Bühne ohne das, was sich zwischen 1933 und 45 ereignet hätte, gar nicht überleben könne, dann hätte sie als moralische Anstalt ausgedient.

Einen Monat vor der Uraufführung stand in der *Welt,* dass die *sechzehn Premieren* in Ost und West eine kommunistische *Partisanenaktion* sei, eine *zwielichtige Haupt- und Staatsaktion.* Und sechs Tage nach der Aufführung schreibt Günter Zehm dann in derselben Zeitung unter dem Titel »Gehirnwäsche auf der Bühne – Propaganda im Sinne der Zone«, dass es im Stück von Weiss gar nicht um Vergangenheitsbewältigung gehe, sondern um *Gehirnwäsche*, mit der Weiss *synchron mit der permanenten Propagandakampagne des Ostblocks* die Bundesrepublik angreifen wolle. Da witterte der Ideologe Zehm, der in der DDR im Gefängnis gesessen hatte und 1961 in den Westen kam, den Autor aus Schweden wohl als abgesandten Kommunisten des Ostens.

Doch Weiss brauchte den Osten nicht, um die Großindustrie anzugreifen. Die hatte viel Geld bei der Judenvernichtung verdient. Und es war selbstverständlich seine Absicht, die Kapitalisten anzugreifen. Das hatte er deutlich schon am 4. Juni in *Stockholms Tidningen* gesagt, dass das Stück nicht einer aktuellen Sprengkraft entbehre. *Ein Großteil davon behandelt die Rolle der deutschen Großindustrie bei der Judenausrottung. Ich will den Kapitalismus brandmarken, der sich sogar für Geschäfte mit Gaskammern hergibt.* Und warum sollten die Herrschaften nicht beim Namen genannt werden? Das hatte gut zwei Jahre zuvor schon Rolf Hochhuth im »Stellvertreter« getan. Da wird in einer feuchtfröhlichen Kegelabendszene gesagt, dass die Zwangsarbeiter bei

Krupp statt Essen Prügel bekämen. Alfried Krupp von Bohlen und Halbach hatte seinen Generalbevollmächtigten Berthold Beitz beim Verleger Ledig-Rowohlt einen Prozess androhen lassen, falls das Buch veröffentlicht werden sollte. Na, dann bis zum Prozess, hatte Ledig ihm gesagt. Doch den hat es nicht gegeben.

Es ist ein kalter Wintertag im Januar 2016, als ich bei Wolf Biermann zu Hause am Kamin sitze. Er hatte mir sein Gedicht rausgesucht, das er im Oktober 1965 nach der Uraufführung der »Ermittlung« geschrieben hatte und einen Brief seiner Mutter Emmi Biermann an Peter Weiss. Jetzt erzählt er, wie er den Abend damals im Sitzungssaal der Volkskammer erlebt hat. Da war ich noch nicht von der DDR zum Tode verurteilt, sagt er, also ich lief noch frei herum. Es war aber schon in dieser Wackelzeit, als ich wusste, es wird schwierig für mich. Es war kurz vor dem 11. Plenum.

Das findet vom 16. bis 18. Dezember 1965 statt, genau zwei Monate nach der »Ermittlung«. Ursprünglich, sagt Biermann, sollte es ein Wirtschaftsplenum werden, aber der Vorsitzende der Staatlichen Planungskommission, Erich Apel, der bis zum Schluss gegen Ulbrichts Knebelvertrag mit der Sowjetunion opponiert hatte, brachte sich um, schoss sich kurz vor der Unterzeichnung in seinem Büro eine Kugel in den Kopf. Das ZK geriet in Panik, und das 11. Plenum brachte den Wetterumschwung. Da war nix mehr mit Tauwetter, sagt Biermann. Erich Honecker, der seit sechs Jahren Mitglied des Politbüros war, hatte die Parole ausgegeben: »Unsere DDR ist ein sauberer Staat.« Und nun wollte er gegen die Windmühlen »Nihilismus«, »Skeptizismus« und »Pornographie« in der Kunst ankämpfen.

In dieser Gemütsfassung, sagt Biermann, dass ein Wetterumschwung bevorstand, ging ich in die Volkskammer. Ich weiß nicht mehr, wie ich da rein gekommen bin, ob man Karten brauchte, weiß ich nicht. Aber noch gehörte ich ja zu den Intellektuellen, die man gut kannte in Ostberlin. Ich seh noch genau den Saal vor mir, gegenüber der Charité, hundert Meter südwärts von der Spree. Ich war nur meinetwegen aufgeregt, sagt er, nicht wegen der Weltlage. In dieser aufgewühlten Verfassung saß ich da und weinte Rotz und Wasser. Denn was ich da hörte, ging nur meinen Vater an. Nur um ihn ging es, nicht um die Juden, die noch aus meiner Familie umgebracht worden waren. Mein Vater hat mich schwer beschäftigt. Er war immer das Wichtigste in meinem Leben.

Ein paar Wochen nach unserem Gespräch habe ich die Aufzeichnung der Ostberliner »Ermittlung« gesehen. Alle haben ihr Textbuch in der Hand. Alle lesen vor. Die Angeklagten lügen ihre Unschuld ins Publikum. Sie haben nichts gesehen, nie geschossen, keinen ermordet, oder wenn doch einen oder vielleicht auch zwei, dann nur, weil kein anderer zur Stelle war, der das erledigen konnte. Und das war dann eben ihre Pflicht. Und die Zeugen? Hier spielt niemand Theater. Hier wird gesprochen, was einmal passiert ist. Es ist die sehr eigene Art, wie sie sprechen, die beeindruckt. Und wenn der Richter fragt, warum denn die Menschen sich ohne zu rebellieren töten ließen, und der Zeuge antwortet: Sie ließen sich töten, weil sie es nicht verstanden, dann ist das genauso wie die Beschreibung der Folter kaum zu ertragen. Und so kann man ahnen, was Biermann, der weiß, dass sein Vater in diesem Schlachthaus umgekommen ist, bei all diesen Tötungsmethoden durch den Kopf gegangen sein mag.

Ja, sagt er, mich hat die Aufführung erschüttert. Aber mit Peter Weiss hatte das nichts zu tun. Es hatte nur mit meinem Vater zu tun. Und so schreibt er denn zu Hause in der Chausseestraße 131 dieses Gedicht:

1
Bei der Verlesung des poetischen Auschwitz-Reports von Peter Weiss
Weinte ich Rotz und Wasser im Gedenken
An meinen Vater, den Kommunisten

An mein jüdisches Volk
An mein deutsches Volk
Dessen östliche Elite neben mir auf den Sitzen schwitzte
Eingepfercht saß ich da zwischen den Führern der Machtapparate
Kunstproduzenten, Privilegierte und Arrivierte
Altkommunisten und Jungstalinisten
Umfunktionierte Nazis und die Jungs von der Staatssicherheit
Linksoppositionelle Eiferer und naive Gaffer
Gleichermaßen aufgerissen von Trauer und Scham und Schrecken
Verfolgten wir das Kalkül der Todesfabrik
Gleichermaßen erschüttert über des Menschen Kraft
Leiden zu machen und auszuhalten, Opfer zu sein und Henker zu-
gleich
Wankten wir endlich in unsere Autos
Gleichermaßen betäubt waren da also Leute
Die sich schon morgen wieder unerbittlich belügen
Im gemeinsamen Kampf um die Wahrheit, Leute
Die sich gut ausschlafen oder nicht und morgen
Mit frischer Kraft einander abschlachten im wenig blutigen Kampf
Den wir uns gewöhnt haben zu nennen
Aufbau des Sozialismus

2

Ich klage also meinen Bruder an, den Dichter Peter Weiss
Er hat gemacht, dass ich gemeinsam weinte mit denen
Die mich lebendig begraben haben in der Zelle Chausseestrasse 131
Weil meine Worte nicht schmecken wie meine Tränen
Er hat gemacht, dass ich flennte mit meinen Peinigern
Er zeigte mir den Abschaum, um dessentwillen ich
Burgfrieden schließen muss mit dem Schaum aus Stalins Mund
Ich klage also ihn an, der aufriss die alten Wunden
Und schloss doch die neueren nicht. Ich blute aus

Aus Einsamkeit flieh ich in immer tiefre Einsamkeiten
Ich bin verhungert, viel zu schwach, noch Brot zu schlucken
Der Verdurstete bin ich, der nach Wasser nicht mehr schreit
Also fügt mich in die Listen ein von Auschwitz
Spuckt mich in das Meer, in dem mein Vater schwimmt

Wie bitte? Unter den braven Genossen sollen naive Gaffer sein? Abschaum? Jungstalinisten? Lügner? Umfunktionierte Nazis? Das geht zu weit für Honecker. Biermanns Verse seien zynisch, er verrate mit ihnen den Staat, der für ihn sorge, und er verrate auch seinen Vater, der von den Nazis ermordet worden sei. Und weil Honecker schon den Bau der Mauer so gut organisiert hatte, wird es ihm auch gelingen, die DDR mit eisernem Besen sauber zu fegen. Das Gedicht wird Folgen haben für den frechen Barden Biermann, der den Drachen bekämpfen will, statt ihm die Zähne zu putzen. Er wird ihn bald Feuer speien sehen!

Piscator, sagt Gunilla Palmstierna-Weiss, hatte seine »Ermittlung« um 19 Uhr beginnen lassen. So konnten wir nach zwei Stunden mit der S-Bahn in den Osten fahren und die Aufführung in der Volkskammer auch noch erleben. Ich glaube, diese versetzte Zeit hatte Piscator mit Helene Weigel verabredet. Die beiden waren doch von früher her noch befreundet. Gisela May, sagt sie, holte uns an der Friedrichstraße ab und brachte uns in die Luisenstraße. Und Biermann? Den haben wir immer wieder in seiner Wohnung besucht. Auch als er dann verboten wurde. Da hat Peter sich sehr für ihn eingesetzt.

Und die Stasi ist immer dabei. Auch in den Akten von Eva-Maria Hagen, der frischen Geliebten von Wolf Biermann. Das war für die Politbürobonzen aus Wandlitz besonders ärgerlich, dass ihre attraktive, populäre Schauspielerin sich ausgerechnet mit dem gerade installierten Staatsfeind verbündete. Das Verbot war ja tatsächlich beim 11. Plenum ausgesprochen worden, das als »Kahlschlag-Plenum« in die DDR-Geschichte eingehen wird. Honecker, der Wortführer, ließ Filme, Theaterstücke, Bücher, Musikgruppen verbieten: Weg mit Heiner Müllers »Der Bau«, weg mit Kurt Maetzigs »Das Kaninchen bin ich«, weg auch mit Stefan Heyms »Der Tag X«, und ab in den Giftschrank mit Frank Beyers Film »Spur der Steine«. Und Wolf Biermann hat von nun an totales Auftritts- und Publikationsverbot.

So hatten die Schlapphüte wieder für die nächsten Jahre ordentlich zu tun. Denn »Eva und der Wolf«, wie die Hagen ihre Lebensgeschichte 1998 nennt, haben viel und interessanten Besuch. Da kommt Walter Janka, der einst gerühmte Verleger des Aufbau Verlags, der vier Jahre unschuldig im Zuchthaus Bautzen saß, dann Peter Huchel, der Lyriker, in dessen Wortwelten Überwachung und Schikanen Einzug gehalten haben, und Eva-Maria erzählt, dass gerade eine Anzeige gegen sie erstattet worden sei, weil sie sich mit einem Volkspolizisten angelegt und ihn *blöden Hammel* genannt habe. Dann taucht Heiner Müller auf, der mit Biermann über die DDR-Rennschlittensportler redet, die in Grenoble ihre Kufen angewärmt haben sollen, und Biermann sagt, das tun sie doch alle und erzählt, dass er Manfred Krug getroffen habe, der jetzt bei den Soldaten sei. Aber wo bleibt Peter Weiss? Der interessiere sich ja sehr für die DDR, sagen sie, aber er könne vieles nicht einschätzen, weil er nicht hier lebe. Dann notiert der GI, der Geheime Informant: *Gegen 23.30 holt Eva Herrn Peter Weiss vom ›Hotel unter den Linden‹ ab.* Nun geht es in der Unterhaltung um Vietnam. Doch den Spitzel interessiert nicht, was Peter Weiss zu sagen hat – dessen »Viet Nam Diskurs« in wenigen Wochen uraufgeführt wird – ihn interessiert nur, was der Staatsfeind Wolf zu erzählen hat. Das ist ja sein Auftrag.

Als Biermann Staatsfeind wurde, im Dezember 1966, hatte sich Peter Weiss sofort für ihn eingesetzt. Er schreibt damals einen Offenen Brief, den er an die *ZEIT* und *DAS NEUE DEUTSCH-*

LAND schickt. Dem zuständigen Redakteur Klaus Höpcke teilt er mit, dass die *ZEIT* den Text *in der Angelegenheit Biermann* in der nächsten Ausgabe drucken werde, und er hätte ihn gerne auch ungekürzt im ND veröffentlicht. Der Brief beginnt so:

Mit Entsetzen sehe ich, auf welche Weise ein Autor der DDR, Wolf Biermann, öffentlich für seine Meinung abgeurteilt wird. Nein, er sei kein Freund des Bonner Staates, doch trotz aller Angriffe seien bisher alle Arbeiten von ihm dort veröffentlicht worden. *Wenn ich für den Sozialismus eintrete, so tue ich dies, weil zu meiner Vorstellung des Sozialismus die freie Meinungsäußerung gehört.* Wolf Biermann aber habe in der DDR bisher kein Buch veröffentlichen können. Und er, Weiss, frage sich, worin denn die Gefahr seiner Lieder liege. Er habe beim Wiederlesen seiner Texte nichts entdecken können, was gegen den Sozialismus verstieße. Man mag gegen ihn polemisieren, aber man solle ihn doch zu Wort kommen lassen. *Als humanistischer Schriftsteller erkläre ich meine Solidarität mit Wolf Biermann.*

Im Grunde, sagt Biermann, war ich in der DDR doch ein Provinzler. Anders als andere Schriftsteller schielte ich nicht nach Westen. Ich war ein Ossi. Ging auch nie nach Westberlin wie die aus dem Berliner Ensemble, die sich drüben dauernd Krimis ansahen. Die lasen ja auch Krimis – wie Brecht. Ich war ein bisschen West-dumm, war ein selbstverliebter Affe, der nur seine Lieder sang und überwältigt war vom Drachentöter, als der ich mich sah. Ich habe auch Peter Weiss nur oberflächlich gesehen. Er war für mich in der oberen Klasse. Berühmt. Weit weg. Ein Homme de lettres.

Da das *NEUE DEUTSCHLAND* den Offenen Brief nicht publiziert, antwortet Homme de lettres Weiss am 28. Dezember 1965 mit einem zweiten Offenen Brief auf einen Offenen Brief von Wilhelm Girnus, der im *ND* auf den Offenen Brief von Weiss in der *ZEIT* reagierte, was aber kein Leser im *NEUEN DEUTSCHLAND* ohne Kenntnis des ersten Offenen Weiss-Briefes verstehen kann. Es ist ein geschliffener Text von sieben Seiten, den Peter Weiss an Girnus mit Kopien an Höpcke und Konrad Wolf, den Präsidenten der Akademie der Künste, schreibt.

Wogegen er sich wende, schreibt Weiss, sei die Art und Weise, in der ein Autor öffentlich angeprangert werde, ohne sich verteidigen zu können. *Er wurde als Volksfeind hingestellt, ohne, daß die Bevölkerung die Möglichkeit gehabt hätte, sich von der Rechtmäßigkeit dieser Beschuldigung zu überzeugen, da Biermann ja seine Gedichte, bis auf 4 Ausnahmen in einer Anthologie, in seinem eigenen Land nicht veröffentlichen konnte.* Die größte Qualität der Kunst liege aber doch in der Fähigkeit, in die Wirklichkeit einzugreifen, um sie zu verändern. Eine Kunst, die nicht mehr nach einer Alternative suche, habe sich als Kunst aufgegeben. Er sei, wie schon Brecht, für die völlige Freiheit der Kunst, es sei denn, sie verherrliche Krieg und Völkerhass. *Lieber Herr Girnus*, schreibt er, *lehnen Sie es nicht als Revisionismus ab, wenn ich der Meinung bin, Sie sollten Einiges in Ihrer Kulturpolitik revidieren.* Und Biermann brauche auch nicht aus dem Kollektiv herauszufallen, wenn man sich darauf besänne, dass ein Kollektiv aus Einzelnen bestehe. Er hoffe, dass Biermann robust genug sei, um auf seine Füße zurückzufallen. Am Ende steht der Satz: *Laßt Biermann singen, ärgert Euch über ihn, und macht es besser!*

Als Peter Weiss diesen Brief schreibt, ist Emmi Biermann noch zu Besuch bei ihrem Sohn in der Chausseestraße 131. Dort schreibt sie, *eine Arbeiterfrau, die seit 46 Jahren politisch und gewerkschaftlich organisiert* ist, an den lieben Herrn Weiss und dankt ihm für seine öffentliche Sympathieerklärung. Wie man in der Presse über ihren Sohn herfalle, entsetze und empöre sie *als Mutter und Kommunistin.* Was da über ihn verbreitet werde, sei finsterste Pogromhetze und Rufmord. Im übelsten Nazijargon möchte man ihren Sohn »verbraten«, so stehe es im *NEUEN DEUTSCHLAND* vom 17. Dezember. Man bezeichne ihn dort als »Kettenhund der Reaktion« und als politisch und sexuell pervers. Welch ein Niveau sei das für eine Zeitung wie das ND. Und die wenigsten Bürger der DDR kennten doch die Gedichte und seien nun auf die gehässigen Entstellungen der Presse angewiesen. Sie schreibt weiter:

Als mein Sohn mit 17 Jahren in die DDR übersiedelte, war das sein eigener, heißer Wunsch, denn ich hatte ihn getreu dem Andenken und der Verpflichtung gegenüber seinem Vater und seiner Klasse, von klein auf zum Kommunisten erzogen. Hinzu kommt, daß er allen Kummer der Nazizeit mit mir gemeinsam durchlebte. Er nahm als Säugling an meiner Brust an den Verhören bei der Gestapo teil, er war dabei, als die SS mir in wahrhaft barbarischer Weise den Tod meines Mannes mitteilte.

Ja, es sei schwer für sie gewesen, als der Sohn fort ging, denn nur er sei ihr ja geblieben. Die Faschisten hätten doch nicht nur ihren Mann, sondern auch dessen Eltern, Geschwister und deren Kinder umgebracht. Dennoch ließ sie ihren Wolf gehen. *Vertrauensvoll gab ich ihn in die Hände meiner Genossen. Sie sollten ihm den Vater ersetzen.* Und weil der Herr Weiss ihren Sohn doch persönlich kenne, möchte sie ihn bitten, allen, die nach ihm fragen, zu erzählen, dass er ein aufrechter Kommunist und Künstler sei. *Ich grüße Sie mit großer Hochachtung, Emmi Biermann.*

»DU WARST IN DER SICHERHEIT DER EMIGRATION, WIR WAREN IM KRIEG«

DER POPANZ, VIETNAM UND HAVANNA

Peter Weiss verlässt für sein nächstes Stück die Ost-West-Welt, also den Konflikt zwischen Kommunismus und Kapitalismus. Jetzt geht es um den Nord-Süd-Konflikt, um reich und arm, um Kolonialismus, Unterdrücker und Ausbeutung. Es wird ein Stück mit Musik in zwei Akten, eine Revue in 11 Szenen, also eine Art Musical mit dem Titel »Der Gesang vom Lusitanischen Popanz«. Vielleicht heißt es deshalb in den Stasi-Akten von Peter Weiss »Gesang vom musikalischen Popanz«. So notiert es jedenfalls Leutnant Klener für die Hauptabteilung XX, die für Kultur und politischen Untergrund verantwortlich ist.

Der Popanz ist der autoritär regierende portugiesische Ministerpräsident António de Oliveira Salazar, der 1933 die Verfassung geändert hatte, um ein Einparteiensystem zu errichten. Lusitanien hieß Portugal zu Urzeiten, wurde von den Römern als Kolonie ausgebeutet, und Diktator Salazar beutete seit 1945 seine eroberten Kolonien aus, Angola und Mozambique, und ist nun die drittgrößte Kolonialmacht neben Großbritannien und Frankreich. In Knittelversen und freien Rhythmen, begleitet von Flötentönen und Getrommel, klagen die Angolaner nach ihrem bestialisch niedergeschlagenen Aufstand von 1961 ihre Unterdrücker an und bejammern ihr eigenes Unglück. Sie schürfen für Hungerlöhne Gold, das an europäischen Händen und Hälsen hängt, und die Masken ihrer Ahnen sind der Wandschmuck in portugiesischen Schlafzimmern. Die Unterdrücker steckten die Profite von Tabak, Kaffee, Zucker, Edelsteinen ein und erzählen auch noch, in ihren Kolonien gäbe es nur fröhliche und dankbare Menschen.

Es ist eine bittere Material-Montage, die Weiss zusammengesetzt hat, ein Brechtsches Lehrstück für sieben Darsteller. Und sein Popanz, in Blech und Eisen eingepanzert, ist der selbsternannte Führer: *Ich erhalte meine Befehle von Gott dem Herrn … Wir sind das Volk das für das Heil der Welt verantwortlich ist.*

Nein, Siegfried Unseld wird sein Jus primae noctis nicht in Anspruch nehmen. Er schreibt an den lieben Peter: *Du kennst ja meine Meinung zum »Popanz«.* Der Verleger möchte nicht, dass der »Viet Nam Diskurs«, von dem er sich internatonale Aufmerksamkeit erhofft, durch die *zu erwartende negative Wirkung* des Popanz beeinträchtigt wird. Er soll das Stück also ruhig in Schweden aufführen lassen. Es komme ja nicht auf den Ort an. *Ein Skandal kann sich auch bei einer Laien- oder Studioaufführung entzünden.*

So wird Peter Weiss seinen Popanz mit einer jungen, engagierten Schwedentruppe im Scala Teatern Stockholm uraufführen. Im Kollektiv. Und im rasanten Rollenwechsel werden seine sieben Personen bornierte Weiße spielen, geschundene afrikanische Dienstmädchen oder small talkende Party-Gäste. Und wo, frage ich Gunilla Palmstierna-Weiss, haben Sie die tollen Teile ihres Bühnenbilds gefunden? Auf Schrottplätzen, sagt sie. Ich bin auf Schrottplätze gefahren und habe Blech, Eisen- und Metallreste gesammelt, ein Gasrohr war auch dabei. Die Sachen habe ich dann zusammengeschweißt. Und da steckt der Diktator in dieser Kriegsrüstung, die ja fast wie eine Guillotine aussah, und die Unterdrückten umtanzen den Despoten ängstlich, doch langsam verhöhnen sie ihn, und am Ende stürzt die Schrotthalde scheppernd mit ihm zusammen.

Aber Diktator Salazar wird erst sieben Jahre später in der Nelkenrevolution gestürzt. Noch lässt er beleidigt protestieren.

Unter der Schlagzeile »Lissabon kritisiert Schweden wegen Weiss-Stück« wird der regierungstreue Journalist im auflagenstärksten *Diario de Noticias* die Inszenierung wegen *totaler Unwissenheit* heftig angreifen. Er wird auch mit vorauseilendem Gehorsam seinen Außenminister zitieren, der das Stück ein »Brechmittel« genannt hat. Und zur Weiss-Kritik an der blutigen Unterdrückung des Aufstands in Angola, heißt es weiter im Leitartikel, Portugal hätte das afrikanische Land doch nicht den Russen oder den Chinesen überlassen können. Aber die schwedischen Ideologen seien ja wohl allesamt Kommunisten. Und ihr Land war doch damals *noch nicht aus den skandinavischen Schneemassen herausgekrochen und züchtete noch keine Milchkühe, als Portugal schon Geschichte machte.* Aber um genau diese Geschichte Portugals ging es Peter Weiss doch, als er den Popanz schrieb. So wird Siegfried Unseld wohl überrascht gewesen sein, dass nicht nur ein Diktator einen diplomatischen Aufstand inszenieren ließ, sondern der »Popanz« in allen großen Tages- und Wochenzeitungen Deutschlands besprochen wurde.

Wer sich den geballten Reise- und Arbeitsplan von Weiss anschaut, wird ermessen können, wie das alles an seiner Kraft und auch seiner Gesundheit zerrt und zehrt: Da sind die Flüge, die kurzen zwischen Stockholm, Berlin und Frankfurt für Verlagsbesprechungen, Proben, Premieren, und die langen Flüge nach Paris, Nordafrika, nach Kuba, nach Vietnam, er plant, er schreibt, er arbeitet ununterbrochen. Führt Gespräche mit Jean-Paul Sartre, Simone de Beauvoir, dem jugoslawischen Historiker Vladimir Dedijer, der früher ein Partisan war, mit Isaac Deutscher, der die große Biographie über Leo Trotzki schrieb und am Russell-Tribunal mitarbeitet. Weiss nennt sie die *Repräsentanten eines Gehirn-Trusts gegen die Raserei der Vernichtung.* Aber sie seien auch hoch gezüchtete Individualisten mit all ihren Eigenarten, *die manchmal wie Verrücktheiten erscheinen* und heftige Zusammenstöße verursachen. Peter hat damals ja eine Geschichte nach der anderen bewältigt, sagt Gunilla Palmstierna-Weiss. Später, nach seinem Tod, habe sie sich oft gefragt, ob er vielleicht gespürt hat, dass ihm nicht mehr viel Zeit blieb. Ich weiß es nicht.

Am 8. April 1966 legt in Le Havre die »France« nach New York ab. An Bord die Gruppe 47 auf dem Weg zu ihrer Jahrestagung, diesmal nach Princeton. Weiss notiert im Notizbuch die lautlose Einfahrt im Morgengrauen. *Die Freiheits-Statue, ein dicker, formloser Klumpen. Kafka, der sich die Gestalt mit Schwert anstatt Fackel vorgestellt hatte.* Aber diese Ankunft sei die klassische – anstelle *des modernen Herabfallens aus der Luft.* Und dann in der Zollhalle, wo die griechischen Einwanderer *ihren Ziegenkäse, ihren Knoblauch aus den Koffern kramen und abgeben müssen.* Auch bei den Dichtern geht der Ärger schon bald los. In Princeton wollen Studenten ein Vietnam-sit-in abhalten. Peter Weiss will mitmachen. Reinhard Lettau auch. Der hatte in den fünfziger Jahren an der Harvard University studiert und war US-Staatsbürger geworden.

Die beiden hatten schon Ende des letzten Jahres gemeinsam mit deutschen und amerikanischen Wissenschaftlern eine Erklärung unterschrieben, dass der Vietnamkrieg, der ein Völkermord zu werden drohte, sofort beendet werden müsse. Außer Hans Werner Richter und Günter Grass hatten sich noch fünfunddreißig Autoren den Unterzeichnern angeschlossen. Und Weiss hatte jetzt bereits der *New York Times* ein Interview gegeben. *I am not for the war in Vietnam.* Er und auch andere Autoren, sagte er, möchten ihre Sympathie denen zeigen, die für ein anderes Amerika kämpfen. Wie bitte? Weiss und Lettau wollen auf dem Campus gemeinsam mit Professoren und Studenten protestieren? Da wird Herbergsvater Richter zornig. Er und Grass hatten doch schon vor der Reise scharf abgeraten, sich in die Probleme anderer Länder einzumischen. Richter begründet seinen Ärger später im Tagebuch so: *Deutsche treten zwanzig Jahre nach Hitler als das bessere Gewissen anderer Völker auf* – das geht nicht. Wir waren Gäste, schreibt er, und Gäste hätten ihre Visitenkarte abzugeben und sich nicht einzumischen.

Dann wird vom 22. bis zum 24. getagt. Hinter verschlossenen Türen, in der Aula nah des Universitätsgeländes, von wo man dauernd die Kirchenglocken läuten hört und Richter dann dauernd die Fenster schließen muss, bis die christliche Ruhestörung vorbei ist. Weiss geht abends ins Aldwych Theatre, wo sein Marat/Sade in der Peter Brook Inszenierung aus London gespielt wird. Er trifft sich auch mit dem marxistischen Autor Paul Swezy, mit dem Theaterregisseur Lee Strasberg, mit Anaïs Nin und Susan Sontag, die auch beim 47er-Podiumsgespräch reden wird, zu dem amerikanische Kollegen geladen sind. Da plädiert Anarcho-Beat-Lyriker Allen Ginsberg dafür, LSD an Politiker zu vergeben, damit deren Bewusstsein sich erweitere, Grass präferiert Kaffee, und Peter Handke erklärt, dass er in der gegenwärtigen deutschen Prosa *eine Art Beschreibungsimpotenz* bemerke. Peter Weiss hält seine Rede auf Englisch: »I come out of my hiding place«. Er habe bisher aus seiner Unzugehörigkeit eine Tugend gemacht, bis er erkannt habe, dass diese Haltung ein Teil des Übels sei. Er versuche jetzt, sich in seinen Stücken für die Unterdrückten einzusetzen, für sie zu sprechen. Und natürlich geht er gemeinsam mit Lettau zum Vietnam-sit-in.

Nein, die Tagung läuft nicht so, wie Richter sich das gewünscht hat. In der Nacht stößt er dann noch mit Grass, Lettau und ein paar anderen zusammen, hat auch, wie er schreibt, zu viel getrunken, und als dann noch der Satz fällt: »Die Amerikaner sind die Nazis von heute«, also da hätte er die Contenance verloren – und der Bruch war da. Ja, er weiß, wenn er sich bei Peter Weiss entschuldigt hätte, was eigentlich kein Problem gewesen wäre, hätte es den Bruch vielleicht nicht gegeben. Hat er aber nicht. Doch seine Sympathie für Weiss, schreibt er, sei geblieben.

Lange nach den Ereignissen in Princeton schreibt Weiss ins Notizbuch, dass er und Lettau in einem Hotelzimmer der Gruppe 47 sitzend, zur Rechenschaft gezogen worden waren. Wir als deutsche Schriftsteller hätten nicht das Recht, uns in amerikanische Angelegenheiten einzumischen. *Ich sagte, daß ich nicht als Deutscher, auch nicht als Schwede, sondern als Antiimperialist zu der Veranstaltung gehen würde.* Sagte auch, dass es notwenig sei, sich gegen Brutalitäten zur Wehr zu setzen, wo immer sie auftreten. Er hielte sich doch auch mit Kritik an Deutschland nicht zurück, weil er schwedischer Staatsbürger sei. Und dann kam das, was Weiss schon immer gespürt hatte, dann kam der Satz: *du kannst dich über Deutschland nie äußern, du bist draußen gewesen, in der Sicherheit der Emigration, wir waren drinnen, wir haben am Krieg teilgenommen.* Wie bitte? Die Sicherheit der Emigration? Das war der *definitiv gewordne Bruch.* Zwanzig Jahre seien *wie Regenwasser* an ihnen abgelaufen, schreibt er.

Im Juli 1967 landen Gunilla und Peter Weiss in Havanna. *Die Wolken stehen auf Regensäulen* -ist seine erste Eintragung ins Notizbuch. Da schimmert er wieder durch, der Dichter. Sie logieren in einem Riesenhotel. Erinnerung an imperialistische Batista-Zeiten. Wir geben den Gästen das Beste was wir haben, sagen sie den Angereisten. *Armut im Land – Überfluß für die Gäste.* Und der Kronleuchter und die Samtgardinen sind für diese Gäste gewöhnungsbedürftig. An der Bar singt einer banale, sentimentale Lieder. Egal. Der Troubadour, schreibt Weiss, sei beliebt, und wichtig ist ja, dass hier mit der Leibeigenschaft gebrochen wurde und der Sänger seine Lieder und Melodien selber schreibt.

Am Abend Ausstellungseröffnung des »Salon de Paris«. Auch Fidel Castro ist mit drei Werken vertreten: In einem Gehege zwischen den Gemälden habe er zwei Preisbullen placiert und ein Luftabwehrgeschütz. Da war sie also, die Verbindung von Kunst und Politik. Über das, was der Dichter und der Revolutionär Tage später nach einer Marat-Sade-Lesung in spanischer Sprache miteinander geredet haben, ist nur ein Castro-Satz von Peter Weiss überliefert: *Dieses Stück könnten wir bei uns nicht spielen, denn unser Volk würde den Tod eines Revolutionärs nicht akzeptieren – vor allem, wenn alles auf seine Ermordung abzielt.* Drei Monate später wird ihr Lieblings-Revolutionär Ernesto Che Guevara, der Kommandant der kubanischen Rebellenarmee, in Bolivien ermordet, mit neun Kugeln niedergestreckt vom imperialistischen Feind. Mit seinem Tod ist die Ikone aller Revolutionäre geboren, und Wolf Biermann wird sie in der Chausseestraße 131 besingen – als

Commandante Che Guevara

Sie fürchten dich, und wir lieben
dich vorn im Kampf, wo der Tod lacht,
wo das Volk Schluß mit der Not macht.
Nun bist du weg – und doch geblieben ...

An jenem ersten Tag nach ihrer Ankunft aber, als alle noch mit dem »Salon de Paris« beschäftigt sind, wird ein Kunstwerk geboren, von dem Weiss schreibt: *dies wäre in keiner andern Stadt der Welt möglich.* Es ist ein spiralförmig angelegtes Monumentalgemälde, das da am Abend in noch tropischer Hitze entstehen soll, gemalt von den geladenen Gästen. Vor einer riesigen Hauswand auf der Hauptstraße von Havanna war ein Gerüst aufgestellt worden. Die Spirale mit einzelnen Feldern war vorgezeichnet. Jeder bekam ein Feld zugewiesen, das er nach Lust und Laune bemalen soll. So klettern denn alle mit Pinsel und Farbtöpfen auf die Höhe ihres Wandstücks und malen: viele Sonnen, paar Blumen, Ungeheuer, die besiegt werden müssen, die Revolution ist ja gerade erst acht Jahre alt, ein Che mit grünem Barett und Stern ist zu sehen, auch ein Kopf à la Castro, und ein Mann denkt in eine Blase hinein: Ven Pronto Fidel, also ihr werdet Fidel bald sehen. Ein großes, offenes Auge wacht an der Wand über Cuba, eine Madonna beschützt die befreite Insel, aus der Trikolore begrüßt eine winzige Marianne die Revolution in Übersee. Und Peter Weiss lässt hoch auf dem Gerüst gelbe Buchstaben auf rotem Grund tanzen, bis sie sich zu einem VIVE LA REVOLUCION formiert haben.

Und Gunilla Palmstierna-Weiss? Wir sitzen nach dem Auftakt zum hundertsten Geburtstag ihres Mannes – einer langen Peter-Weiss-Nacht mit Lesungen, Gesprächen, Diskussionen, Theater- und Filmausschnitten – draußen vor der Akademie der Künste in Berlin und trinken nach Mitternacht, also am frisch angebrochenen 1. Mai 2016, ein Glas Wein. Was hat sie damals in Havanna gemalt? Na, da muss sie erstmal lachen. Die Männer, sagt sie, haben sich ein bisschen raffgierig alle Farben geholt. Mir blieben nur gelb, schwarz und weiß. Und sie drängelten sich auch alle vor und rauf aufs Gerüst. Ich habe mich dann in die Mitte der Spirale vorgearbeitet und zwei schöne Brüste gemalt. Dazu schrieb ich dann: La révolution est aussi pour les femmes! Und danach, sagt sie, hat ein Orchester gespielt, und wir haben bis in den frühen Morgen hinein getrunken und wie verrückt getanzt.

Was für eine Nacht, als die Kunst bei tropischen Temperaturen mit Pinsel, Rum und Sambaklängen zur Spirale der Phantasie wurde, zum Spaß, zur *joie de vivre*. So hatte Weiss sich das immer gewünscht, so schreibt er es lustvoll durcheinander auf französisch und englisch ins Notizheft. Und so, glaubt er, müsse das Gefühl wohl gewesen sein, als die Oktoberrevolution noch jung war und die Kunst noch lebendig, und Sergej Eisenstein die Meuterei der Besatzung des russischen Panzerkreuzers Potjomkin gegen die zaristischen Offiziere verfilmte und Wladimir Majakowski sein Agitationsgedicht vor den Massen und Matrosen deklamierte, das zum Poem der Revolution wurde:

He, Blaublusen!
Nach vorn!
Stürmt Ozeane!
Oder
ist im Hafen der Sporn
der Panzerschiffe vermodert?!
Laßt
den britischen Löwen brüllen –
kronefletschende Sphinx
Keiner zwingt die Kommune zu Willen.
Links!
Links!
Links!

Ein paar Tage später dann Blick von der Anhöhe auf die Guantanamo Bay, den Stützpunkt der US Navy auf Cuba. Knatternde Fahnen, Stille, eine Minute Schweigen für die Toten der Revolution. Kommen die Kubaner der Umzäunung zu nahe, erzählen sie ihren Gästen Gunilla und Peter Weiss, werfen die amerikanischen Soldaten Steine nach ihnen, *spielen Affen, verhöhnen sie. Der Feind im eigenen Land.* Dann wird im offenen Pavillon gegessen, dazu spielt eine kubanische Band, eine Gruppe tanzt dazu, auch die Kellnerinnen und Wachleute werden mit herumgewirbelt, und ein Soldat steht da *mit dem schönen Gruß: die geballte Faust.* Am nächsten Tag: Santiago de Cuba. In der Nacht zum 26. Juli versammeln sich dort vor der Tribüne die Jugendlichen auf der großen Wiese und bleiben fast den ganzen Tag, bis Fidel Castro seine lange Rede hält. Es ist der Nationalfeiertag. Danach fahren die Arbeiter zurück auf die Zuckerfelder. Und am Abend wird getanzt, auf allen Straßen, auch *die Soldaten marschieren zum Rumba-Takt durch eine Wüste von Blechbüchsen.*

Zurück in Havanna. Spaziergang mit Gunilla durch die Stadt.

Wer überschwemmt Cuba mit diesem grauenhaften Kitsch. Blechkapseln in allen Schaufenstern. Als Dekoration. Bunt und schrecklich. Aber offenbar gibt es nichts anderes als diesen blechernen Abfall, notiert er. Und diese furchtbaren Schaufensterpuppen mit den dummen Gesichtern. Und zwischen all diesem monströsen Krimskrams Fähnchen, Fähnchen, Revolutionsfähnchen. War das große Kollektivbild ein Anfang für etwas Neues? Oder war es nur das Ergebnis eines unvergesslichen Abends mit linken Künstlern?

An den Häuserwänden: Che. In Bild und Schrift: Che. Das war immer noch besser als kommerzielle Leuchtreklame. Aber Che war in Bolivien. Er hatte nach seinem Konflikt mit Castro die Konsequenz gezogen. Er war Industrieminister und wollte die Insel industrialisieren. Castro hatte sich dem Druck der Sowjetunion gebeugt und die Zuckerrohrproduktion wieder angekurbelt. Aber die dümpelte so dahin. Also ging Che. Jetzt wollte er die Bauern in Bolivien befreien. *Aber das Telefon ist frei*, notiert Weiss, *jeder kann es unentgeltlich benützen, überall.* Immerhin.

Wieder in Stockholm wird er nach dem Tod von Che Guevara einen Nachruf schreiben. Er fragt, warum jetzt, wo er so dringend gebraucht wird. Er war doch der Führer der Revolution, der denkende, der planende Kopf. Aber er war ein kranker Mann, litt an Asthma und Rheumatismus. Hätte man ihn nicht in Sicherheit bringen können? Oder hat er sich geopfert? *Hat er das Los eines Märtyrers gewählt? Wir können keine Heiligen brauchen.*

Da hat seine Arbeit am »Viet Nam Diskurs« längst begonnen. Schon im August 1966 war im *Dagens Nyheter*, der großen Schwedischen Tageszeitung, Peter Weiss' Aufsatz »Vietnam« erschienen. Darin ging es um die Frage, ob man Amerika, das Menschen mit Napalmbomben verbrennt und Wälder und Felder mit Agent Orange entlaubt und damit für Generationen unfruchtbar macht, ob man Amerika des Genozids bezichtigen darf. Im Mai 1967 nahm Weiss am Bertrand Russell Tribunal in Stockholm teil, wo er Jean-Paul Sartre kennenlernt. Aufgabe und Ziel war es, Kriegsverbrechen am Vietnamesischen Volk zu untersuchen und zu dokumentieren.

Zwischendurch schreibt Weiss weiter an seinem Stück, das weniger ein Theaterstück als Agitproptheater wird, das politisieren und mobilisieren soll. Siegfried Unseld besucht seinen Autor in Stockholm und ist sicher, dass ihm *hier wieder wirklich Neues und auch Gutes gelingen wird.* Anfang Februar 1968 fliegt Weiss nach Frankfurt zu Harry Buckwitz, der die Vietnam-Uraufführung vorbereitet. Gunilla Palmstierna-Weiss wird Kostüme und Bühnenbild entwerfen, ästhetisch, kühl, klar. Vom Schürboden herab hängen weißen Fahnen mit Texten, die Amerikaner tragen weiß, die Vietnamesen schwarz, die Schachpartie kann beginnen. Schwarz fängt an:

Wir kommen aus dem Hafen Hangchou
Günstige Winde führten uns über das Meer
Wir hörten vom Reichtum des Landes am Mekong ...

In Rostock fängt Hanns Anselm Perten mit den Proben an, und Peter Weiss nimmt in Westberlin am Vietnam-Kongress teil. *Die herrschenden Gruppen*, schreibt er ins Notizbuch, *verbündet mit den Kriegstreibern in Washington wollen uns die Straßen unserer Städte verschließen ... Der Imperialismus kämpft jetzt ... um sein Überleben.*

Er spricht im überfüllten Audimax. Er hört seine Stimme, als ob sie aus dem Lautsprecher käme, als gehörte sie nicht zu ihm. *Hatte Stimme abstrakten Klang gegeben, um wegzukommen von »Volksredner«. War auch falsch. Alles falsch. Worte – nichts als Worte.* Es reden noch viele nach ihm, auch Rudi Dutschke, Gaston Salvatore, Erich Fried, Horst Mahler. Anschließend Solidaritätszug durch die Straßen. Gunilla und Peter Weiss mit Pfeife hinter dem schönen Gaston, *oft laufend, Arm in Arm, viele mit Sturz-helmen.* Danach geht es weiter nach Frankfurt zur Uraufführung seines Agitpropstücks. Am 20. März notiert er nur: *Premiere vom Viet Nam Diskurs. Anschließende Demonstration.* Nicht mehr. Das Stück, das für die Zuschauer zu wenig Stück ist und für die Studenten nicht ins Theater gehört, sondern auf die Straße, das Stück wird verrissen.

Ist er zu alt für die Straße? Der Gedanke lässt ihn nicht los, schreibt ins Notizbuch: *Tod naht.* Und schiebt den Zu-alt-Gedanken wieder weg, der sei reaktionär, *der Revolution unwürdig.* Aber woher die Kraft nehmen, die er braucht? Er fühlt sich krank, *mahlendes Krankheitsgefühl,* wenn er arbeitet. In der Nacht quält ihn oft Atemnot. Krampfartige Zustände seien das. *Sind noch Reserven da?* Wenn sich sein gesundheitlicher Zustand bessern würde, könnte er vielleicht mit dem Trotzki-Stück wieder auf die Beine kommen, hofft er. *Ständiger Widerstreit zwischen Hoffnung und Mutlosigkeit.*

Zwei Tage nach der Uraufführung vom Viet Nam Diskurs schreibt Hans Werner Richter ins Tagebuch, dass er einen seltsamen Besuch gehabt habe in Berlin. *Peter Weiss und Gunilla ... Sie kamen am Nachmittag und blieben bis zum späten Abend.* Peter habe von der Premiere in Frankfurt erzählt und sei offenbar *etwas verwirrt* gewesen über die Demonstrationen im Zuschauerraum und auf der Bühne. Der ganze Abend stand ja unter Polizeischutz. Und der SDS hatte nach dem sehr langen Stück auch noch eine Art cry-in inszeniert. Die Studenten tobten nach der Vorstellung auf die Bühne, ihr wichtigstes Requisit hatten sie natürlich dabei, das Megaphon, skandierten nun ihr Ho-Ho-Ho-Chi-Minh. Weiss, schreibt Richter, fand es *etwas zu primitiv.* Peter hätte ihn dann gefragt, wie er die Studentenbewegung sehe, und Richter habe gesagt, da sei viel Anarchismus dabei, der eines Tages in Faschismus umschlagen könne, und das fand Peter *richtig, nur sah er auch viel Hoffnung und Optimismus.* In seinen Aufzeichnungen aber ist er entsetzt über die *ungeheure Hetze, von rechts, von links.* Die Generalprobe sei für ihn eine Qual gewesen, nie in seinem Leben habe er einen solchen *Auswurf von schriller Bösartigkeit* erlebt wie an diesem Theaterabend.

Zum fünfundzwanzigsten Todestag von Peter Weiss gab es einen Film von Ulrich Kasten und Jens-Fietje Dwars, der auch eine sehr gut recherchierte Biographie über Peter Weiss geschrieben hat. Darin gibt es eine kurze Filmsequenz vom chaotischen Ende der Vietnam-Uraufführung: Megaphon, Ho Chi Minh, Flaggenschwingen mit der Vietnam-Fahne, gelber Stern auf rotem Grund, rhythmisches Klatschen, dann sparsamer Text eines jungen Mannes mit Scheitel, Schlips und Kragen. Er ruft seinen kurzen Satz mit Pausen ins Publikum hinein: Ich finde ... das Stück ist künstlerisch sehr schlecht ... sehr schlecht. Applaus, Applaus. Da geht Harry Buckwitz ans Mikrophon und sagt: Ich habe daheim eine Schublade voller Schreiben, wo mir vor fünfzehn Jahren dasselbe über Brecht-Stücke mitgeteilt wurde. Applaus, Applaus. Nein, wohl scheint Peter Weiss sich nicht zu fühlen, als er kurz zu den Agitatoren spricht. Es genüge eben nicht nur, ein Stück zu schreiben, sagt er, es müsse auch ganz konkret vorgeführt, also verstanden werden. Und empfiehlt den Genossen: Seien Sie Aktivisten, gehen Sie auf die Straße, spielen Sie auf Plätzen, spielen Sie politisches Theater, damit kommt das Theater weiter. Und auch er bekommt Applaus.

Für seine Texte auf der Bühne, seinen gewaltigen Diskurs, der in legendären Zeiten, also 500 Jahre vor der Zeitrechnung, beginnt, bis zu Ho Chi Minhs Viet Nam 1945, bis zur Kapitulation der Festung Dien Bien Phu 1954, bis zum Vergeltungsschlag der 7. US-Flotte, für diese Texte hatte Weiss keinen Applaus bekommen. Ja, es ist eine gewaltige Arbeit, 2500 Jahre auf die Bühne zu bringen. Und nein, es ist kein Spielstück. Es ist ein Denk- und Geschichts-Stück, in dem die Herren in weiß am Ende ihre Befehle erteilen – und die Vietnamesen sich vom Chor auf das Schlimmste vorbereiten sollen:

Treibt sie aus den Häusern
Treibt sie aus den Dörfern
Brennt die Häuser nieder
Vernichtet die Reisvorräte ...

Bereitet euch vor
auf das Schlimmste
Ihr auf den Feldern
gewöhnt euch daran
zu säen und zu ernten
unter Rauch und Giften
Ihr an den Deichen
sammelt genügend
Erde und Steine
die Krater zu füllen ...

Dann kommt der ganz große Schock in Ostberlin. Weiss sieht die letzte Vietnam-Probe im Theater am Schiffbauerdamm. *Das Ganze wie ein Alptraum.* Sie spielen nur Auszüge. Vom historischen Kontext sei nichts mehr zu verstehen. Und ihn, den Autor, beachte man überhaupt nicht, gehe mit ungeheurem Hochmut an ihm vorbei, *es ist als sei ich gar nicht vorhanden.* Er fragt sich, warum sie das Stück überhaupt spielen. Diese Kälte im Berliner Ensemble kennt er nun schon seit der Ablehnung von Marat / Sade. Und es war ja nicht nur Helene Weigel, die das Stück damals konterrevolutionär fand, es war vor allem Elisabeth Hauptmann, die einmal Brechts enge Mitarbeiterin war.

Nach Pertens Inszenierungen in Rostock hatte sich das alles noch verschärft. *Jeder hat seinen Stall, seine Pferde im Rennen:*

ein Markt auch hier in der DDR, schreibt Weiss. Schon beim Übergang in den Osten war wieder das Bedrückende da. *Würde ich hier leben, ich säße längst in der Klemme.* Offen reden könne er nur mit *Christa und Stephan*, also Christa Wolf und Stephan Hermlin. Doch er bleibt der kritische Intellektuelle mit der Sympathie für den Sozialismus, der das Notwendige ist, das kritisiert werden muss. Sein Credo ist das Lob des Zweifels.

Heiner Müller trifft Peter Weiss zum ersten Mal nach dem Viet Nam Diskurs, den Ruth Berghaus im Berliner Ensemble inszeniert hatte. *Da haben wir uns wüst gestritten*, schreibt er in seinen Erinnerungen »Krieg ohne Schlacht«. Er weiß nicht mehr, in welcher Wohnung sie sich damals nach der Premiere getroffen hätten, aber Weiss und Gunilla Palmstierna seien dabei gewesen, Wolf Biermann, Hans Bunge, Brechtschüler und Dramaturg am Rostocker Volkstheater, und Volker Braun. Braun, schreibt Müller, hätte ihm zwei Tage später gesagt, dass er Weiss wie eine Ratte angegriffen habe. Nun ist es ja so, schreibt er, für uns *Eingeborene des Sozialismus* hatte das Treffen schon *einen Hauch von Konspiration*. Aber das verstand Weiss nicht, weil er auf der *richtigen Seite der Weltbarrikade* stand.

Also er habe Weiss wüst angegriffen, das sei richtig, habe ihm Blauäugigkeit vorgeworfen, habe ihm gesagt, dass er sich benutzen ließe. *Natürlich habe ich ihm das auch aus Neid vorgeworfen*, weil er ja das Hätschelkind der Partei war. Und Müller hatte ewig Ärger mit der Partei. 1961 war er aus dem Schriftstellerverband geworfen worden und hatte Publikationsverbot, nach einer Selbstkritik darf er wieder, wird aber scharf beobachtet, und schon vier Jahre später lässt die Partei seinen »Bau« vom Spielplan nehmen, also Neid war angebracht. *Es war ja leicht, gegen den Vietnam-Krieg zu schreiben*, fand er, *und das in der DDR zu spielen war noch leichter.* Müller fand es einfach unangemessen und auch überflüssig, im Sozialismus, *wo die Linke Staat geworden war und Uni-*

form trug, gegen den Imperialismus anzuschreiben. Es war diese Leichtigkeit, mit der er *im Herzen der Bestie* das Imperiale und Koloniale an den literarischen Pranger stellte.

Das war der Streit. Und den habe Peter Weiss nicht verstanden, weil er im Westen lebte und die DDR für ihn noch eine Hoffnung war. Das war sie für Müller nicht mehr. Der heult mit den Wölfen, wo es klug ist und nimmt sich trotzdem alle Freiheit. Er kriegt Vorschüsse und liefert nichts, kriegt auch hin und wieder einen Drohbrief, kümmert ihn aber nicht. Er hält auch keine Termine ein. Und als seine Stücke im Westen aufgeführt werden dürfen, weil sie im Osten unerwünscht sind, aber aus dem Westen Devisen einbringen, soll er Berichte für die Stasi schreiben, und das vergisst er dann, weil's ihm zu blöd ist.

Aber Weiss wurde eben gehätschelt. Vor allem von Hanns Anselm Perten. Und den fand Müller nun ganz schrecklich, *ein übler Typ, ein Paranoiker und Intrigant*, schreibt er. Seine Aufführungen seien *das Letzte* gewesen. *Aber für Peter Weiss und auch für Hochhuth* sei er wohl eine *Art Vater* gewesen. Wiedergesehen haben die beiden sich erst Jahre später, als Müller die »Ästhetik des Widerstands« gelesen hatte, *ein großes Buch*, schreibt er. So viele Illusionen wie beim ersten Treffen habe Weiss nicht mehr gehabt, *aber immer noch eine mönchische Haltung zur Utopie*.

Kurz vor dem Abflug von Gunilla und Peter Weiss nach Vietnam, kommt noch einmal *die ganze Erniedrigung* in Ostberlin auf ihn zu, von der Müller damals keine Ahnung hatte. Eins von Weiss' Stücken sollte bei den jährlichen Festspielen aufgeführt werden. Gleich früh morgens ist er im Theater, um noch letzte Fragen zu klären. Sein Stück? Sei gerade abgesetzt worden. Wie bitte? Ja, sie spielen stattdessen die »Antigone«. Rolf Hochhuth habe sie bearbeitet. Daran sollte Weiss sich mal ein Beispiel nehmen, Hochhuth habe das richtige Sprachgefühl, der wisse, was Stil ist. Und man zeigt ihm die Bücher von Hochhuth, die hier in der DDR erschienen sind. Daran könne er lernen, wie er arbeiten müsse. *Es ist zum Heulen*, schreibt Weiss, *aber ich beherrsche mich noch*.

Ein paar Tage später landet er mit Gunilla in Hanoi. Er als Mitglied des Russell-Tribunals, sie als Mitarbeiterin im schwedischen Vietnam-Komitee.

Die reichste Nation zwingt die Ärmsten unter die Erde
Die Maschinen sausen durch die Lüfte und die Menschen leben in
Höhlen

In der Ho Chi Minh-Gedenkstätte, einem kalten Saal, zeigt man ihnen einen Film über den Revolutionär und Präsidenten der Demokratischen Republik. Und da bekommt Weiss eine schwere Kolik. Er kennt die Symptome, weiß sofort Bescheid: Es ist ein Nierenstein. Er hat höllische Schmerzen, wird ins Krankenhaus gebracht. Und Herr Tach, der Gesundheitsminister, kommt gleich ins Hospital und erklärt dem Patienten, er müsse trinken, trinken, trinken. Das sei notwendig in der großen Hitze von Kambodscha. Er lässt ihm gleich ein schwarzes Gebräu aus der Wegerichpflanze bringen. Das wusste ja Shakespeare schon, was der Wegerich alles kann. Lässt Romeo seinen Freund Benvolio den Saft der Blätter auf sein kaputtes Bein ausdrücken. Und der Herr Tach sagt, der Tee sei urintreibend und würde den Stein abtreiben helfen.

Bin voller Scham, den Gastgebern schon am ersten Tag zur Last zu fallen, schreibt er später ins Notizbuch. Doch Herr Tach hatte gesagt: *Auch das Krankenbett ist ein Kampfplatz an der Front.* Peter, sagt Gunilla Palmstierna-Weiss, hat ja sein ganzes Leben mit Nierengeschichten zu tun gehabt. Er war wirklich sehr krank, als wir in Vietnam waren. Aber er war auch ein Hypochonder. Das macht es ja nicht einfacher. Zu Hause passierte es schon mal, dass er seinem Arzt sagte, er brauche dringend dies oder jenes Medikament. Aber das brauchte er nicht. Wollte er aber. Da hat er, glaube ich, schon mal ein Placebo bekommen. Dann war's gut. Aber er schreibt auch ins Notizbuch, dass er seit zwanzig Jahren eine Krankheit im Keim mit sich herumtrage. *Die Anfälle, Krisen als Signale des fortlaufenden Prozesses.* Drei Tage später ist er wieder auf den Beinen. Hat überall die große Thermosflasche mit dem Tee bei sich. Koliken mit heftigen Schmerzen kommen immer wieder, erst nach neun Tagen ist der Stein endlich rausgespült. Er bewundert Gunilla, die in der dumpfen, feuchten Temperatur in ihrem Element ist, aktiv sogar noch in der Mittagssonne, war Schwester der Arbeiterinnen auf den Feldern und gleich bereit, in den Dschungelhütten zu leben, *während ich noch an meinen Gewohnheiten schleppte, an meiner Bürde von Abhängigkeiten.* Und nachts, beim Dahindämmern unterm Moskitonetz, bekommt er Atemnot, so unerträglich, dass er den Vorhang zurückschlägt. Lieber lässt er sich von den Insekten zerstechen als zu ersticken.

Sie fahren mit ihrem Reiseführer durchs Land. Meist in der Nacht. Am Tag ist es zu gefährlich. Wegen der Bomben. Phnom Penh, Angkor, Hanoi, Bayon, Hon Gay, Hai Phong und zurück nach Hanoi. Sie sammeln Material, sind beim Präsidenten des Schriftstellerverbands, und die erste Frage ist: *Wem kommt die Kultur zugute? Den Arbeitern, Bauern und Soldaten, von denen die Nation getragen wird, oder der Elite?* Eine Kunst, die nur der Kunst wegen geschaffen werde, sei sinnlos, lernt Weiss. Und er hört auf der Reise viele Sinnsätze:

Die Armut legt der Klugheit Fesseln an.
Man kann lange leben, trotz Leiden und Schmerzen.
Im klaren Wasser frißt der Fisch den Fisch.
Der Schreibende spiegelt seine Gesellschaft.
Unter der hellen Sonne fesselt der Mensch den Menschen.

Und am Abend, Punkt Viertel vor sieben Uhr, schreibt Weiss ins Notizbuch, beginnen die Grillen auf einen Schlag an zu zirpen.

Sie sehen die Zerstörung, sprechen mit Opfern, sehen Soldaten mit Maschinenpistole und Mandoline, besuchen das Kunstmuseum, den »Tempel der Literatur«, reden mit Politikern, sprechen mit einem gefangenen US-Soldaten, einem Piloten. Er antwortet auf Fragen nach Befehlen und nach Zielen. Die Befehle waren kurz. Das Ziel war der Punkt auf der Karte. Aber was das Ziel war, das wusste er nicht. Doch dort musste die Bombe hin. Da ist sie wieder, die verdammte Pflichterfüllung: Hier ängstlich in der Gefangenschaft wie ein Schild vor sich gehalten, in der »Ermittlung« feige als Lügenschild benutzt. Und sie würden es wieder tun. Es ist ja ihr Beruf, ein Beruf, der Gehorsam verlangt und das Denken ausschaltet. Das ist das Kreuz mit den Kriegen, und in diesem Krieg lernte Weiss das System der USA hassen, es war ein Hass, sagt er, der keine Grenze kannte, ein bodenloser Hass.

Aber die Welt war auch durch die Russen aus den Fugen geraten. Die waren in Prag einmarschiert, um den Frühling zu erschießen. Dabei hatte Alexander Dubček das gewollt, was Weiss immer für notwendig gehalten hat: den Kommunismus demokratisieren und liberalisieren mit Pressefreiheit und Reisefreiheit. Stand alles auf Dubčeks Programm.

Und die DDR hatte brav ihren Kotau vor Moskau gemacht, hatte Unterschriften von den Untertanen gefordert – gegen den Frühling. Als die Panzer nachts durch Prag rollten, gab der Lyriker Reiner Kunze, der ja mal an den Sozialismus geglaubt hatte, am nächsten Morgen sein Parteibuch zurück. Das war ein unerhörter Vorgang in der DDR. Und von da an druckte kein Verlag mehr etwas von ihm. Er schreibt:

Ich bin K.
und wohne
hier
Der dichter
ist verzogen
Anschrift unbekannt

Stephan Hermlin war auch gegen den Einmarsch, aber er sagte
es nicht öffentlich. Man wollte ja leben. Und Biermann? Der sang
ein Lied zur Gitarre:

... Dann hing ich im D-Zug am Fenster, und
Der Fahrtwind preßte mir Wind in‹ Mund
Die Augen gesteinigt vom Kohlestaub
Ohren von kreischenden Rädern taub
Hörte ich schwingen im Schienenschlag
Lieder vom Frühling im roten Prag
Und die Gitarre im Kasten lag
Das Land ist still
Die Menschen noch immer wie tot
Still. Das Land ist still. Noch

In der DDR hören das nur seine Freunde, und er selbst war ja schon
umzingelt von seinen *siebzig leibeigenen Spitzeln*. Und noch kurz
nach der Wende, als ich mit Sahra Wagenknecht ein Interview bei
ihr zu Hause machte und nach dem Prager Frühling fragte, sagte
sie, das sei die Aufweichung des Sozialismus gewesen. Wie bitte?
Aber ja, sagte sie, es sei doch sehr auffällig gewesen, wie West-
politiker damals den Frühling begrüßt hätten. Wolle sie damit an-
deuten, dass alle im Westen bei Dubček nur auf den Untergang
des Kommunismus gelauert hätten? Ja, selbstverständlich, sagte
sie. Dann galt der Untergangswunsch auch für die DDR? Natür-

lich, der Westen wollte uns wegkriegen. Aber der wollte doch vor allem Entspannung und menschliche Erleichterungen, sagte ich. Nein, sagte sie, Politiker scheren sich einen Dreck um Menschen und Erleichterungen.

Und Peter Weiss? Natürlich ist er entsetzt über den Einmarsch, der dem Sozialismus schweren Schaden zufüge. Er schreibt in *Dagens Nyheter: So, wie wir den Angriff der Vereinigten Staaten auf Vietnam verurteilen und bekämpfen, so müssen wir als Sozialisten uns gegen die verletzenden Maßnahmen der Sowjetunion gegen das Völkerrecht wenden.* Aber Weiss, der um die Veränderung im Sozialismus ringt – wie Heiner Müller meinte mit *mönchischer Haltung zur Utopie* – Weiss sieht auch eine Chance, glaubt, dass sich jetzt etwas bewege, denn in allen sozialistischen Ländern regte sich ja auch Kritik, jetzt könne man besser unterscheiden zwischen Hierarchien und offenen Bewegungen.

Drei Tage nach dem Einmarsch verschickt der Suhrkamp Verlag eine Solidaritätsadresse für die tschechischen Schriftsteller und bittet ihre Autoren, den Appell zu unterschreiben. Günter Grass, Max Frisch und Peter Bichsel haben den Text – in Anwesenheit von Pavel Kohout – verfasst. Darin heißt es, dass durch den Einmarsch *die jahrzehntelange Arbeit der europäischen Linken für Wandel und Fortschritt* verraten worden sei. Die Unterzeichner seien solidarisch mit den sozialistischen Schriftstellern der Tschechoslowakei, *die die Wegbereiter des neuen demokratischen Sozialismus in ihrem Land sind.* Nein, ihr Versuch sei nicht gescheitert, denn *Sozialismus und Freiheit bedingen einander.* Unter den Brief von Peter Weiss schreibt Siegfried Unseld: *Deine Unterschrift wäre s e h r wichtig. S.* Doch Peter Weiss wird nicht unterschreiben.

Er sieht aber schon, dass man in sozialistischen Ländern keine Ahnung hat, wie die Stimmung in der Bevölkerung ist, *Befragungen werden nicht angestellt, eine freie Presse besteht nicht.* Doch nach dieser Eintragung im Notizbuch kommt auch gleich ein

»aber«: *Die Tschechoslowaken, die in den Westen kommen, wissen nicht, was sie hier erwartet, sie glauben, sie würden eine große Freiheit finden.* Nein, er wird auch nicht in ein schwedisches »Solidaritätskomitee für die Tschechoslowakei« eintreten. Ja, er wird noch im Jahr 1968 Mitglied der eurokommunistischen »Linkspartei der Kommunisten«. Und doch immer wieder die düsteren Gedanken. *Woher kommst du – aus tiefem Dunkel.*

»SIE SIND IN DER DEUTSCHEN DEMOKRATISCHEN REPUBLIK NICHT ERWÜNSCHT«

TROTZKI IM EXIL

Die Notizbücher quellen über von Stoffen, an denen Peter Weiss arbeitet, Themen, die er wieder weglegt und wieder hervorholt. Arthur Rimbaud steht auf der Liste ganz oben. Er liest Biographien, sämtliche Dichtungen, die Briefe, Le Bateau ivre, alles. Ja, er will ein Stück über diesen Poeten und Abenteurer schreiben, der für ihn ahnungsvoll einer neuen Revolution entgegendachte und Verse über »Das Böse« schrieb:

Angesichts der roten Pfützen, die der Kugelhagel spritzt,
Der tagelang ins unbegrenzte Blau des Himmels knallt;
In Scharlach oder Grün, anbei ein König witzelt,
Stürzen Bataillone massenhaft in Feuerwalzen ...

Er skizzierte seine Lebensstationen. Beginnt 1870: *der Vorhang öffnet sich.* Stichwörter bis zu Rimbauds Tod 1891: Kriegserklärung, Commune, Manifest der Poetik, leben mit Verlaine, Prügelei mit Literaten, mit Communarden in London, Verlaine, betrunken, schießt auf ihn, Verpflichtung für Kolonialarmee, Desertion, Arbeit im Hafen, Afrika, Typhus, Äthiopien, Sklavenhandel, Waffen gegen Kolonialisten, Knochenkrebs, Beinamputation, Tod in Marseille. Weiss entwirft Szenen, Zwiegespräche, seitenweise. Rimbaud sagt: *Wir hocken da als Gerippe. Wir kauen wider, was längst ausgekotzt und verfault ist*
Und schon ist er da, wo er hin will, ist bei Platon, der ihn entzückt und angezündet hat, der weiß, wie Gedichte entstehen,

nämlich nicht nach den Regeln der Kunst, sondern, weil sie besessen sein müssen, die großen Poeten, weil sie ihre Sätze komponieren müssen. *Solche Poeten sind von Sinnen, sind in der Gewalt einer Musik, die durch sie hindurchgeht.* Wer das nicht spürt, bringt nichts zustande. Und das ist natürlich genau das, was Weiss selbst beherrscht. Er kann das: Musik durch Wörter und Sätze fließen lassen. Deshalb liebte er Bretons Nadja, deshalb ist sein Kutscher so luftig leicht, deshalb heißen seine drei Gehenden Abel, Babel und Cabel, deshalb lesen sich hundertfünfzig Seiten »Abschied von den Eltern« ohne Absatz wie ein Stück vertonter Poesie. Aber dann wird Rimbaud plötzlich zur Seite geschubst. Weiss wird »Trotzki im Exil« schreiben, das Stück, das ihn an den Rand der Katastrophe bringt.

Ich danke Dir für Deine Hilfe mit Mikael, schreibt Peter Weiss Ende August 1968 an den lieben Siegfried. Mikael ist der Sohn von Gunilla Palmstierna-Weiss, den er 1965 adoptiert hatte. Er möchte in Frankfurt ein Praktikum machen. Das Geld, das er im Monat brauche, schreibt Weiss, sollte man ihm bitte von seinem Verlagsguthaben auszahlen. Fünfhundert D-Mark müssten es sicher sein. Er würde selbst bald nach Frankfurt kommen und alles an Ort und Stelle regeln. Am Ende des Briefes dankt auch Gunilla ihm für die Hilfe. Mikael, schreibt sie, *spricht noch nicht gut Deutsch, aber dagegen perfekt Englisch*. Karlheinz Braun, der damals noch den Suhrkamp-Theaterverlag leitet und beste Kontakte hat, bringt den jungen Mann für ein paar Monate als Praktikant in der Dekorationsabteilung der Städtischen Bühnen unter, und bis er ein Zimmer gefunden hat, wohnt er bei Claus Peymann, der damals Oberspielleiter im Theater am Turm ist, dem TAT, das Rainer Werner Fassbinder bald übernehmen wird. An Peymann, sagt Mikael Sylwan-Weiss heute, kann er sich kaum noch erinnern. Der war den ganzen Tag unterwegs, und er war doch damals mit sich selber und der fremden Sprache beschäftigt.

In Stockholm liest Peter Weiss inzwischen die große dreibändige Biographie von Isaac Deutscher über Lew Davidowitsch Trotzki, liest Lenin- und Stalin-Biographien, liest alles von Trotzki über den Terror, die Lehre des Oktobers, die kommunistische Internationale, die permanente Revolution, Trotzkis Versuch einer Autobiographie, die stalinistische Diktatur, die verratene Revolution, seine Berichte über die Zeit des großen Terrors unter Stalin, die Säuberungen, die Moskauer Prozesse gegen Nikolai Bucharin, den Vorsitzenden der Kommunistischen Internationale, und Grigori Sinowjew, einmal enger Mitarbeiter Stalins, die gefoltert und in der Lubjanka auf Stalins Befehl erschossen wurden. Peter, sagt Gunilla Palmstierna-Weiss, ist unter dem gewaltigen Material fast zusammengebrochen. Trotzkis Gegenpart würde also der Geist von Stalin sein, der ihn ermorden ließ. Der ehemalige Revolutionär und Volkskommissar, gegen den Diktator. Der Intellektuelle gegen den Emporkömmling, der Kämpfer mit der Feder gegen den Schlächter mit dem Gewehr.

War das seine Reaktion auf den sowjetischen Einmarsch in Prag? Prag war ja doch eine Schicksalsstadt im frühen Leben von Peter Weiss. In Prag hatte er gemalt, den Traum vom Künstler geträumt, seinen Freund Robert Jungk kennengelernt, Kafka entdeckt, der ihm hinter den Fassaden des Alltags *die Gefangenschaften und Zermürbungen* gezeigt hatte, und hier sah er seine jüdischen Freunde zum letzten Mal, Peter Kien und Lucie Weisberger, die in Auschwitz ermordet wurden. Hatte er inzwischen zu viel Rücksicht auf die Sozialisten genommen, die in ihrer panischen Angst vor Kritik in eine spießige Enge geraten waren, in eine Kunstfeindlichkeit, in der man lieber einem Autor, dem man nicht gewachsen war, die politische Klugheit absprach?

Das war ja nichts Neues. Nach der Wende hatte ich im alten Otto-Grotewohl-Wilhelm-Pieck-Haus in einem dicken Ordner des Zentralkomitees zwischen Briefen an Honecker, Mahnungen,

Verboten und Rede-Entwürfen auch ein Blatt aus der Kaderakte von Brecht gefunden. Es war der hölzerne Nachruf des ZK auf den Tod des gar nicht so geliebten, weil zu dialektisch klugen Groß-dichters. Der beginnt so: *Am Abend des 14. August 1956 ist unser Bertolt Brecht von uns geschieden.* Der nächste Satz war rot durch-gestrichen. Der hieß: *Er war ein politischer Dichter.* Also bloß keine Fehler machen.

Und einen Fehler macht nun Peter Weiss, der nach seinem ersten Theaterstück, dem Marat/Sade, als neuer Brecht bejubelt und gefeiert worden war. Weiss ist Weiss, kann aber auch Brecht. Schreibt ins Notizbuch:

Du darfst dich an nichts erfreuen –
Aber was liegt eigentlich gegen mich vor?
Gegen Sie. Garnichts. Was sollte denn gegen Sie vorliegen? Könnte
denn etwas gegen Sie vorliegen?
Die neue Inquisition

Er kommt also von Stockholm nach Berlin, wohnt eine Zeitlang in der Westberliner Akademie der Künste, fährt von dort in den Osten, um in Bibliotheken alles über die Russische Revolution zu lesen. Oktoberrevolution? Das klang zunächst ja gut für Ostohren, klang nach einem Stück, das ihnen gefallen könnte. Und Siegfried Unseld war auch beglückt. Er wollte endlich wieder einen rich-tigen Erfolg mit seinem Starautor feiern. Das war er doch, war es immer noch, auch wenn die letzten beiden Stücke verrissen worden waren und wenig gespielt wurden. In München hatte die Vietnam-Inszenierung sich selbst ad absurdum geführt, indem man als Bühnendekoration ein Transparent mit der Aufschrift »Dokumentartheater ist Scheiße« anbrachte.

Aber Gespräche zwischen Trotzki und Lenin über die Revolu-tion, das erinnerte doch an die Revolutionsgespräche zwischen

»Trotzki im Exil« wird Peter Weiss an den Rand der Katastrophe bringen.
Im Westen stürmen sie die Bühne, in der DDR jagen sie ihn aus dem Land.

Marat und dem Marquis de Sade. Marat war doch im Geschichts-
bild der Franzosen derjenige, der die Revolution an die Guillotine
verraten hat. Und Trotzki war ebenfalls zum Sündenbock gemacht worden. Ein Angriff auf den Stalinismus, in dem das Bild
von Trotzki als Verräter der Revolution ja weiter wucherte, wäre
doch angebracht. Fand Weiss. Chruschtschow, Stalins Nachfolger, hatte auf dem XX. Parteitag der KPdSU in einer langen Ge-
heimrede Stalins Verbrechen in der Zeit der großen Säuberungen
verurteilt, hatte das blutige Laken schon etwas angehoben. Jetzt
würde Weiss einen Schritt weitergehen und Trotzki freisprechen.
Also »Trotzki im Exil«, das er zwischen November 1968 und Juni
69 geschrieben hat, soll sein Beitrag zum Lenin-Jahr 1970 sein.

Es wird sein Waterloo werden. Und das Stück war doch mit so
viel Herzblut geschrieben. Alles beginnt mit dem neuen Jahrhundert, mit Trotzkis Verbannung. Aber die Vorahnungen des Sturms

sind da: *Apokalyptische Offenbarungen. Rußland. Was für ein riesiges Laboratorium von Ideen. Und welch ein Despotismus. Hofstaat, Adel, Grundherrn, Offiziere ... Das zu brechen. Woher werden die freien Menschen kommen?* Dann geht es durch Stationen des Trotzki-Lebens: London. Brüssel. Zweite Verbannung. Zürich. Dann der Oktober. Kronstadt. Lenins Tod. Und lange Gespräche zwischen Trotzki und Studenten über Judentum und Volksfront und Tschiang Kai Shek und Mao und Vietnam und China. Und am Ende der Schlag mit dem Eispickel auf Trotzkis Haupt, dieses *kostbarste und bestorganisierte Gehirn*, wie Arnold Zweig nach dem Mord ins Tagebuch schreibt.

Das alles ist nicht zu spielen wie bei Marat und de Sade. Dort gab es Knittelverse, hier Politik in Prosa. Dort tobten zwischen zwei klugen Geistern Irre durch die Szene, hier gibt es nur einmal die Chance für Vergnügliches, als in Zürich die Dadaisten mit Hugo Ball und Emmy Hennings auftreten. Die alte Emmy hatte Peter Weiss doch noch in Carabietta kennengelernt, damals im Tessin, als er anfing zu leben, da hatte sie ihm von der verrückten Dada-Zeit erzählt, von Ball und Huelsenbeck und Arp und Schwitters, der so schönen Schnickschnack schrieb:

Fliegen haben kurze Beine.
Eile ist des Witzes Weile.
Rote Himbeeren sind rot ...
Bürger haben kurze Fliegen.
Würze ist des Witzes Kürze.
Jede Frau hat eine Schürze ...

Ein bisschen davon ist im Stück bei Emmy Hennings noch zu spüren, wenn sie im Café Voltaire die Dada-Kultur beschwört: *An die Zukünftigen. An die Visionäre. Laßt eure Kleider in Fetzen gehn. Hüllt euch in euer eigenes Haar. Kommt und geht wie Regen und*

Nebel. Da da. Da da da. Also her mit der neuen Kunst und weg mit der alten, so nach dem Slogan: Ist das Kunst oder kann das weg? Kann weg, also raus mit dem Müll aus den Museen und rein mit Dada. *Im Jahr des Bluts. Im Monat der heraushängenden Gedärme. Am Tag des Todesschreis. An die Welt. An die Weltöffentlichkeit. Die Dadakultur ist geboren.* Das Freudenmädchen Anna Blume ist nicht ganz sicher, ob die Emmy nicht vielleicht verrückt geworden ist. Nein, nein, sagt Hugo Ball, aus ihr spreche die höhere Vernunft, die Vernunft, die sich vom Joch der Vorschriften und Gesetze befreit habe. Doch mit Politikus Trotzki geht der Sinn für Witz und Wahn dann schon wieder unter: *Die Kunst, die sich losgesagt hat von ihren Händlern, Spekulanten, Profiteuren, die neue Kunst, die allen gehört, sie muß im Dienst der Revolution stehn.* Ja, sie ist dahin, die lustvolle Unbefangenheit des ersten Stücks, die Weiss in der Gruppe 47 deklamiert und mit Trommelwirbeln begleitet hatte. Sie ist einem Sendungsbewusstsein gewichen. Und so wird denn das Stück, das Harry Buckwitz im neuen Düsseldorfer Schauspielhaus zum Lobe des klugen Trotzki inszeniert, regelrecht zerfetzt.

Die Generalprobe ist öffentlich. Was sich da abspielte, war Anarchie, sagt Gunilla Palmstierna-Weiss. Linke und auch Rechte haben eine solche Kabale gemacht, dass man nicht mehr weiterspielen konnte. Für Peter war das ganz schrecklich, diese schrille Bösartigkeit, die auf ihn niederprasselte. Einer brüllt:»Lauter! Ich bin blind!« Dann stürmen sie die Bühne und wollen selbst weiterinszenieren. Einer schreit von oben runter:»Spiel doch deinen Lenin selbst, du Scheißer«. Der Scheißer war für sie Weiss. Aber mehr können sie nicht, als schreien, pfeifen und buhen. Was sagt Trotzki im Stück zu Lenin? *Die Revolution ist groß. Aber Dummköpfe sind noch genug da.* Weiss ist entsetzt über die Okkupation der Bühne. Sagt deprimiert, dass Trotzkis Idee von der permanenten Revolution noch immer im Exil sei. Dann geht er mit Gunilla, flieht aus diesem Affenzirkus. Richard Münch als Trotzki hatte seinen Schreibtisch auf der Bühne längst geräumt, und Buckwitz beendete das Chaos mit gewaltig aufgedrehter Wagner-Musik aus der Götterdämmerung.

Hätten sie weiter zugehört, die brüllenden Revoluzzer, hätten sie Trotzkis Satz kurz vor seiner Ermordung noch hören können: *Ich kann den Glauben an die Vernunft, an die menschliche Solidarität nicht aufgeben.* Die Premiere am nächsten Abend stand dann unter Polizeischutz. Und das, sagt Gunilla Palmstierna-Weiss, war für Peter ganz schrecklich. Polizei vorm Theater!

Danach kamen die Verrisse. Schulfunk sei das, Sozialismus für Klippschüler, ein Lehrstück, lang und langweilig, und Weiss sei ein sentimentaler Sozialist. Nur in Axel Springers *Welt* wird die *Ehrenrettung Trotzkis* gelobt. Aber damit war sicherlich nicht dessen permanente Revolution für einen gelungenen und haltbaren Sozialismus gemeint. Ivan Nagel schreibt in der *Süddeutschen Zeitung,* das Stück sei *tödliches Theater.* Und Fritz Rumler schreibt im *SPIEGEL,* dass ein Theater, das *zwischen dem Thyssen-Wolkenkratzer und einer »Chase Manhatten Bank«-Filiale* liegt, *ein Gral des Geldbürgertums* ist. Da seien Gespräche zwischen Trotzki und Lenin über die Revolution doch *Hekuba* fürs feine Publikum. Also wurschtegal. So, wie es Hekubas Sohn Hektor egal war, was mit seiner Mutter nach dem Fall Trojas passieren würde. Das war ihm Hekuba. Doch zur Redensart hatte es mal wieder Shakespeare gemacht. Sein Hamlet wundert sich nämlich, dass einer der Schauspieler über das Schicksal Hekubas, die Sklavin von Odysseus, Tränen vergießt, *um Hekuba!,* während er, Hamlet, trotz des Mordes an seinem Vater gefühllos bleibt.

Was ist ihm Hekuba, was ist er ihr,
Daß er um sie soll weinen?

Für Weiss sind die Verrisse aber alles andere als Hekuba. Sie sind Niederlagen und gehen an die Existenz des Dramatikers. Als er sich mit Peter Brook trifft, der das Stück vielleicht in London inszenieren will, und Weiss ihm den Inhalt erzählt, spürt er: *es interessiert ihn nicht – geht auf ganz anderen Wegen – weg vom politischen zum privaten.*

Weiss schläft schlecht. *Ich träume viel von meinem Vater. Bin nachts bei den Toten. Mein Vater ist ein freundlicher Mann.* Das kann er von vielen Lebenden nicht mehr sagen. Und es kommt ja noch schlimmer. Er kriegt ein Telegramm aus Rostock mit heftigem Inhalt: *wie ich im Leninjahr antisowjetische Hetze und trotzkistische Ideologie betreiben könne!* Nein, das Stück könne nicht im Volkstheater gespielt werden. Und die zwei Bände mit Stücken und Texten von Peter Weiss, die Manfred Haiduk in der DDR fast fertig gestellt hat, werden nicht erscheinen, also vorerst gestoppt. Trotzki war nun mal der Antichrist aller Kommunisten in der großen UdSSR und damit auch in der kleinen DDR. Und die rieten dem Verräter der Arbeiterklasse, der Weiss für sie geworden war, ins Lager der Reaktionäre zu wechseln, wo er hingehöre. Sein russischer Übersetzer Lew Ginsburg hatte in einem Offenen Brief in der *Literaturnaja Gazeta* erklärt, »Trotzki im Exil« sei ein unwürdiges antisowjetisches Stück, mit dem sein Autor sich selbst ins Exil geschrieben habe. Aber Ginsburg, glaubt Weiss, musste damit vielleicht seine Haut retten.

Dennoch schreibt er einen sehr langen Offenen Rückbrief an den werten Lew Ginsburg, der vor allem natürlich für die Hardliner gedacht ist. Schon Marx und später auch Lenin, hätten immer wieder darauf hingewiesen, *daß eine Verheimlichung von Schwächen und Konflikten* dem Sozialismus eher schade. Und genau aus diesem Grund stelle er, Weiss, die Wahrheitsfindung über politische Rücksichtnahmen. Und wer behaupte, die bürgerliche Welt würde Trotzkis Gedanken als Waffe gegen den Sozialismus ausspielen, der irre. Und dass Trotzki-Biographien und dessen Schriften nur in den westlichen Ländern publiziert werden, spräche nun wirklich nicht gegen Trotzki, sondern gegen die, die versuchten, *ihn mit Gewalt zum Gegner abzuschieben*. Trotzki sei für die permanente, für die immer wieder kritisch zu überprüfende Revolution gewesen, Stalin dagegen hatte sie einbetoniert. Das war der irreparable Bruch zwischen beiden. Stalin hatte ja auch Eisenstein gezwungen, in seinem Film »Oktober« Trotzki zu streichen, auszumerzen. Dasselbe werde jetzt im Leninjahr, das inzwischen schon *kultische Ausmaße* erreicht, wieder mit Trotzki gemacht. Doch durch die *Synthese von Lenins Organisationstheorie und Trotzkis Theorie der permanenten Revolution*, schreibt Weiss an Ginsburg, *wurde die Oktoberrevolution ermöglicht*.

Martin Walser erzählt in seinem Tagebuch von einem Besuch bei Lew Ginsburg in der UdSSR. Sie essen Wolga-Fisch und Stör, Kaviar, Pastete, Schinken, Wodka und russische Cola. Woraus die gemacht sei? Aus Brot. Brot? Schmeckt aber. Sei sicher auch gesünder, schreibt Walser. Lews Sohn studiert Germanistik und möchte wissen, ob man Peter Weiss in der Nachfolge des Dramatikers Georg Büchner sehen könne. *Lew zögert, er sagt: Peter Weiss, mein Freund und Gegner.* Aber das Trotzki-Stück gehe nicht, sagt er. Weiss könne doch nicht in Stockholm sitzen, eine gute Zigarre beim Fernsehen rauchen und den Russen sagen, wie man Revolution macht. *Trotzki, das war eine tragische Zeit, man muß das kennen, man kann das nicht so mit dem Zirkel einteilen, wie Peter Weiss das getan hat*, sagt er zu Walser. Seinen Marat, den er ja übersetzt hat, den habe er bewundert.

Im Frühjahr will Peter Weiss, der diese völlig verhärtete Haltung auch in der DDR nicht glauben kann, mit den Genossen in Ostberlin reden. Es musste doch wohl möglich sein, über dieses jahrzehntelang verdrängte Thema zu diskutieren. An der Friedrichstraße wird er von Grenzsoldaten festgehalten und in den unteren Gelassen der S-Bahn-Station in einem Holzverschlag, wie Weiss schreibt, deponiert. Nach weit mehr als einer, vielleicht zwei Stunden kam ein Grenzbeamter, der ihm mitteilt, dass seine Anwesenheit in der Deutschen Demokratischen Republik nicht erwünscht sei. *Ich wurde ausgewiesen, abgeführt, an den Kontrollschaltern vorbei,* dann weiter durch alle Sperren und hoch zum Bahnsteig und ab in den Westen.

Ich steh im Kollektiv
nun einmal schief
was soll ich machen
da gibts nichts zu lachen

Fast zwei Jahre ist er Persona non grata. Verständigen könne man sich erst wieder mit ihm, wenn er widerriefe, das Stück zurückzöge, *wenn ich ein Bekenntnis meiner Verirrungen* ablegte. Das war unglaublich! Doch für unliebsame DDR-Autoren gehörte das zum Alltag. Auch Heiner Müller hatte es hinter sich. Als seine »Umsiedlerin« 1961 von der Bühne geworfen wurde und er selbst aus dem Schriftstellerverband flog, rief eines Tages Helene Weigel bei der Unperson Müller an. Also so ginge das nicht weiter. Anna Seghers hätte sich auch schon bei ihr gemeldet. Er müsse endlich eine Selbstkritik schreiben. Er solle das unter ihrer Führung machen. Sie wisse, wie das geht. Und als Müller anfängt, sich zu verteidigen und Erklärungen zu formulieren, sagt sie: Du darfst nichts erklären. Du bist Schuld. Sonst hat's keinen Zweck.

Sie hat ihn dann ins Turmzimmer geschickt, wo Brecht immer gesessen hat. Und da schreibt Müller dann unter Anleitung von Helene Weigel eine Selbstkritik. Schreibt, dass er ein Stück schreiben wollte, das dem Sozialismus nützt. Seine Bemühungen seien aber ins Gegenteil umgeschlagen. Er habe sich von der Partei isoliert, brauche jetzt aber ihre Hilfe, um weiterarbeiten zu können, denn er wolle der Partei ja nützen. Er übt das dann mit Helene Weigel ein, der großen »Mutter Courage«, damit der Text vor der versammelten Prominenz der Kulturschaffenden auch glaubhaft vorgetragen würde und seine Wirkung tat. Danach, sagte Müller, lud sie mich zu Kohlrouladen ein.

Hat er sich beim Schreiben des Textes geniert, hatte ich ihn gefragt. Nein, sagte er. Kam er sich vielleicht wie Galilei vor, der auch abschwor, dass die Welt eine Kugel ist und doch wusste, dass er Recht hat? Auch nicht, nein. Es ging um meine Existenz, sagte er. Und er wusste, dass auch der russische Regisseur Eisenstein ein paar Mal Selbstkritik üben musste, um künstlerisch überleben zu können. Und irgendwie sei ihm Schreiben auch wichtiger gewesen als Moral.

In Schweden hatte sich inzwischen auch noch ein Mitglied der Eurokommunistischen Partei – in die Peter Weiss nach dem Einmarsch der Sowjets in Prag eingetreten war – mit einem Zeitungsartikel als schäbiger Altstalinist entpuppt. Das Stück über Trotzki sei für ihn der Beweis dafür, dass der Autor ein *Wolf im Schafspelz* sei. Ein *Glücksritter*, jüdisch geboren und bürgerlich erzogen. Für den Schreiber war es also kein Wunder, dass ein Intellektueller wie Weiss mit seinem, wie er es formulierte, *mosaisch dick fließenden Blut* kein Verständnis fürs Proletariat haben könnte. Er sollte besser aus der Partei austreten.

»WENN SO DAS STERBEN IST, DANN IST ES GANZ LEICHT UND SCHÖN«

HERZINFARKT UND REKONVALESZENZ

Als wir nach diesen zerstörerischen Tagen nach Stockholm zurückfuhren, sagt Gunilla Palmstierna-Weiss, hat der Peter seinen ersten Herzinfarkt bekommen. Wir saßen zu Hause, redeten und haben Wein getrunken. Und dann sah ich plötzlich, dass etwas nicht mit ihm stimmt. Er war kreideweiß im Gesicht. Ich habe sofort die Ambulanz angerufen. Aber die sind mir nicht schnell genug gekommen. Da habe ich Peter in meinem Auto ins Krankenhaus gefahren. Ich saß und wartete, und die Ärzte sagten mir, dass es ein sehr schwerer Herzinfarkt war. Das war am 8. Juni 1970.

Es ist alles zu viel gewesen für ihn, die Erstürmung der Bühne, der Polizeischutz, die schrecklichen Kritiken, die Verbannung aus der DDR. Die Enttäuschung war einfach zu groß. *Unsere Krankheiten sind zumeist politische Krankheiten*, wird Weiss schreiben, *wenn uns der Atem wegbleibt u das Herz aussetzt.* Aber Angst? Nein, Angst habe er nicht gehabt. Gleich am nächsten Tag notiert er: *Das Sonderbare: keine Angst vorm Sterben. Es geht leicht und eigentlich ist es schön.* 1944 hatte er ein Bild gemalt, »Obduktion«. Der obduzierende Arzt beugt sich über den geöffneten Brustkorb des Toten, das Messer in der Rechten, und in der linken Hand hält er das herausgenommene Herz.

Dieses Bild ist eins von vierhundert, die gestohlen worden sind. Auch das große Gemälde »Die Maschinen greifen die Menschen an« ist dabei, auch alle Kinderzeichnungen von Peter, sagt Gunilla-Palmstierna Weiss. Wir hatten sie in Stockholm in einem

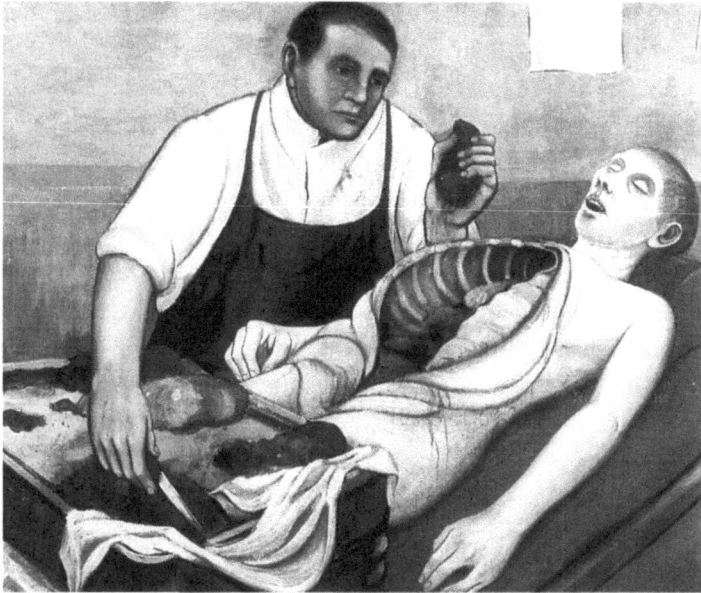

1944 malt Peter Weiss die »Obduktion«. In seinen Nächten träumt er von Angst und Sterben. Der Tod begleitete ihn durchs Leben.

Lagerraum deponiert, und da wurden sie gestohlen. Die Polizei, sagt sie, vermutet, dass die Bilder in Polen sind.

Als Siegfried Unseld vom Herzinfarkt seines Autors erfährt, schickt er der lieben Gunilla einen Brief. Den möchte sie bitte, sobald es möglich sei, Peter geben oder vorlesen. Darin schreibt er: *Ich drücke Dir herzlich die Hand, erflehe von allen möglichen Göttern Deine baldige Genesung.* Am Grad seiner Betroffenheit spüre er wieder, wie freundschaftlich tief er sich mit ihm verbunden fühle. *Wir wollen unsere Lebensjahre in der Zukunft noch mehr für diese Verbindung nützen.* Im Verlag würden sie alles tun, um seine Arbeiten zu verbreiten. Martin Walser kämpfe gerade in Wien beim Regisseur Hans Hollmann für seinen Trotzki, das

Stück, *das wir nach wie vor für ein bedeutendes halten.* Und der Hölderlin *wird in Deinem Kopf weiter wachsen.*

Vierzehn Tage später schickt Unseld kleine Erfolgsmeldungen. Hans Neuenfels inszeniere in Heidelberg Strindbergs »Fräulein Julie« in der Übersetzung von Weiss, Hans Hollmann habe Interesse am Trotzki, auch Intendant Kurt Hübner in Bremen. *Du siehst, die Wirkungen bleiben nicht aus.* Er sei noch immer betroffen, habe jeden Tag an ihn gedacht, er müsse in Zukunft mehr auf sich achten, brauche mehr Bewegung und richtige *»Ernährung des Herzens«.* Darüber würden sie sicher bald miteinander reden. Und er wird auch zum Jahresanfang seine monatlichen Bezüge auf DM 5000,– erhöhen, damit er sicher und in Ruhe am »Hölderlin« arbeiten kann. Die Summe soll für ein Jahr gelten, dann würde man weitersehen.

Nach dem Infarkt liegt Weiss mehrere Wochen im Krankenhaus, hat seine Medikamente bekommen und braucht absolute Ruhe. Gunilla Palmstierna-Weiss erzählt, wie dann sein jüngerer Bruder Alexander ankam und ihn besuchte. Der schrieb ja auch inzwischen, hatte in Schweden mit Aphorismen debütiert, aber da war eine unglaubliche Eifersucht zu seinem erfolgreichen Bruder, sagt sie. Er geht also zu Peter, der wirklich sehr krank war, und sagt: Jetzt, wo du nichts zu tun hast, kannst du doch meine Bücher übersetzen.

Nein, das kann er nicht. Er hat in der Zeit seiner Rekonvaleszenz etwas anderes zu tun. Er beginnt, ein Tagebuch zu schreiben. Er nennt es »Rekonvaleszenz«. Und weil am Tag bei ihm eher eine Art Verlorenheit, auch eine Hilflosigkeit überwiegt, gerät er gleich zu Beginn seiner Eintragungen in ein merkwürdiges *Nachtleben* hinein, in seine Träume, in Gedanken, die seinen sonstigen Vorsätzen, vernünftig und verantwortungsvoll zu reagieren, Hohn sprachen: *Mein Umgang bestand hier vor allem aus Prostituierten, Außenseitern, Gescheiterten, in einer eigentümlichen Unterwelt, einer Art Totenreich*, das aber, wie er schreibt, nicht im geringsten ein Schattenreich war, sondern wo intensive und emotionale Begegnungen stattfanden, *die zu Tränen oder zu wildem Gelächter führten.*

In der letzten Nacht etwa hätte es ihn in ein Theater verschlagen, das eher eine Grotte oder Höhle war. Und er sollte da in einem Schauspiel eine Rolle übernehmen. Sein Auftritt stand kurz bevor, doch er hatte keine Ahnung, worum es überhaupt ging und was er sagen sollte, und er musste daran denken, *wie schwer mir schon in der Schulzeit das Auswendiglernen gefallen war.* Irgendjemand soufliert ihm schließlich seinen Text. Fünf Mal solle er sagen: *Laertes, hat man dir bereits nach dem Leben getrachtet ...* Doch im Textbuch, das man ihm reichte, stand, er solle es nur vier, nicht fünf Mal sagen, und der restliche Text war nicht mehr zu entziffern, das Buch war völlig abgegriffen, zerfleddert und verschmutzt. Und dann sollte er sich in der Garderobe auch erstmal umziehen, rein ins Bolero und die Trikothose, danach fand er aber nicht mehr auf die Bühne zurück, stand plötzlich mitten in einer zerklüfteten Landschaft, und es schüttet vom Himmel, und er übte immer wieder seinen Ruf: *Laertes, hat man dir schon nach dem Leben getrachtet.* Er war offenbar mitten im Stück. *Pause. Zwischenakt.* Er sitzt nun in großer Vertrautheit und Intimität mit einer Schauspielerin da. *Zuneigung ohne Umwege, Zärtlichkeit ohne Fragen.* Eine andere kommt hinzu. In welchem Stück spielt sie? Und dann schütteln sich alle vor Lachen.

Als Peter Weiss nur noch ambulant behandelt werden muss, geht er mehrmals wöchentlich in die Klinik. Blutfett, Blutdruck und Herztätigkeit werden untersucht. Dann geht's in den Gymnastikraum, *Arme und Beine schwingend, Hanteln hebend, Radpedalen tretend, dem einen, dem andern Gefährten begegnend,* die gleichzeitig mit ihm in der Abteilung gelegen hatten. Sie reden miteinander, erzählen von ihrer Unruhe, seit sie entlassen worden sind. Solange sie im Krankenhaus lagen, an den sicheren Apparaten hingen, wo jeder Herzschlag, jeder Atemzug kontrolliert wurde, gab es diese Unruhe nicht. Jetzt aber war man mit seinen Herzschlägen alleine, und seine Ängste wurden schon mal zum Albdruck, für die es keine Therapie gab. Die Panikgefühle konnten höchstens mit Medikamenten betäubt werden. Und einige, die über fünfzig waren, fragten sich, ob sie überhaupt wieder in ihren Beruf zurückkehren könnten oder sich frühzeitig pensionieren lassen mussten.

Und immer ist die Frage da: *wird der Augenblick wiederkehren, an dem der Schmerz, der Krampf, die Atemnot über dich kommt, an dem du dich nicht mehr aus eigner Kraft weiterbewegen kannst, an dem du zusammensackst,* an der U-Bahn-Station, im Büro, an der Drehbank oder mitten auf der Straße. Und kümmern sich dann Leute um einen? Oder lassen sie dich liegen, *im Glauben du seist besoffen?* Und befördern sie dich rechtzeitig in die Klinik, um an alle Schläuche und elektrischen Leitungen und Kanülen angeschlossen zu werden? Und alle wissen, dass sie sich jetzt gesünder ernähren müssen, dass sie weniger rauchen sollen und sich mehr bewegen werden. Aber wird das ausreichen? Dann gehen *die vom Grabeslager Auferstandenen* zur Gymnastik. Es wird sich zeigen, wer von den *Opfern der Produktionsschlacht* verendet oder wer sich ins Leben hinüberretten kann.

Einen Tag später, am 30. August 1970, beschreibt Peter Weiss dann in einem bedrückenden Text die Erinnerung an seinen Herzinfarkt. Der Bericht beginnt in einer der *nächtlichen Gegenden*, in einem verfallenen Palazzo, aus dem die Menschen geflohen sind, in dem nur noch Relikte aus einer besseren Zeit herumliegen. Eine Katastrophe scheint sich anzubahnen, Gerüchte von einem Vernichtungskrieg sind im Umlauf, er sucht seinen Vater und findet ihn nicht, er sucht nach Wegzehrung und greift in *eine Art Spaghettipudding*, G – also Gunilla – ist dabei, das Auto vollzustopfen, und als sie endlich im Gewühl fliehender Menschen bis zum rettenden Ausgang gekommen sind, steht da ein wild fauchender Luchs, der das Tor bewacht. Und nun beginnt die Erinnerung an seinen Infarkt.

Er war barfuss, hatte sich nur seinen alten blauen Bademantel angezogen an jenem Abend, *am 6. Juni* – es war der 8. Juni – als es losging, als keine Ambulanz und keine Taxistation zu erreichen war, als er *auf dem Boden lag, nach Atem ringend, und G, da niemand den Alarm beantwortete, hinunterjagte, das Auto zu holen,* als er in den Fahrstuhl kroch und unten im Hausflur auf den Steinen lag, und er nicht wusste, *wie komm ich durch die Tür, wie komm ich auf die Straße, ins Auto kriechend, barfuß, im offnen Bademantel, auf dem rückwärtigen Sitz liegend.* Und dann sausen sie los durch die volle Stadt, die vollen Straßen, es war ja Samstagabend, und er liegt da und sieht die Häuser vorbeirauschen, Gesichter, Körper, *der Würgegriff ist nicht mehr zu ertragen,* und ewig stehen sie an roten Ampeln, dann weiter durch die Straßen, *kippend durch die Kurven,* endlich Einfahrt zum Krankenhaus.

Er wird in einen kalten Raum getragen, *idiotischen Fragen ausgesetzt,* tut etwas, denkt er, verliert keine Zeit, und dann geht es durch Flure, Korridore, rein in den Fahrstuhl. Auf der Intensiv-Station bekommt er eine Injektion. Erleichterung. Er fühlt sich schwerelos. Er liegt an Drähten und Schläuchen. Die Sauerstoffleitung wird ihm in die Nase geschoben. Er hat Schüttelfrost, gerät *bei vollem Bewusstsein immer näher an den Schlußpunkt heran.* Er schreibt, dass sein bevorstehendes Ende sehr konkret war, und doch von aller Angst befreit. *Ich hörte mich sagen, wenn so das Sterben ist, dann ist es ganz leicht und schön.* Und er denkt, dass dies vielleicht seine letzten Worte gewesen sind. Denkt aber auch, dass er versuchen will, durchzukommen, doch wenn es nicht gelingen sollte, *dann ist es leicht und schön.* Er hat keine Schmerzen, er zittert nur, dagegen kann er nicht ankommen. Er ist hellwach.

Und er ist froh, dass er wach ist, dass er erlebt, wie es ist, *das Letzte*. Und auch, als er dann durchgekommen ist, hat er keine Angst, und er will das Erlebte nicht missen, und ihn beruhigt der Gedanke, *wie leicht und schnell es geht, dies alles zu verlieren.* Und die Gegenwart von Menschen, die er liebt, ist *von besonderer Wärme, tiefer als je zuvor die Zusammengehörigkeit mit dem Lebendigen.*

Es sind großartige, meist politische Texte, die erst posthum erschienen sind. Als er für *Dagens Nyheter,* die hin und wieder Artikel von ihm gedruckt hat, wieder einmal über Vietnam schreibt, diesen *grauenhaften Kampf zwischen David und Goliath, den aufgeschwollenen Riesen auf Lehmfüßen,* lehnt die Zeitung seinen Text ab. Er sei viel zu lang, zu ausführlich, und was er da schriebe, sei doch bekannt. Aber nichts ist bekannt, schreibt er, weil alles nie ausführlich genug beschrieben worden ist. Und so hocke man denn da auf seinen Reichtümern, schmatze in seinen Vorratskammern und ließe die Verheerungen und Leichenberge wo sie hingehörten und gebe sich der Illusion der Geborgenheit hin.

Es geht in den Tagebuchstücken aber auch um Erinnerungen und Versäumnisse, um seine Mutter etwa, von der er nie Abschied genommen hatte. In einem Hotelzimmer in Zürich war er vor Jahren einmal ganz plötzlich aufgewacht, er hatte geträumt, sie liege neben ihm, sie hatte ihr Gesicht in die Hand gestützt und sah ihn an, und so, wie er sie im Traum hatte umarmen wollen, so waren noch jetzt, als ihr Bild schon verschwunden war, seine Arme nach ihr ausgestreckt. Und immer wieder versetzt er sich in tödliche Situationen, kriecht im Wald unters Laub, um sich vor Mördern zu schützen, die ihn suchen, die ihn finden, und wenn er ihnen entkommt, dann steht er am Abhang schon wieder einem Löwen gegenüber, der seine Pranke hebt, ihn mit einem Schlag betäubt und sich in seiner Hüfte festbeißt. Aber eigentlich ist es doch ein schöner Novembermorgen, hell und sonnig, die Parkwege werden geharkt und die Futterkästen für die Vögel aufgestellt.

Und er erinnert sich an Lugano, denkt an seine Freunde Robert Jungk und Hermann Levin Goldschmidt, mit denen er in einer Vollmondnacht so herrlich lachen konnte, fährt in Gedanken an jenem Haus vorbei, wo er ein paar Nächte mit Margarete Melzer gelebt hat. Und er denkt mit Wehmut an Max, den Gefährten aus Prag und den ersten Jahren in Stockholm, der ihm geholfen hatte, als es ihm am dreckigsten ging. Jetzt war er an einem Herzschlag gestorben, er, der von den Nazis und den Stalinisten *für die Todesfuhren selektiert* war, starb, ohne dass er ihn noch in Waldkirch im Breisgau besucht hätte, was er wollte, und dann doch nie tat, weil er die Zeit nicht fand. Der Wirt hatte ihn aus der Kellerwohnung des kleinen Hauses nach Hilfe rufen hören. Dann fand er ihn tot in seiner von Büchern überladenen Kammer.

Max hatte mit ihm gezürnt, weil er, sein Freund, für den Kommunismus eintrat. Aber Weiss war doch inzwischen auch ein gebranntes Kind, war enttäuscht über die sturen moskautreuen Altkommunisten und sucht nach *der Absetzung meiner Stücke, dem Verbot meiner Bücher, meiner Ernennung zum Renegaten, zum Sowjetfeind* nach Erklärungen. Gegen sozialistische *Meinungsvergewaltigung* liest er dann wieder Marx und Engels, Lenin, Trotzki, Rosa Luxemburg oder Sartre, Marat, Jacques Roux, den Priester und Revolutionär, der Mitglied der Jakobiner war, und den revolutionären Agitator François Babeuf, auch Hölderlin, bis *die Grundprinzipien des Sozialismus* für ihn wieder ihre Gültigkeit haben. Das war es wohl, was Heiner Müller bei Peter Weiss die Mönchische Haltung zur Utopie nannte.

Es bedrückt und beschäftigt ihn, das Thema. Im Tagebuch seiner Rekonvaleszenz sitzt er einmal im Zuschauerraum des Dramatischen Theaters in Stockholm und sieht die Generalprobe eines Stücks über Tolstois Testament. Das Thema fesselt ihn, die Schauspieler sind hervorragend, alles vielversprechend, die Regie, das Bühnenbild. Und trotzdem überkommt ihn plötzlich

Klaustrophobie, Atemnot, Schweißausbruch. Er fühlt sich einer Ohnmacht nah, *ich verwechsle Tolstoi mit Trotzki, es ist Revolution 1905, ich erwarte den Auftritt der Arbeiter und Soldaten,* aber nichts dergleichen passiert, statt dessen fährt Tolstoi mit seinem langen weißen Bart auf dem Fahrrad durch den Birkenwald zum Frühstück im Grünen. Da blüht zwar der Geist von Manet auf, aber wenn in dieser Atmosphäre eine junge Revolutionärin von der Not russischer Arbeiter erzählt, bringt das nichts, dann ist das *alles Kulisse, alles Theater,* und das erträgt Weiss nicht, da steht er auf, *ich stolpre durch die dunkle Reihe, stoße die Tür auf, laufe hinaus auf die Straße, hinaus ins Helle.* Ihm ist noch immer schwarz vor Augen. Er läuft nach Hause und legt sich erschöpft hin.

Er kann es nicht verstehen, warum all die Fragen, die er sich stellt, und die jeden Sozialisten doch brennend interessieren müssten, nicht dort gefragt werden, wo sie vor allem hingehören – in die DDR, nach Ostberlin, nach Moskau. Es erfüllt ihn mit Scham und Schande, dass er für eben die Ideologie eintritt, die andere für unkritisierbar halten, für unverrückbar, für einzementiert richtig. Es sind für ihn primitive Tabus, die da aufgestellt worden sind. Gemordete Hoffnungen. Aber was, um Himmels Willen, kann er denn gegen Stagnation, gegen Unterdrückung und Inhumanität, die ja im Namen des Sozialismus immer wieder stattfinden, was kann er dagegen tun, wenn die *Wächter sich mit ihrer ganzen Gewalt gegen dich stellen, dich unmündig erklären, dich aburteilen, dich verbannen.*

Ja, es macht ihn noch immer zornig, dass er den so notwendigen Disput mit sich allein führt, während die anderen den Mund halten, sich auf ihre Parteidisziplin berufen, brav auf der vorgegebenen Richtschnur schlurfen und den Sozialismus damit völlig deformieren. Natürlich weiß er, dass die Intellektuellen in der DDR unter dieser schizophrenen Situation mehr zu leiden haben als er. Aber sie haben mit ihrer Haltung, nicht zu sagen, was sie denken, mitgeholfen, das System einzufrieren. *Tiefes Schweigen von Seiten meiner Kollegen an der Ostberliner Akademie umfing mich, da niemand wagte, meine Ernennung zum Klassenfeind zu überprüfen.* Aber, schreibt er weiter, so wie sie den Freund verleugnen, so verleugneten sie sich selbst, machten sich zu Untertanen, zu Jasagern, machten *in ihrer einmütigen Menge* jede Chance kaputt, mitzuhelfen, dass die sozialistische Gesellschaft eine gerechtere wird. Nein, die Vision einer humanen Gesellschaft ist so nicht zu erreichen. So bleibt sie wirklich Utopie. Und die Ostkollegen werden ihn, der von einer verbohrten Staatsmacht zum Feind erklärt wurde, erst wieder umarmen, wenn die Genossen im Zentralkomitee das Signal dazu gegeben haben. Und das dauert.

Er schreibt ins Notizbuch: *Nach dem Heinrich-Mann-Preis wurde ich von der Akademie der DDR als nicht mehr erwünscht erklärt.*

»ERWARTET NICHT, DASS EUCH ZU HELFEN IST WENN IHR EUCH SELBST NICHT HELFT«

HÖLDERLIN

Der Infarkt hatte nicht nur die Arbeit an seinem neuen Stück, dem »Hölderlin«, unterbrochen, er hat auch zu entscheidenden Überlegungen geführt. Wo ist er denn mit seinen so artifiziell konstruierten Stücken gelandet? Im Aus. Seine große Begabung, politische Themen mit Phantasie und Originalität, ja, auch mit Spekulation und Illusion zu beschreiben, ist auf der Strecke geblieben. Was hatte er zwei Monate nach dem schweren Herzinfarkt ins Tagebuch »Rekonvaleszenz« geschrieben? *Seit Jahren habe ich mich mit meinen Träumen und mit dem Nachspüren innerer Monologe nicht mehr beschäftigt, damit war ich fertig.* Aber eben nur bis zu dem Augenblick, *in dem ich an die Grenzlinie geriet.* Er wird sie nun wieder aufleben lassen, die Träume und inneren Monologe, wird mit großem Vergnügen den Hölderlin-Essay von Pierre Bertaux lesen, der dem apollinischen Poeten den Nimbus des Wahnsinnigen und psychisch Kranken genommen hat. Der verrückte Hölderlin im Tübinger Turm sei ein Freund der französischen Revolution gewesen, ein Jakobiner, der den Verrückten nur spielte, um nicht wegen seiner politischen Einstellung verfolgt zu werden. Als Jakobiner gehörte er zu den Anhängern Robespierres, also zur politischen Linken, die für die Abschaffung der Monarchie war.

Doch Hölderlin, hatte Bertaux geschrieben, sei mit seinen revolutionären Wünschen *bei der Begeisterung der arkadischen Periode stehen geblieben.* Er hatte sich ja auch eine Revolution in Schwaben erhofft, aber idyllisch sollte sie sein, so wie auch alles in Frankreich angefangen hatte. Dabei wusste er natürlich, dass die

Welt kein Arkadien ist. Aber er wünschte es sich. An seinen Bruder Karl hatte Hölderlin geschrieben, er liebe das Geschlecht der kommenden Jahrhunderte. Denn an eines glaube er fest: *unsere Enkel werden besser sein als wir, die Freiheit muß einmal kommen, und die Tugend wird besser gedeihen in der Freiheit heiligem erwärmenden Lichte, als unter der eiskalten Zone des Despotismus.* Bertaux hatte mit Hölderlin das gemacht, was Weiss mit Trotzki gemacht hatte, er hat den Dichter aus einem jahrzehntelangen Winterschlaf geweckt und zurückgeholt in seine politische Wirklichkeit. Bertaux entfachte damals – in der politischen Wirklichkeit der 68er – eine Diskussion, die gewaltige Wellen schlug. So viel Glück hatte Weiss mit seiner Erweckung Trotzkis nicht gehabt. Im Westen wurde er verrissen, in der DDR vom Hof gejagt. Nun also Hölderlin, der göttliche Poet und Revolutionär, der klüger ist als Marat und Trotzki, die erstochen und erschlagen wurden. Hölderlin ist anders als er scheint, und das verbirgt er hinter dem Wahnsinn. Schon Shakespeares Hamlet versteckte sich hinterm Wahnsinn, doch da endet es tödlich.

Das Bertaux-Hölderlin-Bild wird Peter Weiss übernehmen – und übertreffen. Er wird am Ende seines Stücks noch den jungen Karl Marx zu Hölderlin in den Turm schicken, kurz vor dessen Tod. Das ist kühn. Aber er hatte auch Jean Paul Marat mit dem Marquis de Sade zusammengebracht. Auch das war kühn. Die beiden Herren kannten sich ja auch nicht. Sade hatte nur die Trauerrede auf den erstochenen Revolutionär gehalten. Marx hätte Hölderlin immerhin treffen können. Er war damals fünfundzwanzig und hatte in Köln die Redaktion der *Rheinischen Zeitung* übernommen. Hölderlin war zweiundsiebzig und seit sechsunddreißig Jahren im Turm immer anzutreffen. Wilhelm Waiblinger und Eduard Mörike wussten das.

Diesen Besuch der zwei Dichter bei Hölderlin hatte Hermann Hesse in seiner Novelle »Im Presselschen Gartenhaus« beschrieben. Alle drei – also Hölderlin, Waiblinger und Mörike – haben als Knaben ein Stück ihrer Seele in autoritär geführten Klöstern und Stiften verloren. Dem Hölderlin wurde, wie er sagt, das beste Stück seines Herzens arg misshandelt, Waiblinger, der verrückte Possenreißer, kriegte nur Rüffel und Strafen, und der arme Mörike hatte sich mit diesem wilden Wüterich eingelassen. Das konnte nicht gut gehen. Und Hesse? Der wusste, worüber er da schrieb. Er hatte Maulbronn hinter sich und ein Irrenhaus:

O Hundeloch, sei tausendmal verflucht!

Also die Idee, dass Karl Marx Hölderlin im Turm besucht, die war Weiss nach dem Infarkt im Krankenbett gekommen. Und der junge Marx bringt dem alten Dichter ein Geschenk mit:

Ich hörte Herr Bibliothekar
dass Sie gleich mir
ein großer Raucher sind und
hab Ihnen deshalb von Tabak
etwas mitgebracht zwar
ist es eine Marke die
vom räuberischen englischen
Gesindel stammt doch
äussert angenehm
zu qualmen

Und so rauchen die beiden denn gemeinsam ihre Pfeife, und Marx erzählt dem alten Hölderlin, dass es die Begegnung mit seinem »Hyperion« gewesen sei,

die mir die eigenen Versuche
mit einem Schlag zerschmetterte

Vor solchem Licht und
solcher Deutlichkeit
mussten meine eigenen Schreibereien
zu nichts zerfallen

Da sind sie wieder, die lockeren Knittelverse, die mit Marat und
Sade so viel Witz und Klugheit ins Theater brachten. Doch erst einmal zum Beginn des Stücks. Da erzählt Hölderlin in einem Prolog,
was hier überhaupt gespielt werden soll. Es ist der 13. Juli 1793, der
Tag, an dem Jean Paul Marat ermordet wurde. Hölderlin ist dreiundzwanzig Jahre alt.

Ein Stück um Friedrich Hölderlin
kann sich den düsteren Aspecten nicht entziehn
denn dachte er sich auch eine heile Welt
so war sie immer wieder durch die Umstände entstellt
Zwar sah zu Staub er die Bastille fallen
und war wie viele andere erfüllt von allen
Lobreden auf die Brüderlichkeit

Aber dann wurden sie wieder träge, auch seine Freunde Hegel
und Schelling. Freiheit, Gleichheit, Brüderlichkeit sind strahlende
Worte, doch bei der Vorstellung eines Sturms im eigenen Land,

verharrt man bücklings vor der Obrigkeit

Hölderlin hatte die Obrigkeit kennengelernt. Er war doch ein
paar Mal Hofmeister, also Hauslehrer und Erzieher in adeligen
Kreisen – was oft auch Domestik hieß. Er hat es nie lange ausgehalten. Er war doch überall, wie er schreibt, *das fünfte Rad am*
Wagen. Auch bei der Familie Gontard in Frankfurt. Aber dort war
er auch der Geliebte von Susette, der Frau des Bankiers Gontard,

dessen Sohn Henry er unterrichtete. Als das Verhältnis auffliegt, muss er das Haus verlassen.

Mein Bruder weiss von allem
sagt die Schwägerin zu Susette,
Kannst froh seyn wenn
er ihn nicht nider schiesst

So war das. Und er hasst die feine Gesellschaft, schreibt an seine Schwester, dass die Herrschaften *lauter ungeheure Karikaturen* sind. Bei den meisten wirke ihr Reichtum *wie bei Bauern neuer Wein*. Sie seien nur läppisch und grob. Doch Susette, die sich für Lyrik und Philosophie begeistert, sie wird sich als Diotima im »Hyperion« wiederfinden. Hölderlin schickt ihr ein Exemplar mit der Widmung: *Wem sonst als Dir!*

Mit siebenundzwanzig Jahren beginnt Hölderlin, ein Trauerspiel zu schreiben, das unvollendet bleibt: »Der Tod des Empedokles«. Ihn fasziniert das Leben des vorsokratischen Philosophen, der ein glänzender Redner gewesen sein soll. Aristoteles nannte ihn den Erfinder der Rhetorik. Vor allem aber interessiert sich Hölderlin für den ungewöhnlichen Suizid des Empedokles, den Sprung in die Lava des Ätna.

Gestern war ich auf dem Ätna droben. Da fiel der große Sicilianer *mir ein, der einst des Stundenzählens satt, vertraut mit der Seele* *der Welt, in seiner kühnen Lebenslust sich da hinabwarf in die herr-* *lichen Flammen*

Empedokles wird eine Schlüsselrolle bei Weiss bekommen. Goethe und Schiller haben im Stück eher schlechte Karten. Goethe schlechtere als Schiller. Das geht in Ordnung. Als in Paris die Bastille gestürmt wird, ist Funkstille beim Geheimrat. Kein

Wort von ihm über die Revolution. Er trennt damals gerade das Licht von der Finsternis, ist dabei, seine Farbenlehre zu entwickeln, schreibt: *Ich will der Ritter sein, der die Farbprinzessin befreit.* Revolution? Nein. Sein Dunstkreis ist das Höfische. Er ist für aufgeklärten Despotismus. Dass es so gut wie keine aufgeklärten Despoten gibt – nun ja.

Er selber hatte als Minister sogar ein Todesurteil unterschrieben, das auch vollstreckt wurde. Sein Herzog war dagegen, wollte die Todesstrafe abschaffen, aber Goethe wollte ein Exempel statuieren. Und seine Stimme gab den Ausschlag. So wurde die arme junge Kindsmörderin öffentlich in Weimar enthauptet. Schiller hatte in »Kabale und Liebe« beschrieben, was die hohen Herrschaften so alles trieben. Aber Goethe verkehrt mit ihnen, nennt später auch Napoleon »seinen« Kaiser. Und als die beiden sich begegnen, sagt Bonaparte zu ihm: *Vous êtes un homme!* Und den »Werther« hätte der Eroberer sieben Mal gelesen und sogar mit nach Ägypten genommen! Sagt er. Bei Peter Weiss sagt Goethe zu Hegel über Hölderlin und dessen Freund Siegfried Schmid:

Was müssen diese Schmids
und Hölderlings
aber solche Mähnen tragen und
solch wüsten Blick
So ungepflegt und primitiv
wie ihre Erscheinung
ist auch die Sprache
die sie führen

Da macht Weiss den Goethe zur Karikatur. Vielleicht hatte er dabei an die geifernden Spießer am Straßenrand gedacht, die sich über langhaarige Revoluzzer echauffierten, damals, als er mit Dutschke und Salvatore gegen den Vietnam-Krieg demonstrierte. Hölderlin mag den Goethe auch nicht, der glaubt, seinem Hyperion erstmal richtiges Deutsch beibringen zu müssen. Schiller mag er. Der war gegen Despotismus und für die Freiheit.

Sie selbst Herr Schiller stellten
Ihre Hoffnung auf die Revoluzion
wurden ernannt zum EhrenBürger
Frankreichs

Richtig. Doch als das in der Weimarer Zeitung stand, wären die Adeligen fast in Ohnmacht gefallen. Schiller – Ehrenbürger der Barrikadenstürmer! Ein Skandal war das. Aber die Auszeichnung hatte er für seinen Ruf nach Freiheit bekommen und für seine »Räuber«, die in Frankreich »Robert Chef Des Brigands« hießen. Das war doch eine Auszeichnung wert. Danton hatte die Urkunde unterschrieben. Aber sie war in der Revolutionspost stecken geblieben, kam bei Schiller erst mit fünf Jahren Verspätung an. Da hatte Danton seinen Kopf längst unter der Guillotine verloren. Frau von Stein, die Patentante von Schillers Frau, war entsetzt, dass er citoyen bei den französischen Banditen geworden war.

Für Schiller waren es natürlich keine Banditen, wenigstens nicht am Anfang. Nur mit der Parole »Freiheit, Gleichheit, Brüderlichkeit« hatte er seine Schwierigkeiten. Freiheit ja, die galt für ihn immer schon. Und alle Menschen werden Brüder – natürlich auch. Aber Gleichheit? Nein, Gleichheit konnte er sich nicht vorstellen. Wie sollte das gehen. Und als Robespierre dann 1793 im Konvent mit 310 zu 380 Gegenstimmen das Urteil gegen Ludwig XVI. durchpeitscht und ihn unter der Guillotine hinrichten lässt, endet Schillers Sympathie für die Franzosen. Da schreibt er: *Ich kann seit 14 Tagen keine französischen Zeitungen mehr lesen, so ekeln diese elenden Schinderknechte mich an.* Die Freiheit mit Mord und Totschlag erkaufen? Das geht nicht. Da wollte Schiller ein Stück über Charlotte Corday und Marat schreiben.

Peter Weiss geht mit Schiller freundlicher um als mit dem Olympier. Aber einverstanden ist er mit ihm nicht, wenn er ihn sagen lässt:

Eh die Structuren der Gesellschaft
sich verändern lassen
muss erst der Mensch
verändert werden

Da antwortet ihm Hölderlin:

Nein
erst muss von Grund auf
alles umgeworfen werden
dass Neues
entstehen kann

Der neue Mensch – was ist das? Peter Weiss beantwortet seine Frage im Notizbuch. Der neue Mensch könne erst in der neuen Gesellschaft entstehen. Aber erst ein neuer Mensch, egal, ob jung oder alt, könne eine neue Gesellschaft bauen. Darüber sprechen Hölderlin und Schiller.

Und weil Goethe den Disput immer wieder durchkreuzt, von Putschisten und Vagabunden spricht, die vom Weltbürgertum träumen und dabei das große Maul führen, vergisst Hölderlin sich und schreit den Olympier an:

SchaamRöthe
wird es einmal dem
ins Gesicht treiben
der heut noch in der eiskalten
Zone des Bestehenden
verharrt

In den Hörsälen der Universität geht es noch heftiger zu. Da kämpfen rechte gegen linke Studenten, und die rechten schreien:

Von Revolution reden dass ich nicht lache
Erwache Teutschland Teutschland erwache
Treibt das rothe Gesindel raus.

Und als die rechten Studenten brüllen, dass Deutschlands große Stunde erst noch kommen würde, dass man dann alles *Nidrige und Schädliche ausmerzen* werde, bis uns morgen *die ganze Welt* gehört, und als dann noch einer ERWACHE TEUTSCHLAND an die Tafel schmiert und das Stück ins Dritte Reich rutscht, bricht die große Prügelei los.

Im zweiten Akt treffen sich dann die alten Freunde von Hölderlin wieder, darunter auch Hegel und Schelling, die einst im Tübinger Stift mit ihm für die Jakobiner geschwärmt haben. Nun verehren sie Napoleon. Hegel sagt:

Er ist mit Caesar und
mit Alexander zu vergleichen
Im Willen solcher Persönlichkeiten
drückt sich der WeltGeist aus ...

Da sagt Hölderlin:

Ein Ungeheuer ist er

Und erzählt von Empedokles. So eine mythische Figur wie ihn brauchte man jetzt, wo die Revolution anfinge zu verglühen, eine Figur wie den Vorsokratiker, den Naturforscher, Baumeister, Arzt, *von vielen ausersehn zum König.* Dann soll er doch König werden, soll sich krönen lassen, sagt Hegel. Nein, antwortet Hölderlin: *Dies ist die Zeit der Könige nicht mehr,* auch nicht der Einzelnen, es ist die Zeit der Massen. Und nun, wo alles nur noch so dahindöst, braucht man einen charismatischen Erneuerer, der den Weg weist. Hölderlin will die alten Freunde, die sich so kommod eingerichtet haben, mit seiner Rede anzünden. Erzählt, wie sein Empedokles durch Felder und Wälder zieht, den Feldarbeitern hilft,

die ihre Herrn
voll Hass verliessen

und sich nun *mit den Machetas* durchschlagen, verfolgt von Söldnern,

die ihm nachspührn
für eine KupferMünze
seinen Pfad verrathen

Da ist Weiss dann mitten im Guerillakampf, da schimmert Che Guevara durch, der in Bolivien die Bauern befreien will. Und wie der zum Märtyrer wird, und damit zum Vorbild für alles Neue, so steigt auch Empedokles bei Nacht und Nebel auf den Ätna, stürzt sich in den Krater hinein, um als Märtyrer ein Zeichen zu setzen, dass nicht nur einer verantwortlich sein kann, nein, alle müssten sich ändern. Und so hat Che einen revolutionären Bruder im Geiste bekommen.

Das will Empedókles sagen
Reisst euch
aus der Genügsamkeit
Erwartet nicht
dass euch zu helfen ist
wenn ihr euch selbst nicht helft
Beginnet eure eigne Zeit
und macht euch auf den Weg

Zum Märtyrer wird auch Hölderlin. Sein Apotheker hatte erklärt, dass der Wahnsinn des Dichters in Raserei umgeschlagen sei. Da wird er fast ein Jahr lang von Johann Heinrich Ferdinand Autenrieth im Universitätsklinikum zwangsbehandelt. Autenrieth? Dieser Name kam Peter Weiss wieder in Erinnerung, als er schon an seinem neuen Stück arbeitete. Drei Monate nach dem Herzinfarkt erzählt er in der »Rekonvaleszenz« die Geschichte, die sich zugetragen hatte, als er zwölf oder dreizehn Jahre alt war. Da sollte er auf Anraten der Ärzte, die glaubten, er sei von einer *Gehirnkrankheit* angegriffen, die irgendwann zur *Umnachtung* führen könnte, mal raus aus seiner Umgebung. Also Luftveränderung. So wurde er nach Tübingen geschickt, zur Schwester seiner Mutter, die mit einem Gerichtsrat verheiratet war, dem Onkel Autenrieth. Und die wohnten direkt neben dem Hölderlinturm. Irgendwann saß Peter mit einem Nachbarkind hoch oben in einem Baum des Gartens und konnte direkt in das Zimmer gucken, in dem dieser wahnsinnige Hölderlin – das hatte man ihm erzählt, dass der Dichter geisteskrank gewesen sei – vierzig Jahre lang dahingedämmert war. Bis zu seinem Tod.

Da hocken die beiden Jungs nun auf ihrem Ast, starren zum Turm rüber, rein in den Hölderlinraum, und Peter Weiss schreibt, er hätte sich vorgestellt, *der Irre würde ans Fenster treten und uns, unter schrecklichen Grimassen, entdecken.* Damals hatte er noch keine Ahnung, was der Name Autenrieth für Hölderlin bedeutet hatte. Aber als er sich auf sein Stück vorbereitete und las, was der Arzt und Professor dem Dichter damals angetan, da erinnerte er sich auch wieder daran, dass er unter der Obhut seines Onkels, des Gerichtsrats, *merkwürdigen Zwängen und Überwachungen ausgesetzt und auf undurchsichtige Weise beschuldigt worden war, Diebstähle begangen zu haben.* Da waren dann wohl Ähnlichkeiten zwischen den Autenrieths, die beide den Hölderlin zum Wahnsinnigen erklärt hatten.

Der Onkel jedenfalls hatte sich Jahre später wegen düsterer Finanzgeschäfte umgebracht. Und zwar mit zwei Schüssen. Das hatte lange die Phantasie seines Neffen beschäftigt. Die erste Kugel hatte wohl nicht richtig getroffen. Weiss stellte sich das vor, wie er am Schreibtisch in seinem Blute liegt, die Tante ins Zimmer stürzt und der Onkel die unvorstellbare Kraft aufbringt, *den Revolver zum zweiten Mal an die Schläfe zu legen und abzudrücken.* Und wie war das mit seinem Vorfahren, dem Medizin-Professor Autenrieth? Der ließ den Patienten Hölderlin am Halsband in den Hörsaal führen, wo er seinen Studenten zeigt, wie die von ihm erfundene Ledermaske mit Löchern für Augen, Mund und Nase funktioniert. Sie wird dem »Irren«, für den er den Dichter ja hält, fest um den Kopf gebunden, und in den Mund steckt er ihm einen Knebel. So sei er still, und so würde die Verrücktheit langsam nachlassen. Ja, er, Autenrieth, werde ihm den Wahn und die Poesie schon austreiben.

Das wird ihm nicht gelingen. Hölderlin wird die zweite Hälfte des Lebens im Turm verbringen. Nicht als gescheiterter Revolutionär, sondern bei Weiss als revolutionärer Dichter, der kurz vor seinem Tod von Karl Marx erfährt, welche zwei gleichwertigen Wege zur Veränderung führen:

Zwei Wege sind gangbar
zur Vorbereitung
grundlegender Veränderungen
Der eine Weg ist
die Analyse der konkreten
historischen Situation
Der andere Weg ist
die visionäre Formung
tiefster persönlicher Erfahrung

Gleich im neuen Jahr 1971 schreibt Siegfried Unseld *günstige Nachrichten* an den lieben Peter. Martin Walser habe in seinen Ferien den »Hölderlin« gelesen und sei sehr begeistert. Er habe sich gründlich mit dem Stück beschäftigt und schon auf dreizehn Seiten Überlegungen für kleine Veränderungen gemacht. Walser ist in dieser Zeit Lektor im Suhrkamp Theaterverlag, weil Karlheinz Braun 1969 gekündigt hatte, um Mitbegründer des Verlags der Autoren zu werden. Da war Walser aus Freundschaft zu seinem Verleger eingesprungen. Und dann, schreibt Unseld weiter, habe er selbst ausgiebig mit Jürgen Habermas über das Stück gesprochen. Der hätte ihm erzählt, dass er sich intensiv mit Empedokles beschäftigt habe und unbedingt mit Weiss darüber reden möchte, sobald er wieder mal in Frankfurt sei. Unseld habe auch Peter Palitzsch, natürlich *völlig privatim und auf freundschaftlicher Basis,* das Stück lesen lassen. Und auch der sei *sehr, sehr angetan.* Einwände hätte er nur gegen die Goethe-Schiller-Szene und den Karl Marx im Turm. Aber gegen diesen Besuch seien alle, die das Stück gelesen hätten. *Doch, wie gesagt, das sind Details.*

Zusammen mit Unselds Brief kommt der von Walser, den er kurz vor Silvester geschrieben hat. Er müsse ihn via Siegfried schicken, schreibt er, weil er in Sarn, diesem abseits gelegenen Dorf in Graubünden, die Stockholmer Adresse nicht hatte. In Sarn macht Walser damals Ski-Urlaub mit seiner Frau, den vier Töchtern, einer Tante und dem Hund. Nun schreibt er an den lieben Peter – *Also: Dein »Hölderlin« begeistert mich!* Aber er möchte wirklich versuchen, *Dir nützlich zu sein.* Am »Trotzki« hatten sie doch gesehen, *daß die Bühnen etwas abstoßen, wenn es nicht getrimmt ist.* Ja, er sei wirklich überrascht gewesen, mit welcher Unfähigkeit die Theater auf das Stück reagiert hatten. Das dürfe nicht mit dem Hölderlin passieren. Deshalb seine Anmerkungen. Er soll die mal lesen, und ihm dann schreiben, ob er sie *für Blödsinn und für überflüssig* hält.

Schon ein Jahr zuvor, als Weiss bereits an seinem Stück schreibt, denkt Walser im Tagebuch über Hölderlin nach, gleich unter dem süffisanten Eintrag zu Marcel Reich-Ranicki: *M R-R hält meine Bücher für schlecht, weil er nichts davon versteht. Ich halte meine Bücher für schlecht, weil ich etwas davon verstehe.* Danach also seine Gedanken zu Hölderlin. Walser fragt sich, ob man bei Hölderlin Kenner oder Liebhaber sein müsse und wie unbefangen einer sein dürfe, um sich mit diesem Dichter zu beschäftigen. *Die Fachleute erklären ihn zum höchsten Schwierigkeitsgrad unserer literarischen Vorräte. Oberes Oberseminar.* Ob er als Kfz-Meister unbefangener an ihn rangehen würde? An die Hölderlinsche Freiheit? Die Freiheit des Einsamen? Des Einzelnen? Er ist doch längst öffentlich, der Dichter. Jeder macht doch mit ihm, was er will. Und jeder will ihn für sich. *Eifersucht. Besitzdrang,* schreibt er. Also Liebe, Lob und Lorbeer für den Hölderlin, der eine Hymne auf die Freiheit schrieb:

... Dann am süßen heißerrungnen Ziele,
Wenn der Ernte großer Tag beginnt,
Wenn verödet die Tyrannenstühle,
Die Tyrannenknechte Moder sind,
Wenn im Heldenbunde meiner Brüder
Deutsches Blut und deutsche Liebe glüht,
Dann, o Himmelstochter! sing ich wieder,
Singe sterbend dir das letzte Lied.

Das sind die letzten Zeilen seines Lobgesangs auf die Freiheit.

Am Ende seines Briefes an Peter Weiss bittet Walser in einem Postskriptum, noch keinen Regisseur und kein Theater für den Hölderlin festzulegen. *Das deutsche Burgtheater* stehe zwar in Düsseldorf, sei aber erstmal nicht mehr zu empfehlen. *Während in München vielleicht Kipphardt* ... Und dann beginnen die zehn Punkte, über die er mit Peter reden möchte. Da ist zum Beispiel in Punkt sieben die Sache mit dem Zögling, dem Sohn von Charlotte von Kalb, den Hölderlin unterrichtet. Die Germanisten, schreibt Walser, hätten ohne einen Beweis entschieden, dass der Knabe krankhaft onanierte. Hölderlin habe aber seiner Mutter geschrieben, dass er nächtelang am Bett des Jungen gewacht hätte. *Für mich heißt das: der Zögling war Bettnässer.* Dass Hölderlin sich ein ganzes Jahr lang mit solchen Bettnässer-Nachtwachen kaputt gemacht habe, fände er auch grotesker, als dass er ihn am Onanieren hätte hindern müssen.

Dann die dritte Szene mit Hölderlin, Schiller und Goethe.

Der Orth ist Jena nach dem Calender
Jahr Vierundneunzig Anfang November

Also die Szene hätte einen *tollen Schluß*, schreibt Walser. Schiller setzt sich mit Hölderlin ja wirklich auseinander. Aber da würde er doch gerne vorher vom Sänger, der immer erzählt, was in der kommenden Szene passiert, da möchte er gerne wissen, wie Hölderlin sich fühlt: *eine Unterhaltung mit Schiller!! Darauf hat er gewartet!* Die könnte doch sein ganzes Leben verändern, könnte das Ende seines Elends sein. Aber Schiller schulmeistert nur, wenn auch *im höchsten, schönsten Ton.* Goethe aber maßregelt ihn nur, erklärt kühl und arrogant, dass es nun mal verschiedene Klassen gebe mit verschiedenen Lebensweisen, und die seien nicht miteinander zu verbinden. Als Goethe am Ende geht und zu Schiller sagt, er würde draußen im Pavillon auf ihn warten, fragt Hölderlin:

Wer war denn dieser Herr
der sich so wichtig thut

Schiller
Wie
Sie haben den Geheimen
Rath nicht erkannt
Hölderlin
Was denn für ein Geheimer
Rath
Schiller
Der Herr von Göthe
Hölderlin
Göthe
Er reißt den Mund zum Schreien auf, und der Sänger ruft:
Und er als wie ein Esel schrie
Aus vollem Hals A HI A HI
Da röchelt Hölderlin
A HI AA HI
A HI A HI

Das ist der tolle Schluss. Ja, man merkt Walser an, wie viel Spaß
er beim Lesen gehabt hat. Und wie er in einem späteren Bild,
einem Fest im Lusthaus zwischen Säulen, Gipsfiguren, Lauten-
spielern, Adeligen, Mägden, den Schellenbergs und Gontards,
Groß-Dichtern, Philosophen, Dienern, also einer wahren Toten-
tanz-Szene mit Geld- und Pfeffersäcken, wie er da Weiss vor-
schlägt, einen bestimmten Goethe-Text besser vom Frankfurter Bankier Bethmann sagen zu lassen oder noch schöner, wenn
Hegel, *beispringend wie ein Hund*, den beiden mit Formulierun-
gen dienen würde.

Walser hatte damals bereits die »Zimmerschlacht«, »Eiche und
Angora«, die Farce »Das Sofa« und »Der Schwarze Schwan« geschrieben. Er kannte sich aus mit Theater, hat den »Hölderlin«
sehr genau gelesen, lobt Szenen, vermisst eine, in der klar wird,

dass Hölderlin ein Dichter, Sänger und Theoretiker, nicht aber ein Täter ist, er findet, dass Hegel sich in der Empedokles-Szene nicht niesend verabschieden sollte. Das habe er schon in einer anderen Szene getan. Also weg. Das siebte Bild sei wieder ganz großartig. Aber Sinclairs Ende sollte darin untergebracht werden. *Der beste Freund darf nicht ohne Ende verschwinden.* Und wunderbar, wie Hegel und Schelling, die beiden Erfolgreichen, von Hölderlin nicht als solche anerkannt werden. Ja, und dann die Szene mit Karl Marx. *Am schönsten wäre es überhaupt, wenn Marx gar nichts Theoretisches sagte. Wenn er nur aus Verehrung und Neugier gekommen wäre und mit ziemlich viel Tabak.*

Weiss bedankt sich herzlich beim lieben Martin. Alles sei sehr anregend für ihn. Und es sei ihm ja selbst klar, dass am Stück noch vieles geändert werden müsse, *und Deine Vorschläge helfen mir, auf den richtigen Weg zu geraten.* Es wird ein langer Retour-Brief, in dem Weiss jeden Punkt von Walser durchgeht, zustimmt, erklärt oder andere Vorschläge macht. Es gibt ein Foto vom 70. Geburtstag von Max Frisch auf dem Balkon des Suhrkamp Verlags. Uwe Johnson, Siegfried Unseld und Frisch lachen den Fotografen an, Weiss und Walser lächeln einander zu. Man sieht, sie mögen sich.

Am 18. September 1971 ist die Uraufführung in Stuttgart. Peter Palitzsch führt Regie, Peter Roggisch ist Hölderlin. Am Ende gibt es zehn Minuten jubelnden Beifall. Nach zwei Monaten sind zwanzigtausend Bücher verkauft, die nächsten zehntausend schon im Druck. In Hamburg inszeniert Claus Peymann den »Hölderlin«, in Berlin Hans Hollmann. Der Regisseur Laf Sjöberg hatte ihm gesagt, den Hölderlin könne man in Stockholm nicht spielen. Alle Personen und deren Bedeutung seien hier unbekannt. Und ins Dramaten, Schwedens größte Bühne, passe es schon mal gar nicht. Da hat Ingmar Bergman den Hölderlin im Dramaten inszeniert. Ein Spielfilm ist auch geplant. Weiss hat bereits im November einen seitenlangen Rohentwurf fürs Drehbuch verfasst. Grass, schreibt er ins Notizbuch, verurteile *von seinem bürgerlich literarischen Gesichtspunkt aus* seine revolutionär-sozialistische Haltung. Und Marcuse verurteile seinen Mangel an praktisch revolutionärer Tätigkeit – »*der Scheißer sollte lieber ein Gewehr nehmen*«.

Fünf Platzhirsche des Literaturbetriebs – Uwe Johnson, Siegfried Unseld, Peter Weiss, Max Frisch und Martin Walser – feiern den 70. von Frisch.

»WURDE OSTENTATIV UMARMT VON FREUNDEN. DIALEKTIK ALS PARADOXIE«

WIEDER IN DER DDR

Im Sommer waren Gunilla und Peter Weiss nach Frankreich gefahren, nach Lacoste, zum Schloss des Marquis de Sade. Sie klettern in der Ruine umher und ziehen dann in ein verfallenes Land-
haus in die Nähe von Avignon. Und da schreibt Weiss dann einen
Traum ins Notizbuch, eine Einbildung, eine Wirklichkeit. Und in
dieser nicht identifizierbaren Gedankenwelt kommen Figuren
auf ihn zu. Er kann sich nicht dagegen wehren. *Es ist Wahnsinn.*
Das System des Wahnsinns gewinnt Macht über mich. Muß heraus.
Unmöglich. Wahnsinn wird zur Wirklichkeit. Bin darin gefangen.
Und die Wörter, die sich nun anschließen, kreisen um die vergan-
genen Wochen und Monate, sind Wort-Requisiten, mit denen er
die Kämpfe der letzten Monate ertragen musste, sind Verschmel-
zungen mit der Trotzki-Figur: Äxte und Eispickel. *In den Schädel*
schlagen. Auch schon Schläge in den eigenen Kopf. Bin verloren.
Nein, dies ist nicht wirklich. Doch, es ist wirklich, unausweichlich.
Grauenhafter Kampf auf Leben und Tod. Diese Höllennacht habe
sich zugetragen in jenem dunklen, unbekannten Haus.

Ende November 1971 sitzen Peter Weiss und Robert Jungk auf
einer Bank im Berliner Tiergarten. Wie lange haben sie sich nicht
mehr gesehen. Und was ist seit damals, als sie gemeinsam mit
Hermann Levin Goldschmidt nach Montagnola wanderten, alles
passiert. Weiss ist jetzt der berühmte Dramatiker und Jungk der
berühmte Friedens- und Zukunftsforscher, der schon vor zwanzig Jahren seinen Bestseller »Die Zukunft hat schon begonnen«
geschrieben hat. Nun sitzen die beiden da, und Weiss erzählt sei-

nem Freund von der ganzen Misere der Trotzki-Aufführung. Das Stück ist danach ja kaum noch irgendwo gespielt worden. Erzählt von seiner Krise, seinem Zusammenbruch, dem Herzinfarkt und dem Gespräch, das er am nächsten Tag in Ostberlin mit Genossen der Partei führen wird. Perten, Haiduk und Konny Wolf hätten ihn neulich noch einmal dringlich gebeten, eine Erklärung abzugeben, dass sein Trotzki eine *ideologische Selbstverständigung* gewesen sei, die dem *Internationalismus* aber nicht genügt hätte. Er wollte darüber nachdenken, hatte er ihnen gesagt, vielleicht die Buchfassung erstmal zurückziehen. Doch das war eben auch wieder Druck gegen die Kunst. Das diskutieren die beiden auf der Bank noch einmal. Und am Ende ist klar: Kein Kotau vor den Beton-Köpfen im ZK.

Es war ein echter Freund von Peter Weiss, der sich Gedanken gemacht hatte, wie man das Gespräch mit dem Unerwünschten und der DDR wieder in Gang bringen konnte: Konrad Wolf, Präsident der Akademie der Künste. Er hatte mit Hager, dem Chefideologen und obersten Kulturverantwortlichen, gesprochen und mit Alexander Abusch, dem stellvertretenden Vorsitzenden des Ministerrats für Kultur. Also gut, hatten die gesagt, soll Wolf doch mal nach Stockholm fahren und mit Weiss reden. Und so war er denn hingefahren.

Konny Wolf, sagt Gunilla Palmstierna-Weiss, war der einzige in der DDR, den ich wirklich geliebt habe. Nach der ganzen Trotzki-Katastrophe kam er also nach Stockholm. Und er hatte noch so eine kleine graue Figur dabei, die ihn natürlich kontrollieren sollte. Und Konny mochte ja zu gerne essen, konnte auch phantastisch kochen. Das erste, was der Peter und ich gemacht haben, sagt sie, wir nahmen Konny mit in die Hötorgshallen. Die sind 1870 gebaut worden und sind ein Traum. Wir kommen da also hin, und ich glaubte, der Konny fällt in Ohnmacht. So was hatte er ja noch überhaupt nie gesehen: Hummer, Garnelen, Krebse, Austern, Schwertfische, Lachs, alle Sorten, alle Größen, Käsetheken, Früchte, die er noch nie gesehen hat, orientalische Köstlichkeiten, Tee, Kaffee, Schokolade, Gewürze, aufgebaut und aufgereiht zu Kunstwerken. Und das endet ja gar nicht, ein Geschäft ist neben dem anderen. Wir haben also gekauft und gekauft.

Zu Hause bei uns hat der Konny dann drei Tage gekocht. Wir haben viel gegessen, viel Wein getrunken, und nach drei Tagen sah die graue Figur schon etwas farbiger aus. Wir haben kein Wort über Politik gesprochen. Und am Ende, als wir sie an die Bahn gebracht haben und der Konny im Zug war und Peter auf dem Bahnsteig stand, da sagte Konny: Ach, du lieber Gott, ich war doch hier, um mit dir über Trotzki zu reden! Er war wirklich ganz anders als Perten.

Bei dem, sagt sie, war alles irgendwie altmodisch und undemokratisch. Er hatte sich sein Theater aufgebaut wie ein Königreich. Aber für Peter war es natürlich toll, dass bei ihm seine Stücke gespielt wurden. Bis Trotzki kam. Da war's erstmal vorbei. Und die zweibändige Ausgabe mit Stücken und Texten von Peter, die Manfred Haiduk fertig gestellt hatte, lag noch immer auf Eis. Und später in der »Ästhetik« schreibt Peter ja auch über die Moskauer Prozesse. Das war doch wieder nichts für die DDR. Aber wir hatten zum Glück schwedische Pässe. Wir konnten gehen, wann wir wollten. Und wir haben hier tolle Freunde gehabt. Doch Peter war manchmal wie ein Kind, vielleicht auch naiv. Er wollte einfach an den Sozialismus glauben.

Nach fast zwei Jahren Absenz war es dann soweit. Der Termin in der DDR. »Hölderlin« liegt bereits im Osten, wurde aber in der Dramaturgie des Deutschen Theaters bereits mit Kopfschütteln bedacht, also abgelehnt. Doch Hanns Anselm Perten torpedierte die Absage. Er war seit Anfang 1970 von Rostock ans berühmte Ostberliner Traditionstheater versetzt worden, und er will den Hölderlin haben, auch Abusch hatte Interesse signalisiert. Dass Perten aber schon vor dem Weiss-Gespräch mit den DDR-Funktionären Hager und Abusch konkrete Verhandlungen führte, das durfte nicht publik werden.

Als Peter Weiss drei Wochen vor dem Gespräch mit dem ZK schon für eine Unterredung über die Friedrichstraße einreisen wollte, wurde er wieder zurückgewiesen. Bei den Grenzern ist er noch immer eine unerwünschte Person. Er muss umkehren. Aber Gunilla ist ja nicht unerwünscht. Die kann durch. Sie geht gleich zum Deutschen Theater, wo Perten und Haiduk bereits auf die beiden warten und sagt, der Peter darf nicht rein. Also Konrad Wolf angerufen. Der klärt das an der Grenze. Weiss erhält am nächsten Tag ein Telegramm von Wolf: Im Namen der Akademie der Künste stünde einem Besuch nichts mehr im Wege. *Wurde nun sogar mit Zuvorkommenheit von den Grenzbeamten eingelassen*, schreibt Weiss ins Notizbuch.

Im Gespräch mit Hager und Abusch war es natürlich gleich wieder um Trotzki gegangen. Der war nun mal seit vierzig Jahren Volksfeind und Verräter, und das bleibt er auch. Basta. Da kommt kein Argument von Weiss an die Genossen ran. Die ziehen sofort – wie Leporello im »Don Giovanni« – die lange Liste mit allen vermeintlichen Trotzki-Vergehen aus der untersten Partei-Schulblade hervor und sagen sie auf. Aber seine Bemühungen mit dem Thema, sagt Weiss, stünden doch nicht im Widerspruch zu seiner sozialistischen Parteilichkeit. Zu ihrer schon, erklären die Herren des ZK. Und Ende der Diskussion.

Hagers Sekretärin sitzt dabei und schreibt mit. Abusch ist Rekonvaleszent, hat eine Herzgeschichte hinter sich, sagt nicht viel, will sich vielleicht auch nicht aufregen. Dann bringt Weiss die Freiheit der Kunst ins Spiel. Das hört man im Politbüro gar nicht gern. Man knirscht rum, und Weiss behält die Fragen zur Einmischung von außen dann lieber im Kopf, sonst wäre das Gespräch im Gästehaus des Politbüros wohl schnell beendet gewesen. Also

Hölderlin. Gut, den soll der Perten in Rostock mal machen, aber kleine Änderungen wären schon noch nötig, also bei Goethe, Hegel, Schiller und Fichte. Er werde sehen.

Danach geht Weiss zur Ausstellungseröffnung des Bildhauers Fritz Cremer, der das große Buchenwald-Denkmal gemacht hat. Als er in der Akademie der Künste ankommt, steht der Verbannte gleich im Scheinwerferlicht. Sie hatten ja gehört, dass er neulich an der Grenze schon wieder festgehalten worden war. Nun scheint er also rehabilitiert zu sein. *Wurde ostentativ umarmt von Freunden*, schreibt Weiss. *Dialektik als Paradoxie*. Er war ja Mitglied in beiden Akademien, also in Ost- und Westberlin. Da erhielt er fast regelmäßig Nachricht über das Ableben von Kollegen. Im Westen hatten die Briefe einen schwarzen Trauerrand, schreibt er ins Notizbuch, aus dem Osten kamen sie weniger feierlich an, *nur als gewöhnliche Drucksache*.

Also Hölderlin in Rostock. Allerdings mit Änderungswünschen bei Hegel, Schelling, Goethe, Schiller, Fichte. Das hatte für Weiss nichts mit Zensur zu tun. Fehlinterpretationen und ideologische Verharmlosungen, auch Sentimentalitäten, die fand er doch eher in westlichen Inszenierungen. Da war nur Peter Palitzsch, der bei Brecht gelernt hatte, die große Ausnahme. Wenn er ein Stück geschrieben hat, erwartet er Reaktionen und Verbesserungen von denen, die es lesen. So war es schon, als er die erste Kopie seines Hölderlin-Stücks an Martin Walser geschickt hatte. Kaum war das Paket auf der Post abgegeben, überlegt er schon auf dem Weg nach Hause, was noch verändert werden muss. Das sei immer so gewesen.

Und deshalb erhofft er sich in der Zusammenarbeit mit Perten, die er vermisst hatte, *eine besondere Konkretisierung* des Stücks durch seine Inszenierung. Die Frage, ob es statthaft ist, die Weimarer Großgeister gegen Hölderlin auszuspielen, die hat er sich doch längst selber gestellt. Trotz ihrer Bedeutung habe er *von ihnen nur einen Aspekt gezeigt, und zwar denjenigen, in dem ihre negative Auswirkung auf Hölderlin zutage tritt.* Für Weiss bleibt sein Titelheld sich bis zum Ende treu, weicht nicht ab von seiner Vision, auch nicht in der Zeit seiner Umnachtung.

Hegel hatte doch auch einmal an die Revolution geglaubt, aber dann sei er in der preußischen Monarchie aufgegangen. *In ihm tritt die Gestalt des Sozialdemokraten hervor, der sich in unserem Jahrhundert als Feind des Revolutionärs entpuppen wird.* Schelling sei der Revolution nie nah gewesen, *außer einer kurzen Periode schwärmerischer Begeisterung.* Goethe fühlte sich abgestoßen von revolutionären Massen. Er blieb der Aufklärer, der Veränderung durch Bildung predigte, nicht durch Revolution. Natürlich hat er sich mit politischen Ereignissen auseinandergesetzt, wie in den »Unterhaltungen deutscher Ausgewanderten«, und natürlich ist Schiller der jugendliche Revolutionär gewesen. Doch wie die beiden Dichterfürsten sich Hölderlin gegenüber verhalten haben, als der nach Jena kam und literarische Anerkennung gebraucht hätte, da versagten sie. Das hat nichts mit ihrer Güte zu tun, sondern etwas mit ihrer Haltung. Und Fichte? Hatte auch einmal das Recht auf Revolution gepriesen. Aber dann wurde er der ewige Liberale, der fürs *Recht auf Eigentum* plädierte.

Jetzt deckt er sich noch einmal mit Material ein, liest von Alexander Abusch »Schiller – Größe und Tragik eines deutschen Genius«. Das hatte der DDR-Politiker, der ja auch Schriftsteller war, 1955 geschrieben. Und Perten hatte noch einen wissenschaftlichen Mitarbeiter aus der Rostocker Universität geholt. Der hatte über Hölderlin gearbeitet. *Wertvolle Anregungen.* So fährt Weiss denn zurück nach Stockholm und ändert einiges am »Hölderlin«. Der wird im Juni 1973, als Perten wieder an seine Rostocker Bühne zurückgekehrt ist, aufgeführt.

»WEINEND VOR FREUDE, DER GLÜCKLICHSTE TAG MEINES LEBENS«

NADJA

Im Sommer 1972 fahren Gunilla und Peter Weiss nach Ljusterö, wo sie ein Haus gemietet haben. Ljusterö ist die größte Insel im Stockholmer Schärengarten, auf der es fünfzehn kleine Binnenseen gibt, Seeadler, viel Wald mit Füchsen, Rehen, Elchen. Also Natur im Paradies, nur eine Stunde von Stockholm entfernt. Und da schreibt Peter Weiss am 8. August ins Notizbuch: *Schönste Sommertage auf Ljusterö. Die Schwangere nackt zwischen den Blumen. Die Bewegungen des Kindes im Bauch. Das schnelle Klopfen des kleinen Herzens.* Es ist also passiert, was keiner der beiden für möglich gehalten hat. Peter Weiss, hatte Gunilla Palmstierna-Weiss erzählt, war ja über fünfzig und nicht sehr gesund, Herz- und Nierengeschichten, später kam noch Diabetes hinzu. Und sie war über vierzig und eigentlich drüber weg, wie sie sagte.

Und sie hatten doch diesen Krach, weil es nicht einfach war, gemeinsam in einem Atelier zu arbeiten, deshalb wollte sie sich trennen. Und so kam es zu dem berühmten Abschiedskuss mit Folgen. Aber die Folgen merkte sie erst, als sie schon getrennt waren. Im dritten Monat sei sie dann mit der Überraschung zu ihm gegangen. Da hatte er ins Notizbuch geschrieben *(G. ist sicher: Befruchtung am 18. Februar)* Eine Abtreibung, hatte sie gesagt, käme nicht infrage, dann ginge sie gleich wieder, sie habe ihre schöne Wohnung und verdiene genug Geld. Aber wenn er's toll fände, bitte, dann könnten sie wieder zusammenziehen. Und er fand es ja nicht nur toll, er sei von dem Augenblick an auch, wie Gunilla

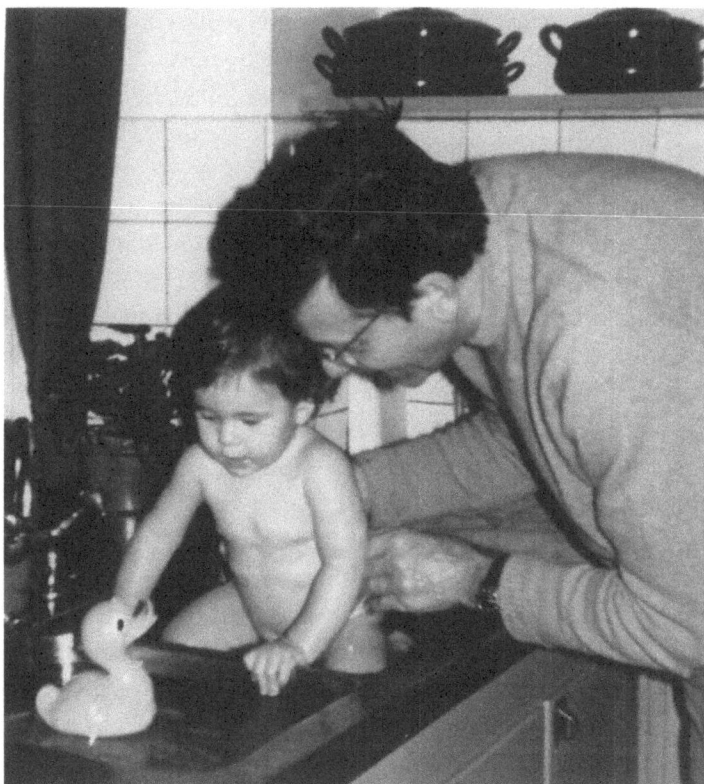

Peter liebte Nadja über alles, sagt Gunilla Palmstierna-Weiss.
Für ihn war sie ein Wunder.

Palmstierna-Weiss sagt, ein völlig anderer Mensch gewesen und sie hätten eine wunderbare Zeit miteinander gehabt.

Nadja wird am 16. November geboren. Es ist Donnerstag, zehn Uhr morgens. Er in der Wartehalle der Klinik. Draußen regnet es. Er sieht den Sperlingen zu, die zu ihren Öffnungen in der Hauswand fliegen. Dann kommt die Schwester mit dem kleinen Wagen an. *Wunderschönes schwarzhaariges Mädchen, die schönsten*

Händchen – Weinend vor Freude. Er schreibt alles ins Notizbuch: Gewicht, Länge, Geburtszeit, Körpertemperatur. *Wahnsinnig glücklich – kann nicht genug von ihr sehn – diese kleinen Hände u Fingernägel, diese kleine zornige Grimasse – dieses kleine Gähnen – der glücklichste Tag meines Lebens.* Erinnerung an Paris. Peter Weiss steht im Gedränge elegant gekleideter Menschen in einer Ausstellung und starrt ihn an, den Verfasser von »Nadja«, André Breton, *ich stand benommen da und hörte die letzten Worte aus diesem Buch, La beauté sera convulsive ou ne sera pas.* Die Schönheit wird krampfgeschüttelt sein oder nicht sein. Da steht er also, der Erfinder der Nadja, umringt von Bewunderern. Und Weiss versucht, sich an Bilder zu erinnern, die er von ihm gesehen hat. Breton, der Machtmensch mit Löwenmähne, das war lange her, nun steht er freundlich da, fast schüchtern, und Weiss sieht bei seinem Anblick eine ganze Epoche aufsteigen, *die meiner Fantasie Nahrung gegeben hatte.* Er wird Breton vorgestellt, sie wechseln ein paar Worte, *ich stellte jemanden dar, der irgendetwas vollbracht hatte, ... er vernahm davon mit freundlichem Nicken, doch damit war nichts anzufangen, es war völlig gleichgültig, es verflüchtigte sich sofort.* Das war in Paris. Zehn Jahre, bevor Nadja kam.

Was hatte Gunilla Palmstierna-Weiss gesagt? Die Nadja war für Peter ein Wunder. Und er sei ein ganz anderer Mensch geworden. Das steht nun auch in seinem Notizbuch. Die Erinnerung an Bretons »Nadja«. Sein Lieblingsbuch. *Nadesdja – Hoffnung –* und dann auch *na dedja – Hoffnung auf ein Kind.* Und die Liebe zu Gunilla? Eigentümlich sei das. Er liebe sie jetzt mit ihren Narben und ihren kleinen Gebrechlichkeiten mehr als früher. Und dass sie dieses Kind bekommen hat – *nachdem wir uns 20 Jahre kennen.* Und Gunilla habe zu ihm gesagt, bei ihnen beiden sei alles genau das Gegenteil von dem, was sonst so üblich ist.

Und dann ist der kleine neue Mensch in der Wohnung. In der

ersten Nacht hätten sie Nadja vor lauter Unruhe mit ins Bett genommen. *Ich hatte sie auf meiner Brust liegen, so schlief sie (ich nicht)*. Manchmal überkommen ihn Anflüge von Unwirklichkeit.

Er geht abends ins Kino, sieht Chaplins »Der große Diktator«, aber er fühlt sich wie im Traum, wird gleich aufwachen, *dieses banale Erlebnis, hinter dem größte Realität steht*. Und wenn er nach Hause kommt, ist alles wahr, denn sie schläft, Nadja, am Morgen wird er wieder zu ihr gehen, zu diesem neuen Menschen mit den *fast violettblauen Augen*. Und das alles sei wie die Verliebtheit aus längst vergessenen Tagen – und noch viel mehr. Und dieses Glück, *nachdem mein Leben schon einmal fast vorbei war*. Das ist dann so ein Augenblick, in dem er weiß, dass auch sie sterblich ist. *Da liegt sie, eben geboren, und sie ist, wie wir, vergänglich*. Aber sie weiß nichts davon. Noch nicht. *Und dann wird sie einmal altern, zurückblicken*. Vier Seiten Nadja im Notizbuch. Vier Seiten Zärtlichkeit. Dann geht es wieder an die Arbeit: *Erwacht, ihr Völker dieser Erde!*

Zu dieser Zeit arbeitet Peter Weiss schon lange am ersten Teil seiner dreibändigen »Ästhetik des Widerstands«, dem Jahrhundert-Roman, an dem er fast zehn Jahre schreiben und umschreiben wird, an dem er immer wieder verzweifelt, der ihn krank macht und sein Herz strapaziert, bis er wieder ins Spital muss. *Krankheiten sind eingeschobene Behinderungen*, schreibt er, *Erschwernisse der Arbeit – doch nie Abbrüche des intellektuellen Prozesses*. Da ruft ihn Hans Magnus Enzensberger aus Venedig an. Er ist beunruhigt, hat gehört, dass es ihm nicht gut geht. Seltsam, schreibt der Patient, er ist der einzige, der sich nach ihm erkundigt.

Und ja, sagt Weiss zu ihm, er habe recht, er nehme alles zu ernst, ihm fehle die Ironie, die Souveränität, und sich selbst nehme er vielleicht auch zu wichtig, alles richtig. Und ja, er sei ein Idealist, glaube an Klasse und Klassenkampf und daran, dass die Revolution noch nicht zu Ende sei. Aber sie ist doch längst zu Ende, sagt Enzensberger, und vom Volk könne er doch nichts

281

erwarten. Ihm, Weiss, fehle einfach ein bisschen Spott und Spaß und Galgenhumor. *Warum hast du nicht mehr von Villon, warum bist du nicht überhaupt ein anderer, und übrigens bist du schon viel zu alt.* So notiert oder interpretiert es Weiss später in seinen Aufzeichnungen. Und dann habe Enzensberger auch noch gesagt, er könne nicht parodieren, sei eine Art Prophet und habe dieses Salbungsvolle an sich. Dabei kämen sie doch eigentlich ganz gut miteinander aus, wenn Peter nur ein bisschen frecher und verspielter wäre. Weiss ist überzeugt, dass Enzensberger von allem, was er geschrieben hat, nur den Kutscher und das Gespräch der drei Gehenden schätzt, *alles andere ist ihm zu kompakt.* Und er schreibt weiter im Notizbuch: *ich weiß nicht, ich habe immer das Gefühl, wenn er geht, dann reißt er einen Witz über mich.*

Trotz der gewaltigen Recherchen und der strapaziösen Arbeit, vergisst er nie, Nadja in Briefen oder im Notizbuch zu erwähnen. Schon ein paar Wochen nach der Geburt schreibt er Siegfried Unseld, dass die Ästhetik große, wenn auch langsame Fortschritte mache, und – *zu Deiner Beängstigung sei es gesagt* – ziemliche Ausmaße annehmen wird. Doch dann erzählt er ihm vom *Allerwichtigsten,* von Nadja. *Du kannst Dir gar nicht vorstellen, wie dieses Kind mich verjüngt und erneuert hat.* Die Abende verbrächten Gunilla und er nur noch mit dem Kind, er komme nicht mehr zum Lesen, und sie gingen auch nicht mehr zu anderen Leuten. Also er schicke ihm und Hilde – Unselds Frau – bald neue Fotos des *Wunderwerks.*

Nicht nur Peter Weiss hat mit Krankheiten zu tun, auch seine Gunilla hatte schwere Augenoperationen hinter sich und musste länger im Krankenhaus liegen. Das verunsicherte das Kind enorm. Der Schrecken, uns zu verlieren, schreibt er, sei von elementarer Art, *sie klammert sich an uns wie ein kleines Tier.* Und so liegt der Vater denn abends immer eine Stunde neben seiner Tochter, bis sie eingeschlafen ist. Er erzählt ihr dann Märchen von Ameisen,

Schmetterlingen, Marienkäfern und Eichhörnchen. Jeden Abend in Variationen. Dann sprechen sie über den Ursprung der Welt und des Lebens und über den Tod. Und sie fasst ihn bei der Hand und ist neugierig, will alles wissen, fragt: *Warum bin Ich?* Und hätte auch jemand anderes sie zur Welt bringen können? Und wenn sich der Schlaf langsam bei ihr ankündigt, bleibt er noch neben ihr liegen, Hand in Hand mit Nadja, *auch ich erhalte Kraft von ihr.*

Dann der erste Schultag. *Ihre Spannung wird zu meiner Spannung – doch für sie ohne Angst, nur freudige Erwartung.* Am Tag zuvor zeigt sie jedem ihren Schulranzen. Läuft zu den Nachbarn, und in die Läden, sagt allen: Morgen gehe sie zur Schule. Und wenn sie gebeugt über ihren Schularbeiten sitzt und Buchstaben schreibt, betrachtet er ihr *andächtiges, ernstes, schönes Gesicht.* Und wenn sie danach mit ihren Phantasiefiguren spielt, sich ihr eigenes Universum schafft, dann vergisst er seinen eigenen, oft unerträglichen Druck. Wäre sie nicht da, Nadja, seine *große »Alters-Liebe«,* schreibt er, hätte er wohl nicht die Kraft gefunden, seinen Roman zu schreiben. Und wie oft überkommt ihn die Trauer bei dem Gedanken, wie kurz dies alles ist, *und wie frühzeitig sie den Verlust ihres Vaters wird erleben müssen.*

Und wieder Schmerzen im Brustkorb. Wie ein Streifschuss. Er geht ins Krankenhaus. Doch das EKG zeigt nur leichte Veränderungen. Also kein Infarkt. Er kann wieder gehen. Durchblutungsstörungen. Und er dachte schon, er könne die Ästhetik nicht zu Ende schreiben. Als er wieder zu einer Überprüfung muss, hat er sich als Lektüre die Strindberg-Biographie von Lagercrantz mitgenommen. *Menschen, die keine Bücher besitzen,* hatte er ins Notizbuch geschrieben, *die eigentümliche Leere dieser Wohnungen.* Aber warum fragt die Schwester ihn bei der Untersuchung nach seiner Körperlänge? *War es wegen des Sargmaßes?* Ihm selbst könne der Tod nicht mehr wehtun. Nur einigen wenigen, die ihn überleben, Gunilla und Nadja. *Der Gedanke an meinen Tod ist der Gedanke an die Leere, die ich bei N u G hinterlassen werde.* Und als er am Abend zu Hause anruft, fragt Nadja beunruhigt: *Ska du dö? Wirst du sterben?*

»IHR SEID DAS WELTGERICHT NICHT!«

DIE ÄSTHETIK DES WIDERSTANDS

Da steht er, der Ich-Erzähler, mit seinen beiden Freunden, Hans Coppi, dem Arbeitersohn und Horst Heilmann, dem Gymnasiasten, in Berlin vor dem Fries des Pergamon-Altars. Da hatte auch Peter Weiss schon einmal mit seinem Freund Uli gestanden, kurz bevor er mit seinen Eltern ins Exil nach London ging. Jetzt, in seinem Roman, ist das Museum voll. Und immer wieder sehen die drei zwischen wuselnden Schulklassen die roten Armbinden der schwarz und braun Uniformierten. Das Roman-Ich kann sich gut daran erinnern, dass Coppi in der Schule, sie saßen damals nebeneinander, das Emblem der neuen Herrscher, das Hakenkreuz, mit Bleistift, Tinte und Tusche zu einer behaarten Giftspinne umgestaltet hatte. Und die fetten, feisten Gesichter, die aus den Uniformkragen ragten, bemalte er in der Zeitung mit Warzen und Hauern und verrotteten Zähnen, aus denen er mit rotem Stift Blut rinnen ließ. Heilmann trug zur Tarnung auch die braune Kluft mit Schulterriemen samt Dolch an der kurzen Hose. Das war zum Schutz für Coppi, der von seiner Untergrundarbeit kam, war auch zum Schutz für das erzählende Ich, das bald nach Spanien wollte, um mit den internationalen Brigaden gegen Franco zu kämpfen. Wir sind im Jahr 1937.

Nun ist die Rolle des Autors, der den gut tausend Seiten langen Roman erzählt, eine Art *Schizophrener*. Das schreibt Peter Weiss über sich und seinen Ich-Erzähler im Notizbuch. Und doch ist das künstlich Erzeugte *zu meinem einzigen Leben geworden*. Denn alles, was er hier geschrieben hat, ob Wahrheit, Dichtung, Traum oder Erfundenes, ist wahr für ihn. Alles in seinem Buch besitze die gleiche Wahrheit wie die Erlebnisse der sogenannten Wirklichkeit. Ob real oder irreal, im Rückblick sei es ohnehin nicht mehr zu unterscheiden, auch nicht mehr greifbar. Also sei das Erdachte und das direkt Erfahrene von gleicher Qualität. Und schließlich sei er überall dort gewesen, *wo ich mein Ich, im Buch, hinstelle.* Er habe auch mit fast allen gesprochen, die er in der Ästhetik nennt, kennt alle Orte, alle Straßen, die vorkommen, und deshalb sei das Erfundene vom Authentischen nicht mehr zu trennen, *es ist alles authentisch (wie im Traum alles authentisch ist).*

Aber es wird ja noch komplizierter: Denn zu all dem, was man an Erlebtem mit sich herumschleppt, denkt Weiss sich auch noch *Halluziniertes* hinzu. Und das musste er mit der Dichtung und der Wirklichkeit zusammen in den Griff bekommen, was nicht so einfach gewesen sei und eine doppelte Logik erforderte. Diesen Zustand, schreibt er, habe er fast neun Jahre am Schreitisch durchgehalten. Manchmal sei es ihm dabei selbst ein Rätsel gewesen, wie er 1937 nach Berlin gekommen sein konnte und nach Spanien, nach Paris und in den Untergrund – *ich bin einfach da.*

Dass er nur so arbeiten konnte, hatte einen Grund. Er beschreibt ihn 1972 im Notizbuch. Er selbst war ja nicht im Widerstand, er lebte aber während seines Exils in Schweden *in unmittelbarer Nähe derer, die im illegalen Kampf standen. Ich fragte nicht nach ihnen. Erfuhr erst später von ihrer Tätigkeit.* Als Gunilla Palmstierna ihn 1952 kennenlernt, war sie überrascht, wie unpolitisch Peter Weiss war. Er lebte in seiner Welt, hatte Analysen hinter sich, wollte werden, was er nicht werden sollte, war mit sich beschäftigt. Wir lebten aber in einer Gruppe, die sehr politisch war, sagt sie. Und wir fragten ihn dann immer wieder: Peter, wann fängst du endlich an, dich für Politik zu interessieren!

Nach dem *Grenzerlebnis 8. Juni 1970,* dem Herzinfarkt, hatte er geschrieben: *Wir nehmen diese Zeit alle stumm mit ins Grab.* Also die Zeit der mutigen Widerständler. Das durfte nicht sein, da begann er, die Ästhetik zu konzipieren. Seine Erinnerungen seien *mangelhaft, einseitig, gefärbt von subjektiven Eindrücken*, schreibt er ins Notizbuch. Also müsse er vom Fehlenden ausgehen und versuchen, Zusammenhänge herzustellen. Damit beginnt die Erinnerungsarbeit, sein *zweites, eingebildetes Leben*. Er führt Gespräche, geht in Archive, liest Berichte, Tagebücher, Briefe, Dokumente. Und als er an jenem Donnerstag, dem 28. August 1980, die »Ästhetik des Widerstands« abgeschlossen hat, schreibt er noch einmal zum Verständnis seiner Leser, dass er allen Figuren im Roman ihren authentischen Namen gegeben habe. Denn jeder Schlüsselroman würde ohnehin entschlüsselt werden. Auch bei seinen Figuren hätte man sich gefragt, wer der und der denn sei und wer gemeint ist. *Ich benutze die Namen, wie Brecht den Namen Caesars benutzte.*

Brecht hatte während seines Exils in Dänemark an einem Roman gearbeitet, der unvollendet blieb. Er heißt »Die Geschäfte des Herrn Julius Caesar«. Ein junger Anwalt, auch ein Ich-Erzähler, schreibt die Biographie über den großen Gaius Julius. Und da tat Brecht eben auch so, als wisse das Ich alles über ihn, seine täglichen Wege, seine politischen Machenschaften, seine Grundstücksspekulationen. Tat also, als ob er ihn direkt beobachtet hätte. Und Caesar wurde hundert Jahre vor der Zeitrechnung geboren. *Ich schildere etwas*, schreibt Weiss, *das nicht mal ein halbes Jahrhundert zurückliegt. Und manche meiner Figuren leben noch.* Und die müssten sich in den Gestalten seines Romans ja auch nicht unbedingt wiedererkennen. *Ich habe mir nur die Freiheit genommen, ihre Namen zu leihen.* Doch er habe ihnen nichts angedichtet, was sie nicht hätten tun oder sagen können.

Und da stehen die drei nun vor dem Fries, Coppi mit seinen kurzsichtigen Augen hinter der Brille und der kluge Heilmann. Der liest aus einem Buch vor, dass einst die von Norden eingedrungenen Gallier von den Regenten der Dynastie der Attaliden zu tausenden unterworfen und erschlagen worden waren. Dieser *Triumph adeliger Reinheit über wüste und niedrige Kräfte*, schreibt Weiss im großartigen Beginn seiner »Ästhetik«, dieser Triumph wurde von den Siegern auf dem Fries des Pergamonaltars in der Schlacht der Götter mit den Giganten gefeiert, den Sterblichen, die den Olymp erobern wollten und ebenfalls erschlagen werden. Auch Hans Coppi und Horst Heilmann werden im Triumph von *Reinheit* strotzenden Nationalsozialisten umgebracht. Beide waren Widerstandskämpfer, haben für die »Rote Kapelle« gearbeitet, beide wurden im Dezember 1942 in Plötzensee ermordet, Coppi wurde erhängt, Heilmann unter der Guillotine geköpft. Doch noch stehen sie mit ihrem Freund, dem Ich-Erzähler, vor dem Fries und suchen Herakles, den berühmtesten aller griechischen Heroen, den Seitensprung von Zeus. Der alte Gott hatte mal wieder ein Auge runter auf die Welt riskiert und die bezaubernde Alkmene erblickt. Mit ihr, der Sterblichen, hatte der Chef des Olymps dann den kraftstrotzenden und tapferen Helden Herakles produziert, der den Göttern im bevorstehenden Kampf mit den Giganten hilfreich zur Seite stehen sollte.

Doch Hera, Zeus' Frau, war so zornig auf diesen wievielten Betrug ihres Mannes, dass sie den Knaben gleich mit zwei giftigen Schlangen traktierte, die ihn umbringen sollten. Doch das Kind erwürgt sie mit kräftiger Hand. Und als Herakles groß ist, erschlägt er die Hydra, diese Wasserschlange mit den hundert Köpfen und dem Hundekörper, fängt den rasenden kretischen Stier, ringt mit Thanatos, dem Tod, trägt für kurze Zeit sogar den Himmel auf seinem Buckel, während Atlas ihm die Äpfel der Hesperiden besorgt. Die Hesperiden, »Töchter des Abends«, waren die Kinder von Atlas. Sie gaben ihrem Vater die Äpfel, die ein Hochzeitsgeschenk für Hera gewesen waren und im Garten am Rande der Erde lagen. Ja, und dann kämpft Herakles noch mit dem unverwundbaren Nemeischen Löwen, Heras heftigster Waffe gegen Herakles. Doch der, schlau wie er ist, betäubt ihn mit seiner Olivenholzkeule, erwürgt ihn, zieht ihm das Fell ab und trägt seither den Löwenumhang als Symbol göttlicher Kraft.

Also Herakles. Wo steckt er. Die drei suchen ihn zwischen dampfenden Leibern und flatternden Gewändern der Göttinnen und Vogelkrallen, die sich ins Marmorfleisch der Giganten hauen und Schlangen, die sich um Hälse schlingen und Höllenhunden, die ihre Zähne in kraftvolle Nacken hineinschlagen. Ja, Coppi und das Ich lassen sich von Heilmann auch über die Kunst und die von Archäologen entschlüsselten Götter des Frieses vorlesen. Aber vor allem identifizieren sich die drei als Antifaschisten mit dem, was da vor ihren Augen geschieht, mit denen also, die zerfleischt, von Zeus' Pfeilen zerschossen, von Athene an den Haaren gepackt und hochgerissen werden, weil sie ohne Bodenhaftung nicht existieren können. Sie identifizieren sich mit denen, die vernichtet oder versklavt werden sollen.

Sie denken auch an die, die den Altar geschaffen haben, die gerechnet, gezeichnet und geplant haben, die den Marmor brachen und die Blöcke transportierten. Und sie denken an die Meister, die Götter und Giganten mit bronzenen und eisernen Spitzmeißeln aus dem Marmor herausholten. Ihre Namen waren meist erhalten. Die der Fronarbeiter nicht. Aber die waren nicht unwissend, sagt Heilmann. Und deshalb gereiche *der Fries nicht nur den Götternahen zum Ruhm, sondern auch denen, deren Stärke noch verborgen lag.* Und die wollten sich nicht ewig knechten und unterdrücken lassen, wollten beim Namen genannt werden. Ein bisschen war das wie in Bertolt Brechts »Fragen eines lesenden Arbeiters«:

Wer baute das siebentorige Theben?
In den Büchern stehen die Namen von Königen.
Haben die Könige die Felsbrocken herbeigeschleppt? ...

Der junge Alexander eroberte Indien.
Er allein?
Cäsar schlug die Gallier.
Hatte er nicht wenigstens einen Koch bei sich?
Philipp von Spanien weinte, als seine Flotte
Untergegangen war. Weinte sonst niemand?
Friedrich der Zweite siegte im Siebenjährigen Krieg. Wer
Siegte außer ihm?

Jede Seite ein Sieg.
Wer kochte den Siegesschmaus?

Alle zehn Jahre ein großer Mann.
Wer bezahlte die Spesen?

So viele Berichte.
So viele Fragen.

Und die drei Antifaschisten fragen nun nach Herakles. Wo ist er? Mit wem kämpft er? Mit den Unsterblichen? Oder den Sterblichen? Er ist ein Halbgott. Ein Stück Olymp, ein Stück Gigant. Er musste sich entscheiden. War er für die Unterdrücker oder die Unterdrückten? Und dann finden sie zwischen den eingemauerten Körpern und abgeschlagenen Gliedern und rasenden Göttern nur noch die Tatze von Herakles' Löwenfell. Coppi nannte es sogar ein Omen, dass gerade er, *der unsresgleichen war, fehlte*, und dass sie selbst nun handeln mussten. Das heißt für Coppi, Heilmann und das Ich, sie sollten die Lücke, zu der Herakles geworden war, ausfüllen. Interpretieren. *Wir blickten in eine Vorzeit zurück, und einen Augenblick lang füllte sich auch die Perspektive des Kommenden mit einem Massaker.* So interpretiert es der Ich-Erzähler, dass Herakles den Unterworfenen zur Hilfe kommen müsste und nicht denen, *die an Panzern und Waffen genug hatten.*

Oh nein, es ist keine einfache Lektüre. Die drei diskutieren im ersten Band vor allem über Solidarität, über Kommunisten und Sozialdemokraten, den Aufbau illegaler Tätigkeiten, über Richtlinien und Parolen. Das Ich erzählt von Coppis Mutter, dieser klugen und realistischen Proletarierin, die in der Küche am Herd steht und Wasser heiß macht und sagt, dass dieser Altar, der da im Museum steht, ein Besitzstück der Könige sei. Man könne sich das angucken. Ja. Allerdings nur, wenn man Zeit hätte. Doch wenn wir begreifen wollen, was das ganze bedeutet, *so müssen wir alles das nachholen, was uns in der Schule nie beigebracht wurde.* Das ist der Punkt.

Nun erzählt das Ich ein bisschen aus seinem Leben, sagt, es sei am 8. November 1917 geboren. Da verfremdet Weiss, der am 8. November 1916 geboren wurde, sein Ich ins Jahr der russischen Oktoberrevolution hinein, macht sich zum Proletarier, der in den Widerstand gehen wird. Und dass für ihn Bildung mit frühzeitigem Lesen von allergrößter Bedeutung ist, passt wieder zum echten Erzähler. Man muss Bücher auch nicht besitzen, man kann sie ausleihen. Max Hodann, dieser hochgebildete Sozialmediziner, den Peter Weiss gleich nach seiner Ankunft in Stockholm kennengelernt hatte, lieh ihm immer alles *willig* aus. Stoßweise konnte er seine Autoren mit nach Hause nehmen. *Bücher waren zum Bestandteil unsres Lebens geworden.*

Auch die Eltern des Erzählers kommen am Abend immer wieder mit einem neuen Buch nach Hause. Mit Toller, Tucholsky, Kisch oder Ehrenburg. Und das Ich besaß früh schon Gedichte von Majakowski, Schriften von Mehring, Kautsky, Luxemburg, Zetkin und Romane von Gorki, Arnold Zweig und Heinrich Mann, von Rolland, Barbusse und Döblin. Man saß abends unter der Küchenlampe am Tisch und besprach das Gelesene. Und wie bedeutend Bücher waren, das wurde immer dann deutlich, wenn beim einen oder anderen plötzlich die Polizei vor der Tür stand. Da wurden die Namen von Autoren zu Beweisen gegen sie, *da kam der Besitz von einem Band Lenin Hochverrat gleich.* Der brutale, blutige Kampf auf dem Pergamonfries war die Initialzündung für die Ästhetik. Hier erahnen der Ich-Erzähler, der mit der kommunistischen Partei liebäugelt, und seine beiden Genossen, was Weltgeschichte heißt. Und sie stehen beim Anblick dieses Kunstwerks bereits im Auge des Faschismus. Die Braunen sind ja längst mitten unter ihnen, sehen sich in dieser Schlacht am Fries vielleicht schon im kommenden Krieg als Sieger mit eisernen Kreuzen. Und neben ihnen begreifen drei kluge Köpfe, dass das, was sich bereits als Katastrophe abzeichnet, seit zweitausend Jahren unverändert stattfindet. Soldaten werden, ob sie wollen oder nicht, ausgehoben, einberufen und dann hingemetzelt in blutigen Kämpfen, *die zum Untergang des einen, zum Aufstieg des anderen Usurpatoren führten.*

Peter Weiss hatte es erlebt, aber nicht als einer, der durch das Inferno eines Konzentrationslagers hatte gehen müssen. Und später hat er auch nicht nur in seiner Kammer gesessen und geschrieben. Er hatte die Revolutionäre Marat und Trotzki auf die Bühne gebracht, die Täter und Zeugen im Auschwitzprozess gehört, den Aufbruch in Kuba erlebt, das Elend in Vietnam gesehen. Und er hat in den fast zehn Jahren, die er an der Ästhetik gearbeitet hat, Gespräche mit Widerstandskämpfern geführt, hat die Geschichte der Arbeiterbewegung, des Sozialismus, des Antifaschismus studiert, hat Karteikasten an Karteikasten gereiht, in denen er alles über Kunst- und Literaturgeschichte gesammelt hat und alle Zitate und Interviews. Und er hat mit dieser gewaltigen Flut an Wissen das geschaffen, was Walter Jens in eine Reihe stellte mit Marcel Prousts »Auf der Suche nach der verlorenen Zeit«, Robert Musils »Mann ohne Eigenschaften« und James Joyces »Ulysses«. Für Wolfgang Koeppen ist die Ästhetik eines der *erregendsten, mutigsten und traurigsten Bücher.* Dabei hatte Weiss zuerst nur einen Band geplant, dann wurden es zwei, und zum Schluss hätte er dagesessen *mit diesen drei Schinken*, die seine Gesundheit und seine Psyche schwer durchgeschüttelt haben.

Immer wieder stellt sich der reflektierende Ich-Erzähler vor, was in denen vor sich geht, die im Widerstand sind, er holt sie dicht an sich heran, an seinen eigenen Leib, wie er sagt. Fragt auch, welcher Revolutionär den blinden Fleck ausfüllen könnte, den Herakles hinterlassen hat. Lenin? Oder der, der im Widerstand arbeitet? Und dann bekommt das Ich in Warnsdorf vom Prager Spanienkomitee einen Brief vom väterlichen Freund Max Hodann: *Hier bin ich am rechten Platz, hier in der Landschaft des Don Quijote.* Also reist der Erzähler als Sanitäter zu ihm in die Hochebene der Mancha, um sich den internationalen Brigaden anzuschließen.

So viele Bataillone sind zusammengekommen, deutsche, skandinavische, niederländische, polnische, ungarische, österreichische, bulgarische, kanadische, irische, russische, britische, französische. Und sie haben sich Namen gegeben wie Thälmann, Garibaldi, Commune de Paris oder Dimitrow. Aber was ihre Waffen betrifft, sind sie den faschistischen Banden gegenüber unterlegen, kommen mit Stöcken, Sensen und Heugabeln oder mit Schießeisen. Doch ihr Stolz und ihre Empörung sind ihnen genug, und ihr Kampfwille grenzt an Todesverachtung. *Im Geist Don Quijotes, mit dem gleichen blinden Enthusiasmus*, schreibt Weiss, *warfen sie sich, in programmatischer Unordnung, dem feindlichen Feuer entgegen*. Hodann hatte inzwischen die Villa Candida zum Hauptquartier gemacht. Beschlagnahmt oder mit dem Besitzer verhandelt? Wer weiß. Die Verletzten müssen behandelt werden. Darum geht es. Und manch einer versucht, Herakles zu übertreffen, will die Inseln der Seligen suchen und die Goldäpfel der Hesperiden finden, also Waffen.

Hier in Spanien trifft der Erzähler auch den Freund Jacques Ayschmann wieder, die Zauberfigur aus realen Londoner Tagen.

An einem Abend im Café hatte er auf einer imaginären Geige das Doppelkonzert von Bach gepfiffen und Peter Weiss war jubelnd mit der zweiten Stimme eingefallen. Damals brach eine Lust aus ihm heraus, wie er sie seit Monaten nicht mehr gespürt hatte, und er ließ vor Jacques ungemalte, apokalyptische Bilder aufsteigen. Doch nach dreizehn Tagen war er dann verschwunden. Wohin? Hatte er nicht einmal angedeutet, er wollte nach Spanien zu den Interbrigaden? Nun erleben sie hier im Roman die Zerstörung der Baskischen Stadt Guernica. Waren sie dabei? Oder fand die Bombardierung der deutschen Legion Condor in der Küche statt? Also in ihrer Phantasie?

Oder haben sie die Schrecken des Krieges im Guernica-Gemälde von Picasso gesehen? Da schreit in der Bombennacht ein vom Speer verwundetes Pferd zum Erbarmen, das Tier, das im Stierkampf so oft das Unterlegene ist. Der Minotaurus steht frei da. Bereit zum Angriff? Der Ich-Erzähler sieht es mit seinem Freund anders. Sie haben sich nämlich die Skizzen von Picasso angesehen, glauben, dass *der Stier immer menschlicher wurde, und das Pferd immer bestienhafter,* deshalb finden sie, dass im Taurus, beleuchtet vom Notlicht einer vorschnellenden Hand, *die Dauerhaftigkeit des spanischen Volkes dargestellt* ist, in der grässlichen Fratze des Hengstes dagegen die Massaker der Faschisten. Der Gaul, so sehen sie es, hätte sich mit seinem Speer im Leib gar nicht mehr aufrecht halten können, hätte längst zu Boden gesunken sein müssen. Auf einer der Skizzen hätte Picasso aus der Wunde ein kleines geflügeltes Ross fliegen lassen, das sich auf den Taurus gesetzt hat. Im Ölbild fehlt dieser Pegasus. Dafür versucht sich eine Friedenstaube flatternd in der Luft zu halten. Kann sie sich retten?

Der Rest ist Krieg und Vernichtung. Die Mutter mit ihrem toten Kind schreit ihre Verzweiflung zum Himmel hoch, und aus dem brennenden Haus kann sich eine Frau gerade noch ins Chaos retten, während die andere bereits lichterloh brennt, und der gefallene Krieger hält noch im Tod das zerbrochene Schwert fest in der steifen Hand. Über dieses Manifest gegen Krieg, Gewalt und Terror unterhalten sich die beiden Revolutionäre lange. Peter Weiss hatte ja selbst gleich nach dem Krieg apokalyptische Bilder gemalt, nackte Krieger, die mit Dolchen auf sich einstechen und Skizzen mit Händen, deren Finger aus Messern und Zangen bestehen, und durchschossene Körperteile hat er gezeichnet, an denen Spinnen kleben, deren Beine noch an Hakenkreuze erinnern.

Und so, wie der Ich-Erzähler und sein Freund Jacques Ayschmann in Spanien, im Kampf gegen Franco, über Guernica reden, so hatten Peter Weiss und Jacques nächtelang in der Londoner Dachkammer über sein großes »Welttheater« geredet – das im selben Jahr wie Picassos Ölgemälde entstand – den Gesang vom ewigen Gemetzel, in dem die Menschen sich gegenseitig demütigen und erschlagen, wo der Himmel sich verdüstert, der Sturm die Wellen peitscht und die Passagiere eines sinkenden Schiffes im Meer ertrinken.

Wie Schiffbrüchige kommen sich auch Ayschmann und der Erzähler nun vor. Viele Spanienkämpfer, von Franco geschlagen, verschwinden in Konzentrationslagern, werden gefoltert und umgebracht. Die Fliehenden – Anarchisten, Sozialisten, linke Abenteurer, Sozialdemokraten und Kommunisten – verraten sich gegenseitig, und viele liefern ihre eigenen Genossen später an Stalin aus, wo sie in den Moskauer Prozessen verurteilt und liquidiert werden. Und die beiden Freunde wundern sich, dass die Feindschaft zwischen Sozialdemokraten und Kommunisten nicht einmal im Kampf gegen die Faschisten überwunden und beendet werden konnte. Zunächst aber bereiten die zwei ihren Abgang nach Paris vor.

Sein Bild von Paris, lässt Weiss seinen Erzähler sagen, setzte sich aus Fotografien bekannter Gebäude zusammen, aus der

Seine, den Brücken, den Uferstraßen. Paris, das waren auch die Volksmassen, *die sich mit Stöcken, Hacken, Brecheisen hermachten über die in Rauch gehüllte Bastille, das war der Triumph der Hände über versteinerte Tyrannei, Paris,* das war der Spottgesang auf die Potentaten, und es war die Metropole der Dichtung, der Philosophie und der Malerei. Und dort stehen Ayschmann und sein Freund wieder vor einem weltberühmten Gemälde. Und wieder identifizieren sie sich mit Menschen, die im Stich gelassen worden sind, mit den Verzweifelten auf dem »Floß der Medusa« von Théodore Géricault, das 1819 im Pariser Salon ausgestellt worden war.

Was war dort passiert? 1816 hatte England die westafrikanische Kolonie Senegal an Frankreich zurückgegeben. Da machten sich dann gleich vier Fregatten im Konvoi auf, um die Kolonie wieder in Besitz zu nehmen. Eins der vier Kriegsschiffe war die Medusa, sie hatte mehr als vierhundert Mann an Bord. Der Marineminister glaubte, trotz aller Warnungen der Seeleute, ihr Ziel, das Cap Blanc, in der Ferne gesichtet zu haben und ließ die Fregatte durch ein Rudel von Felsen navigieren. Später musste er zugeben, dass er das Ziel mit einer Wolke verwechselt hatte. Die Medusa lief auf Grund, konnte sich nicht mehr befreien, und da nur sechs Rettungsboote zur Verfügung standen, wurde in aller Eile ein Floß aus den Masten und Rahen gebaut, auf dem 149 Menschen – Seeleute, Soldaten und Passagiere, unter ihnen eine Frau – Platz haben mussten. Die sechs Boote mit der feineren Herrschaft sollten das Floß an Land ziehen.

Doch bald schon entschieden sich Kapitän, Gouverneur und Offiziere auf ihren sicheren Kähnen, die Leinen mit der lästigen Last zu kappen und die Leute auf dem Floß ihrem Schicksal zu überlassen. Die trieben nun ohne Ruder durch die Strömung aufs offene Meer hinaus und gerieten ohne Essen und Trinken in Panik. Und als sie nach vielen Tagen zu verhungern drohten, brach der Kannibalismus aus. Die Soldaten, die ihre Säbel und Karabiner dabei hatten, waren im Vorteil. Sie brachten die Schwächsten um, schnitten Fleischstücke heraus, dörrten die abgezogene Haut in der Sonne und aßen sie. Nur fünfzehn Personen überlebten die Hölle. Der Skandal, der verheimlicht werden sollte, wurde publik. Und als Géricaults gewaltiges Gemälde, das über sieben Meter lang und fünf Meter hoch ist, um im Pariser Salon überhaupt angenommen zu werden, noch nicht »Das Floß der Medusa« hieß, sondern »Szene eines Schiffbruchs«, wusste doch jeder Franzose, was hier dargestellt war.

Es sind diese grauenvollen Identifikations-und Sinn-Bilder, die Peter Weiss braucht, um seinen Lesern klarzumachen, worum es hier geht, um Krieg und Folter und Lüge und Verrat und Gewalt. Er taucht tief ein in die Entstehungsgeschichte des Bildes, beschreibt die Studien und Skizzen, die Géricault zuvor angefertigt hat. Und er weiß, dass der Maler lange mit dem Arzt Savigny gesprochen hat, der ihm erklärte, wie die Farbe toter Körper aussieht. Weiss hat alles über das Drama im Atlantik gelesen, weiß, wer in welches Boot, welche Jolle, welche Schaluppe kam, wie viele über Bord gegangen sein mussten, mit welcher Gnadenlosigkeit sich die Boote des Gouverneurs und des Kapitäns entfernten, wie das manövrierunfähige Floß von der Strömung aufs Meer getrieben wurde und die Küste sich immer weiter entfernte, wie die Schiffbrüchigen hofften, dass die Boote zurückkehren würden, um sie zu holen. *Doch die Nacht brach ein, ohne daß sie Hilfe erhalten hätten. Mächtige Fluten überrollten uns. Bald vor, bald zurückgeschleudert, um jeden Atemzug ringend, die Schreie der über Bord Gespülten vernehmend, ersehnten wir den Anbruch des Tages.*

Der Ich-Erzähler scheint Betrachter, Beobachter und Opfer zugleich zu sein. Wieder in Paris, kommt er sich wie ein Fahnenflüchtiger vor, weil er zum Spaziergänger wird und im Morgengrauen durch die leere Rue Las Cases schlendert, vorbei an der

Basilika Sancta Clotilde. Und dort im Park, wo *die Tauben gurrten wie eh und je*, da sieht er César Franck unter den Kastanien sitzen, den Komponisten, der einst in der Kirche Organist gewesen war. Aber er sitzt natürlich in seinem eigenen Denkmal auf seiner Marmorbank, hingegeben dem Engel lauschend, der über ihm seine Flügel ausgebreitet hat und ihm etwas zuzuflüstern scheint. Man muss dem Ich einfach folgen, egal, ob man das Denkmal je gesehen und Francks Oratorien und Messen und Opern je gehört hat. Es sind poetische Texte, die einen kurz durchatmen lassen, denn schon ist der Erzähler ja wieder auf dem Floß. Jetzt *war die See ruhiger geworden, zehn Mann hatte das Meer verschlungen, weitere zwölf hingen festgesteckt, verendet zwischen den Bohlen und Brettern.* Nach dem Elend geht das Ich im Morgendunst die Rue Saint Dominique entlang und weiter, bis er über den Baumkronen Sacré Cœr erblickt.

Nach Paris kommt die Härte des Exils in Schweden, die Arbeit in der Fabrik, kommt das Wiedersehen mit seinem väterlichen Freund Max Hodann, kommen kleine Kurierdienste im illegalen Widerstand. Und es kommt zum Treffen des Erzähler-Ichs mit Bertolt Brecht, das es in Wirklichkeit nie gegeben hat. Doch die Begegnung passt. Brecht sucht nämlich Material über den deutschstämmigen schwedischen Volksführer Engelbrekt Engelbrektsson. Der gehörte im Mittelalter zu den wohlhabenden Bergbaubesitzern. Als der Schwedische König Erik VII. im Krieg gegen Holstein und die Hanse die Ausfuhr der Bodenschätze stoppte und die Steuern in die Höhe trieb, setzte sich Engelbrekt als Freiheitskämpfer an die Spitze der revoltierenden Bergleute und zog gegen die Vögte und den König in Richtung Stockholm.

In jener Arbeitsgruppe um Brecht und das Roman-Ich wird ausführlich über Kampf und Widerstand diskutiert. Es ist die Zeit des Überfalls auf Polen, des Nichtangriffspakts zwischen Hitler und Stalin, also Zeit, dagegen anzuschreiben. Das will Brecht. Und er wollte tatsächlich ein Stück über diesen schwedischen Tell schreiben, der sogar den Klerus und große Teile des Adels auf seiner Seite hatte und zum Reichshauptmann gewählt worden war. Als Brecht am Ende aber las, dass der Widerstandskämpfer von einer Gruppe schwedischer Ritter ermordet wurde, ließ er das Projekt fallen. Für sein Stück wollte er einen Sieger. Es ist die Zeit, als die deutsche Wehrmacht 1941 die Sowjetunion überfällt. Das ist der Anfang vom schlimmstmöglichen Ende.

Brecht war 1941 vor den Nazis aus Schweden in die USA geflohen, doch schon im dänischen Exil hatte er sein Vermächtnis »An die Nachgeborenen« geschrieben, das so beginnt:

Wirklich, ich lebe in finsteren Zeiten!
Das arglose Wort ist töricht. Eine glatte Stirn
Deutet auf Unempfindlichkeit hin. Der Lachende
Hat die furchtbare Nachricht
Nur noch nicht empfangen.

Je länger man diesen Peter Weiss liest, je mehr wird man in einen Sog hineingezogen, der einen schwindeln lässt, weil er von seinen Lesern erwartet, dass sie die epochalen Kunstwerke der Weltgeschichte so gut kennen, dass sie auch Anspielungen begreifen. Wenn sie Brecht nicht gelesen haben, nicht Kafkas Schloss, nicht den Hades von Dante und nicht sein Paradies kennen und die Geschichten der Götter im Olymp, wenn sie die Bilder von Picasso bis Breughel nicht im Kopf haben, nicht die Höllen von Bosch und Historie ihnen ein Buch mit sieben Siegeln ist, dann verzweifeln sie zwischendurch auch an seinem gewaltigen Wortteppich.

Im Westen ist die Kritik mit den ersten beiden Bänden der Ästhetik erbarmungslos umgegangen. Für die *Süddeutsche Zeitung* ist es ein *rot geträumtes Leben*, für *Die Welt Revolution als Nostalgie-Trip*, für Fritz J. Raddatz ist der erste Band in der Wochenzeitung *Die Zeit – Faschismus als Kreuzworträtsel*, im zweiten Band sind es dann nur noch *Blasen aus der Wortflut.* Raddatz, schreibt Weiss im Notizbuch, habe überhaupt nicht kapiert, dass er einen Roman liest, *auch nichts verstanden vom Wesen der Ich-Figur*, in der sich alle *Gegensätze* und *Meinungsverschiedenheiten* im Buch brechen. Doch auch der *Spiegel* sieht die Ästhetik als etwas *mechanisch Konstruiertes.*

In der DDR werden die Bände zunächst gar nicht gedruckt, da ist der Antifaschismus ja schließlich zu Hause, da braucht man keinen Nachhilfeunterricht, und über die Moskauer Prozesse und die Blut- und Folterorgien Stalins mag man schon gar nicht belehrt werden. Worüber der große Bruder schweigt, schweigt auch die kleine DDR. Für sie waren die Schuldigen nach 1945 in den Westen gelaufen. Doch wenn das so gewesen wäre, hätte man sich im Osten ein neues Volk suchen müssen. Der Widerstand war in Plötzensee ermordet worden und damit die Freiheit. *Es geht um die Generation, die in den Faschismus geriet*, schreibt Wolfgang Koeppen. *Wir wußten, ob wir kämpften oder Zeitungen lasen, daß die Freiheit verlor.* Und deshalb scheint ihm die »Ästhetik« auch ein Pamphlet zu sein gegen die Unfähigkeit im Sozialismus zu trauern. Und das ist es, was Peter Weiss krank macht. Die Kulturfunktionäre, hatte er ins Notizbuch geschrieben, verbieten sein Buch, weil es *nicht übereinstimmend mit der in der DDR gültigen Geschichtsschreibung* war. In einem Deutschland werde sein Buch herausgegeben und öffentlich verdammt, *im anderen Deutschland wird es verboten und im geheimen gelobt.*

Im September 1974 ist Peter Weiss für zehn Tage Gast beim Schriftstellerkongress in Moskau. Die Feierliche Sitzung zum vierzigjährigen Bestehen des Verbands findet in jenem Saal statt, in dem während der stalinistischen Säuberungsorgien Nikolai Iwanowitsch Bucharin 1938 der Prozess gemacht wurde, der mit der Liquidierung durch einen Kopfschuss endete. Diesen Ort hat

Weiss im ersten Band der Ästhetik beschrieben. Hier hatte Bucharin einmal eine Rede gehalten, die mit einem Beifallssturm endete, *tausendfältig waren die Umarmungen der Versammelten von den Facetten der Lampen aufgefangen worden, und diese Spiegelflächen, die einstmals die vor Juwelen und Orden glitzernde Aristokratie im Tanz zurückgestrahlt hatten reflektierten nun die Bilder eines armseligen Haufens von Verdammten.* Für Lenin war der intellektuelle Bucharin das goldene Kind der Revolution, der Liebling der Partei.

Und Weiss beschreibt, wie im Prozess, *in der Säulenhalle, in dem Ballsaal,* die Verhörmaschine rollt, wie die Angeklagten, die mehr als ein Jahr, Tag und Nacht, in den Verhörräumen bis zur Besinnungslosigkeit gefoltert wurden. *Dies ist nicht Bucharin,* schreibt er, *der dort behauptet, den faschistischen Staatsumsturz vorbereitet zu haben.* Und als der in seiner Verteidigungsrede auf Hegel zu sprechen kommt, ruft der Staatsanwalt dazwischen, er sei ein Verbrecher und kein Philosoph! Darauf Bucharin: *gut, ein verbrecherischer Philosoph.* Nach einer Stunde sagte er, er komme nun zum Schluss: *ich beuge mein Knie vor dem Land, vor der Partei, vor dem ganzen Volk.* Dann wird das Todesurteil verkündet.

Bei der Eröffnungssitzung in diesem historischen Saal lernt Weiss 1971 Eugenia Kazewa kennen, die ihn durch Moskau begleiten wird. Die Kazewa ist damals eine Berühmtheit in der Moskauer Literaturszene. Sie hatte Heinrich Böll, Christa Wolf, Günter Grass und Franz Kafka ins Russische übersetzt. In Christa Wolfs Roman »Stadt der Engel oder The overcoat of Dr. Freud« taucht sie unter ihrem Kosenamen Shenja auf. 1945 war sie mit der Roten Armee nach Berlin gekommen und hatte dort vier Jahre als »Kulturoffizier« gearbeitet. Aus diesen Nachkriegsjahren will Weiss von ihr alles hören, und sie kannte auch ein paar Personen aus der Ästhetik. Also er ist voller Fragen und sie voller Antworten.

Und er erzählt ihr natürlich von seiner etwas makabren Begegnung mit Lew Ginsburg, seinem einstigen Übersetzer, der »Trotzki im Exil« in einem offenen Brief als unwürdig und antisowjetisch diffamiert hatte und nicht übersetzte, auch nicht übersetzen durfte. Ins Notizbuch wird er schreiben: *Begegnung mit Lew Ginsburg. Was soll man mit dieser Freundlichkeit anfangen, die von einem kommt, der mich damals ... aufs Unflätigste beschimpfte? Sozialistische Schizophrenie? Totale Entwertung des Worts?* Über seine Begleiterin hatte er notiert, dass er hier in Moskau einen Menschen kennengelernt habe, Shenja Kazewa: *vertraut, wie seit langem bekannt – tiefe gegenseitige Anteilnahme.*

Nach dem Tod von Peter Weiss hat sie in einem Erinnerungsbuch über ihre Begegnung mit ihm geschrieben. Nein, sie hätten nicht nur ernste Gespräche geführt und *Aufklärungsarbeit* geleistet, sie haben auch sehr vergnügliche Stunden miteinander verlebt. Sie hatte an einem Abend Freunde zu sich nach Hause geladen, war *als werktätige Frau* gerade aus dem Dienst gekommen und musste erstmal in die Küche und das Essen vorbereiten. Da *sagte Peter: Laß mich doch helfen, ich bin ein qualifizierter Kartoffelschäler*, band sich eine Schürze um und fing an zu schälen. Die Gläser im Schrank mussten auch gespült werden. Er polierte sie. Und sagte dann: *Blanker können sie auch im Kreml nicht sein.*

Aus diesen Tagen in Moskau und ein paar Tagen in Wolgograd sei eine echte Freundschaft geworden, sie haben telefoniert und hin und wieder auch Briefe geschrieben. Darin habe Peter liebevoll von Nadja erzählt, aber auch davon, wie schwer ihm oft das Formulieren an seinem Roman fiele, dass er manchmal *jeden Satz Dutzende Male* umschriebe, was zum Verzweifeln sei, und oft hätte er Probleme mit Herz und Kreislauf. Und noch immer brüte die DDR darüber, ob sie die Ästhetik nun drucken solle oder nicht. Das Kapitel mit den Moskauer Prozessen lag offenbar wie ein erratischer Block im Wege. Eugenia Kazewa glaubt, dass am Ende wohl das Argument von Hermann Kant den Ausschlag zum

Drucken gab. Der meinte, die, die das Buch lesen werden, wüssten sowieso alles über die Moskauer Prozesse, und die, die nichts darüber wüssten, lesen solche Bücher nicht. Nun schrieb Kant das an Kurt Hager, als Konrad Wolf bereits gute Vorarbeit zur Publikation der Ästhetik geleistet hatte. Es war also kein Risiko mehr. Als es um »Trotzki im Exil« gegangen war, hatte Kant nichts für Peter Weiss getan. Das Etikett Trotzkist sei ihm zwar *von unseren führenden Schlaumeiern* angepappt worden, schreibt er nach der Wende, weil Weiss nicht nur auf den Kapitalismus sondern auch auf den praktizierten Sozialismus schlecht zu sprechen gewesen sei. *Ich muss glauben, auch für mich sei das ein Grund gewesen, diesen Autor erst einmal auszulassen.* So windet sich Schlaumeier Kant aus seiner damaligen Haltung gegen Weiss, mit dessen Freundschaft er sich in seinen Erinnerungen so gerne schmückt.

Zurück zur Freundschaft Weiss-Kazewa. Er schreibt ihr nach Moskau, dass er für den dritten Band seiner Trilogie noch einmal *alle meine letzten Kräfte mobilisieren muß – und noch einige andere, übermenschliche Kräfte dazu,* denn der letzte Band müsse der stärkste werden, nirgends dürfe der Text hier absinken. An den lieben Siegfried schreibt er nach Frankfurt, dass er sich jetzt an den dritten Band mache, doch wann der abgeschlossen sei, *das wissen nur die Götter oder besser die Dämonen.* Alles verzögere sich, ewig würde er gestört werden, *teils ging Zeit durch Krankheit verloren, teils durch Depression auf Grund der Scheiss-Kritiken* über die ersten beiden Bände.

Im dritten Band steigt das Ich nun in den Hades hinab, in die Hölle der Nazis. Da beginnt das große Sterben derer, die der Erzähler liebevoll durch seinen Roman geführt hat. Und er beschreibt die grauenvollen Taten der Mörder minutiös. Das muss ausgehalten werden, auch wenn es an die Grenzen des Erträglichen geht. Der dritte Band beginnt mit diesem Satz: *Sie kniete im Schnee, aber es war ihr nicht kalt.* Oder kniet sie im Sand? In warmem

Wüstensand? Der Erzähler schreibt über seine Mutter, die einst in »Abschied von den Eltern« als heftige, harte Person beschrieben wurde. Jetzt findet sie sich in einem Strom flüchtender Juden wieder, gräbt sich mit ihnen im Sand ein, mitten unter schwitzenden Leibern. Und einmal, so erzählt der Vater dem Ich, habe seine Frau sich in einer Grube unter erschossenen Juden wiedergefunden. Verstört hätte sie sich durch den Sand gegraben, zurück ins Leben. Ja, hätte sie erzählt, das sei in Brest gewesen, da sei sie in diese Grube gefallen.

Und dann hatte sie auch noch gehört, dass die Nazis nach ihrem Sieg ganz Europa ausplündern würden. Schweden müsste sein Erz hergeben, die Sklaven holte man sich aus den östlichen Ländern, Norwegen würde seinen gesamten Fischfang liefern müssen, die Ukraine ihr Getreide, Holland würde der Gemüsegarten für die Sieger werden, und jetzt seien sie dabei, die jüdische Rasse auszurotten, billig und effektiv mit Insektenpulver. Tausend Mann für zwanzig Reichsmark. Billiger geht's nicht.

Als die Mutter das hört, verliert sie ihre Sprache und verstummt. Und der Vater, der auch im wahren Leben sein Judentum so heftig verdrängt hatte, dass seine Kinder erst von den arischen Söhnen aus der ersten Ehe der Mutter erfuhren, dass sie Juden seien, also der Vater kann es nicht fassen, dass die, zwischen denen sie doch die ganzen Jahre gelebt haben, so mächtig werden konnten und so brutal. Und er begreift, dass sie selbst es waren, die diese Leute getragen haben: *Sie schwammen oben, wir waren der Strom.* Ja, auch er hatte sich täuschen lassen von dem, *was wir gewonnen hatten, vergaßen, daß es alles andre noch gab, das, was uns wieder zerstören wollte.*

Vorbei die Visionen, vorbei die Gedanken *über das Sehn im Traum*, die Leuchtkraft von Hölderlin und Rimbaud, vorbei die Gespräche über Piscator, Weill und Eisler, Schlemmer, Klee und Nolde, Döblin, Musil, Broch, Jahnn und Benjamin. *Vom Träumen ist jetzt nicht mehr die Rede*, denn die Träumer werden nicht mehr aufwachen. Jetzt wird gestorben. Jetzt beginnt das Ende des Martyriums. Jetzt ist die Stunde, da die Abschiedsbriefe geschrieben werden für die Eltern, die Frauen, die Kinder. *O Herakles. Das Licht ist fahl, der Bleistift stumpf. Ich hätte alles anders schreiben wollen. Doch die Zeit ist zu kurz. Und das Papier zu Ende.*

Der Gefängnispfarrer geht von Zelle zu Zelle. Er darf den Todeskandidaten *Erleichterungen* zukommen lassen, wenn man wagt, es so zu nennen. Der Widerstandskämpfer Arvid Harnack wollte die Verteidigungsrede von Sokrates hören, die Platon aufgeschrieben hatte:

Was wohl euch, ihr Athener, meine Ankläger angetan haben, weiß ich nicht ...

Und er möchte den Prolog zu Goethes Faust noch einmal hören:

Die Sonne tönt nach alter Weise
In Brudersphären Wettgesang,
Und ihre vorgeschriebne Reise
Vollendet sie mit Donnergang ...

Der Pfarrer wird Harnack erzählen, dass seine Frau Mildred der Hinrichtung wohl entgehen würde. Beide hatten ja im Widerstand für die »Rote Kapelle« gearbeitet. Es war eine Notlüge des Gottesmannes. Er wollte dem Todeskandidaten das Ende erleichtern. Dabei war es bereits beschlossen, dass sie Monate später unter dem Fallbeil enden würde, diese kluge, wunderschöne Frau.

So geht der Pfarrer weiter von Zelle zu Zelle zu den Gefolterten. Den Schriftsteller Adam Kuckhoff hatten sie an den Füßen aufgehängt, mit einem festgezurrten Sack über dem Kopf. Hans Coppi war nackt, seine Haut blau angelaufen, er war in Ohnmacht gefallen. Da hatten sie ihn mit Wasser übergossen. Gestorben wird erst im Schlachthaus! Horst Heilmann war zum Skelett abgemagert, *doch aufrecht gehalten vom Triumph, daß es der Folter nicht gelungen war, Bekenntnisse aus ihm herauszupressen.* Als Coppi 1942 zusammen mit seiner Frau Hilde, die ebenfalls im Widerstand war, verhaftet wurde, waren die beiden erst seit einem Jahr verheiratet, und Hilde war hochschwanger. Sie wird ihren Sohn Hans kurz vor der Hinrichtung ihres Mannes zur Welt bringen. Er hat das Kind einmal gesehen. Sie selbst bekommt einen Aufschub von ein paar Monaten – zum Stillen. Dann wird auch sie in Plötzensee zum Schafott geführt. Die Hände auf dem Rücken zusammengebunden. Ihr Kind nicht mal ein Jahr alt. Und sie wird von den Gesellen, die meist aus Schlachtereien rekrutiert wurden und dem nächsten Todeskandidaten auch schon mal auf dem Restblut am Boden entgegenglitschen, auf die Guillotine gezerrt. *Wie sollen wir noch Romane schreiben, etwas erfinden, irgendetwas ausdenken können,* hatte Peter Weiss im Notizbuch geschrieben, *wenn ringsum Ungeheuerliches* geschieht.

Siebzehn Hinrichtungen mussten nun vom Nachmittag bis zum Abend erledigt werden. Die Zeit drängte also. Die ersten sechs würden unters Fallbeil kommen, darunter auch die Frauen. Für die nächsten acht Männer war *der entehrende Tod durch den Strang bestimmt worden.* In der Nacht war die eiserne Laufschiene mit den Fleischerhaken in die Seitenwände eingelassen worden. Die Verurteilten bekamen ihre letzte Mahlzeit. Ein Stück Brot mit Wurst, eine Tasse Kaffee, eine Zigarette und Schluss. Zum Essen wurden ihnen die Handschellen abgenommen. Ein Wärter stand vor der Tür und passte auf. Worauf? Wohin hätten die Geschundenen fliehen können? Dann wurden sie mit Stricken gefesselt, den Frauen schnitten sie die Haare ab, bis der Hals frei war für das Messer. Und der Seelsorger, der die Todeskandidaten zur Guillotine oder zum Strick begleiten wird, steht selbst wie ein Gefangener da *in Kot, Urin und in dampfenden Lachen von Blut.*

Aber noch hat der Scharfrichter Röttger etwas zu erledigen. *Nichts war ihm anzusehn davon, daß er soeben sechs Menschen geköpft hatte.* Er geht zu jedem Todeskandidaten, freundlich lächelnd, tätschelt ihm die Wange und drückt dann sein Gebiss auf. Er schaut nach Goldplomben. Wenn er welche findet, notiert er sie unter dem Namen des Delinquenten. Gold muss später mit Zangen rausgeholt werden. Gold wird ja gebraucht. Dann begleitet der Pfarrer die Gefesselten. Am Hinrichtungsort riecht es süßlich. Es ist das Restblut, das nicht weggespült worden ist. Die drei Gesellen greifen sich nach Röttgers Zuruf die erste Todeskandidatin, drücken ihren Kopf in die Rundung der Guillotine, und dann fällt der Kopf auch schon in den Weidenkorb hinein. Aus dem Hals schießt eine Fontäne Blut. Die Gesellen legen den noch zuckenden Körper in eine Bretterkiste, den Kopf müssen sie erst abspülen, dann platzieren sie ihn zwischen die Beine der Toten. Für jede Hinrichtung bekommen sie dreißig Mark. Der Scharfrichter bekommt achtzig. Als das Kopfabschlagen noch Handarbeit mit dem Beil war, bekam Röttger dreihundert Mark. Das hatte sich gelohnt. Da war er reich geworden.

Heilmann ist der nächste. Er wird gehängt. Da muss Röttger mehr tun als nur den Knopf an der Guillotine drücken. Er steigt auf den Schemel. Die Gesellen legen die Schlinge um Heilmanns Hals, sie verfängt sich, es dauert. Dann heben sie ihn hoch. Der Scharfrichter greift zum Seil und zieht es auf den Fleischerhaken. Die Gesellen müssen dann den viel zu leichten Körper runterziehen, sich an ihn hängen, bis sie das Knacken der Wirbelknochen hören. *Das Gesicht wurde schwärzlich blau. Die Augäpfel traten hervor. Einige Sekunden lang schlug die Zunge rasend im weit aufgerissenen Mund hin und her.* Coppi ist der nächste. Er bittet den Pfarrer, Hilde zu grüßen. Um zwanzig Uhr einundzwanzig hat auch sein Leiden ein Ende. Bei Harnack spricht der Geistliche noch einmal: *Die Sonne tönt nach alter Weise ...* Und der dreiunddreißigjährige Publizist Harro Schulze-Boysen muss am längsten auf seinen Tod warten. Er ruft seinen Mördern noch zu: *Ihr seid das Weltgericht nicht!*

Das alles haben sie ertragen müssen, die mutigen, klugen, tapferen Widerständler, und der Leser erträgt kaum die Erzählung. Und immer wieder schaut sich Peter Weiss, wenn er in Berlin ist, den Pergamon-Altar an, den Gigantenfries mit den bestialischen Bildern, den mythischen Pferden, den stürzenden Kriegern, den Löwenpranken, die sich in Schenkel schlagen, dem aufgerissenen Maul in der Hüfte eines Giganten, den zerschlagenen Gesichtern. Auch damals, ein Schlachten, Morden und Ertragen.

Ein paar Monate vor dem Abschluss des Epilog-Bandes gibt es eine Verstimmung zwischen dem Verleger und seinem Autor. Siegfried Unseld hatte einen großen Abend zu Ehren von Olof Lagercrantz geplant, dessen Strindberg-Biographie gefeiert werden soll. Und da war natürlich Peter Weiss als Lagercrantz-Freund und Strindberg-Übersetzer der wichtigste Gast, der natürlich auch etwas beisteuern sollte. Doch Weiss hatte abgesagt. Das empfand Unseld als höchst unsolidarisch gegenüber dem Verlag und dem schwedischen Autor.

Da hatte ihm Peter Weiss am 23. Februar 1980 geschrieben, dass Siegfried doch nach all den gemeinsamen Jahren wissen müsse, *wie mich öffentliche Auftritte mitnehmen.* Und es sei ja nicht allein die Veranstaltung, es sei die Beschäftigung mit einem anderen Thema, die ihn wieder aus seiner komplizierten und belastenden Arbeit herausreißen würde. Und dann hätte er auf dem Rückweg noch in Hamburg Station machen sollen, um im Auditorium Maximum der Universität zu lesen – *wo ich Lesungen doch fast immer prinzipiell ablehne.* Eine solche Reise hätte mindestens eine Woche *Abtrennung von meiner Arbeit bedeutet.*

Ja, natürlich hätte er mit seiner Absage für den Strindberg-Abend auch Gewissensbisse gehabt. Aber er sei nun einmal in

Klausur, wisse auch gar nicht, ob er den Abgabetermin im Oktober überhaupt einhalten könne. Unseld hatte ihm geschrieben: Abgabe des dritten Bandes 1. Oktober, bis Ende Oktober Lektoratsarbeit, am 1.November müsse das Manuskript satzfertig sein, Umfang dreihundert Seiten. *Bleibt es bei diesen Daten?* Das klang kühl. Und Weiss schreibt, dass Siegfried doch nicht vergessen dürfe, wie viel Zeit im Winter ihn die Wirren des Zwangs-Umzugs aus der alten Wohnung gekostet hätte, in der sie siebzehn Jahre gelebt. Tausende Bücher mussten eingepackt und wieder ausgepackt werden. Fünfzig große Pappkartons seien das gewesen. Welch eine Unruhe war das. Er hoffe sehr auf sein Verständnis und bitte Siegfried um ein paar Zeilen. Eine Verstimmung würde ihn sehr schmerzen.

Da antwortet ihm Unseld, dass auch er bitte verstanden sein möchte. *Aber, lieber Peter, Du brauchst Dir keine Sorgen zu machen, meine Betroffenheit geht nicht über den Tag hinaus.* Das könne er sich gar nicht leisten. Und nun ja, er hätte inzwischen auch eine alternative Lösung gefunden. *Ich habe mit Enzensberger telefoniert, und er ist sofort in die Lücke gesprungen.* Martin Walser hatte Peter Weiss kurz vor dem Umzug noch in Stockholm besucht. Der Altbau wurde ja saniert und das Haus war nur noch eine sandige Baugrube. Gunilla, schreibt Walser im Tagebuch, sei damals gerade von einem Arbeitsgespräch mit Ingmar Bergman gekommen. *Arbeitsgespräche benutzt der nur zum Klatschen. Er will so viel als möglich Privates erfahren, das benutze er dann für seine Filme.* Und dann schreibt er noch: *Peter wird von Siegfried misshandelt.* Peter wisse nicht, wie lange Unseld seine Bücher noch verlege. Er glaubt, wegen seines Eintretens für Vietnam. Doch ihr Briefwechsel ist weiterhin herzlich und fürsorglich.

Und dann schickt Unseld einen Blindband – also ein Buch mit weißen Seiten – zum Zeichnen für Nadja, die, wie er meint, ja wohl ein *malerisches Genie* zu sein scheine. Nadja, wie oft musste

Peter Weiss in den letzten Monaten an sie denken, wenn ihn wieder diese Todesahnung überkam. Was hatte er bei Thomas Mann gelesen? *Gefühl des Alters u der Todesnähe.* Doch Thomas Mann sei sechzig gewesen, als er das schrieb. Da hatte er noch zwanzig Jahre zu leben. Weiss ahnt, dass ihm so viel Zeit nicht mehr bleiben wird. Es vergehe kaum ein Tag, schreibt er ins Notizbuch, *ohne daß ich an den Todesgedanken rühre, an die Regung der Angst, daß alles gleich zuende sein könnte.* Und Angst vor dem Tod bedeutet für ihn, seinen dritten Band nicht beenden zu können. Aber was heiße schon beenden? Ein Werk lasse sich nicht vollenden, *weil auch ein Leben nie »vollendet« sein kann.* Die Unbestimmtheit der Lebensdauer, das sei die Ungewissheit über den weiteren Verlauf der Arbeit. Das war die Zeit, als er immer wieder am dritten Band korrigiert und gestrichen hatte. Und da habe Nadja eines Abends vor dem Schlafengehen zu ihm gesagt: *wenn du stirbst, dann will ich zusammen mit dir sterben.*

Das sind Trauergedanken, die Peter Weiss beim Weiterschreiben des dritten Bandes bedrücken. Doch er bringt sie zu Ende, seine gewaltige Erinnerungsarbeit. Schon als er am ersten Band schrieb, notierte er: *Wer sich nicht an die Vergangenheit erinnert, wird gezwungen, sie wieder zu erleben.* Als Berlin zur rauchenden Ruine geworden ist, fragt sich der Held des Romans, der das Ich hatte sein wollen – *ich wollte Held eines Romans werden* – ob vielleicht die Kunst über alle Parteigrenzen hinweg der Weg in eine Zukunft wäre. Aber ginge das überhaupt? Im Namen der Kultur hatten die Deutschen doch *Eroberungszüge, Ausplünderungen, Versklavungen und Menschenvernichtungen* begangen. Max Hodann hatte gesagt, dass Deutschland und ganz Europa *schon vor der Katastrophe nichts andres mehr als ein Abbild der Verkommenheit, der Feigheit und des Verrats* waren. Was es an wirklicher Kultur noch geben konnte, hätten nur die gewusst, die nicht mehr gefragt werden könnten.

Und Herakles? Am Ende des Romans wünscht Peter Weiss seinem Erzähler, ein Zeichen von seinen Freunden Coppi und Heilmann zu bekommen, und er würde noch einmal vor den Pergamon-Altar treten, dorthin, *wo die Söhne und Töchter der Erde sich gegen die Gewalten erhoben, die ihnen immer wieder nehmen wollten, was sie sich erkämpft hatten,* und er würde Coppis und seine Eltern im Geröll sehen, es wäre ein Brüllen und Schreien, und Stiefel würden marschieren, und Steine fliegen und Salven aus Pistolen knattern, und sie würden Waffen schleppen und übereinander herfallen, sich würgen und zertrampeln und zerfleischen, *und Heilmann würde Rimbaud zitieren, und Coppi das Manifest sprechen, und ein Platz im Gemenge würde frei sein, die Löwenpranke würde dort hängen, greifbar für jeden* ... nur nicht mehr für Herakles, nicht für einen Helden, und ganz sicher nicht für Lenin oder Che, auch nicht für andere Ersatzhelden, die einem die schwere Arbeit eines zu erobernden Friedens abnehmen könnten, nein, der leere Platz ist für jeden bestimmt, der bereit ist, ihn auszufüllen.

Als der Schriftsteller Ingo Schulze noch Klassische Philologie an der Friedrich-Schiller-Universität in Jena studierte, schrieb er 1987 – fünf Jahre nach dem Tod von Peter Weiss und zwei Jahre vor der Wende – über »Das Heraklesmotiv in der ›Ästhetik des Widerstands‹«. Die Trilogie war kurz vor dem Tod des Autors noch in der DDR publiziert worden und wurde ein Kultbuch im Osten, vor allem für die jungen Intellektuellen. Der Student Ingo Schulze beginnt seine Arbeit mit dem Ausruf »*O Herakles*«, der in der Antike *Mahnung und Ermunterung für Unterdrückte und Herrscher* war, für die da unten und die da oben. Doch am Ende des Romans sei der Halbgott *nicht der siegreiche Held, der den Unterdrückten die Befreiung bringt*, es ist die »*herakleische Haltung*« des Aufruhrs, die in den Unterdrückten und Entrechteten freigesetzt werden muss, *es ist der Mut, den Blick ins Unvorstellbare zu wagen.*

Es war im Sommer 1980, als Peter Weiss in einer seiner letzten Eintragungen im letzten Band seiner Notizbücher schreibt: *heute, Donnerstag den 28. August habe ich die Ästhetik abgeschlossen.* Fast zehn Jahre hat er an diesem gewaltigen Strom von Bildern, Szenen und Dramen geschrieben, hat seine Leser durch die Fegefeuer der Weltgeschichte geführt und das Glück, sich mit Literatur und Kunst wappnen und schützen zu können. Er fasste sie an der Hand und zog sie mit sich durch die Abgründe der Menschheit. Und immer, wenn er zwischendurch wieder zu den wütenden Göttern und den kämpfenden Sterblichen an den Pergamon-Altar zurückkehrt, wenn er beschreibt, wie ausgerechnet Aphrodite, die Göttin der Sinnlichkeit, der Schönheit und der Liebe, mit ihrer Sandale auf das Gesicht eines Toten tritt, um ihre Lanze, die sie ja noch gebrauchen kann, aus seinem Leib zu ziehen, wenn er sieht, wie die lahm werdende Hand eines Sterbenden zärtlich auf dem Arm jener Göttin liegt, die ihm das Leben genommen hat, immer, wenn er die Bilder dieses Kunstwerks beschreibt, erblüht seine Erzählkunst, dann steigt seine ganze Begabung aus dem Meer des Romans empor wie Eos, die Göttin der Morgenröte.

»GELIEBT HABEN IHN WENIGE, GEFÜRCHTET MANCHE, RESPEKTIERT ALLE«

KAFKA, BÜCHNER UND DER TOD

Am ersten Weihnachtstag 1981 liegt Stockholm unter einer Schneedecke. Peter Weiss sitzt an seinem Arbeitstisch und schreibt einen Brief an Elisabeth Borchers, die Suhrkamp-Lektorin, die seine »Ästhetik des Widerstands« in all den Jahren durchgearbeitet hatte. Er bedankt sich für ihre Geburtstagsgrüße zum 65. und den Glückwunsch zum Bremer Literaturpreis. *Wir liegen hier eingebettet in Schnee,* schreibt er. Weihnachten sei vorüber, und er stecke schon wieder mit seinem »Neuen Prozeß« tief in den Proben am Dramaten, an dem Ingmar Bergman vor vielen Jahren sein Oratorium »Die Ermittlung« wie ein Shakespeare-Stück inszeniert hatte und später seinen »Hölderlin«. Also wenn Nadja nicht gewesen wäre, schreibt er weiter, hätten sich Gunilla und er nichts aus Weihnachten gemacht, *das Kind aber fordert Weihnachtsbaum, Geschenke und Fest. Sogar als Weihnachtsmann habe ich mich kostümiert, mit Bart und Sack.*

Etwa zu dieser Zeit laufen noch immer Verhandlungen mit dem Henschel-Verlag in der DDR. Die Ästhetik soll nun endlich gedruckt werden. Konrad Wolf und Manfred Haiduk hatten sich schon lange für die Veröffentlichung eingesetzt. Nun ist man bereit, dreitausend, vielleicht fünftausend Exemplare herauszugeben. Das ist herzlich wenig gemessen an der gewaltigen Nachfrage, denn den Büchern, die heimlich aus dem Westen eingeschleppt und in Umlauf waren, sah man an, durch wie viele Hände sie bereits gegangen waren. Für Weiss ist die Publikation in der DDR ein Glück, denn jetzt korrigiert er den dritten Band noch einmal,

der ja der beste sein sollte. Damals, nach der letzten Oktoberwo-
che, als er das Manuskript in Frankfurt beim Suhrkamp Verlag
abgegeben hatte, ging es ihm ziemlich schlecht. In Paris, wo er
anschließend noch eine Woche war, *klappte ich dann zusammen.*
Das hatte er drei Monate später an Siegfried Unseld geschrieben.
In Stockholm ist er gleich ins Krankenhaus gekommen, und da
stellten die Ärzte fest, dass zu seinen Herz- und Nieren-Problemen
nun noch Diabetes gekommen war.

Beim nächsten Arbeitsgespräch in Frankfurt sei er *körper-
lich und psychisch so geschwächt* gewesen, dass er sich entschieden hatte, Elisabeth Borchers das Lektorat mit allen Änderungen zu überlassen, ohne noch einmal drüberzuschauen. Es hätte
sich sonst alles *mindestens um ein halbes Jahr, wenn nicht ein
ganzes Jahr, verzögert.* Seit er aber wieder einigermaßen gesund
sei, fände er, dass *diese Fülle von Korrekturen* nicht nötig gewesen wären, auch wenn er die Arbeit seiner Lektorin sehr hoch ein-
schätze.

Nun aber ist die Möglichkeit da, in der DDR-Ausgabe die damals korrigierten Textstellen, die ihn sehr belastet haben, wieder
zu verändern. Das schreibt er am 29. August 1981 an den lieben
Siegfried. Und Weiss hofft, dass der Verständnis dafür haben
werde. Das hat Unseld aber nicht. *Du kannst Dir vorstellen, daß
ich enttäuscht bin*, schreibt der zurück, *wenn Du nun der DDR
eine andere Textgrundlage gestattest.* Das werde sich eher negativ
auf seine Arbeiten auswirken. Er verstehe ihn auch nicht, denn
seine Korrekturen empfinde er keinesfalls als Verbesserung. Aber
dann steht auch schon Hans Mayer bei ihm im Zimmer, schreibt
er, drum müsse er das Diktat abbrechen. *Ich grüße Dich herzlich,
Dein Siegfried.* Peter Weiss wird seine umfangreichen Korrekturen
trotzdem machen, denn in der DDR muss der Text wegen eines
anderen Buchformats neu gesetzt werden. Kurz vor Weihnachten übergibt er das redigierte Manuskript dem Henschel-Verlag,

und zwei, drei Wochen vor seinem Tod, wird er den Buchumschlag noch mit aussuchen.

In dieser Zeit sehen sich Peter Weiss und Heiner Müller zum zweiten Mal. Müllers Ärger und auch sein Neid darüber, dass Kurt Hager den Schwedischen Autor und nicht die Intellektuellen der DDR zu Gesprächen im *Kommandoturm des Politbüros* empfangen hatte, war längst verraucht. Und nach seinem Trotzki-Stück hatte ja auch Weiss im *Schatten der Inquisition* gestanden. Sie treffen sich gleich um die Ecke vom Theater am Schiffbauerdamm im »Ganymed«, wo schon Brecht und Helene Weigel gegessen hatten, und Müller findet, dass sein Gegenüber glücklich und sehr gelöst wirkt. Da sitzen sie also und schmieden Pläne. Sie wollen gemeinsam ein Stück an der Volksbühne oder einem anderen Theater in Ostberlin machen. Müller schlägt ein Jugendstück von Weiss vor, »Die Versicherung«, ein wildes Ding aus den fünfziger Jahren, das eine wüste, verrottete, bourgeoise Gesellschaft in ihrer Enthemmtheit zeigt. Weil die Herrschaften sich gegen drohende Katastrophen und Revolutionen, die bereits am Horizont aufsteigen, nicht versichern können, tanzen sie gierig und entfesselt um ihre goldenen Kälber, ihre Besitztümer, und bumsen und fressen sich zu Tode. Weiss, schreibt Müller, sei ein bisschen skeptisch gewesen, ob das der beste Einstieg für ihre gemeinsame Arbeit sei, aber entspannt genug, darüber nachzudenken. Sie wollen sich bald wieder treffen. *Auf der Heimfahrt sah ich den Schrecken im Blick meiner bulgarischen Frau*, schreibt Müller. *Sie sagte: Er stirbt bald.*

Das alles passiert, während Peter Weiss sein letztes Stück am Dramaten gemeinsam mit seiner Frau inszeniert. Kafka also. 1974, als gerade der erste Band der »Ästhetik« beendet war, hatte Ingmar Bergman ihn um ein Gespräch gebeten. Der fragte, ob Weiss für ihn Franz Kafkas »Prozeß« dramatisieren würde. *Liege im Bett. Grippe. Lese das Buch wieder (zum wievielten Mal?)* Und wieder sind es die gleichen starken Eindrücke.

Ingmar Bergman, Gunilla und Peter Weiss im Stockholmer Dramaten.
Bergmann möchte, dass Weiss für ihn Kafkas Roman »Der Prozess«
dramatisiert.

Vielleicht wäre es eine Zwischenarbeit, denkt er. Und Kafka hatte
ja durchaus einen Bezug zu seiner Arbeit. *Kafka gegen den Strich
lesen*, notiert er. Und schon ist er angezündet. Fragt: *wie kommt
ein Mensch gegen diesen Gerichtshof an*, denn K. wende sich nie
direkt an ihn. Weiss macht sich Notizen, erdenkt sich schon Szenen in Licht und Schatten für die Bühne – dunkel, grell, trübe,
grau, blendend hell. Schreibt seitenweise Stichwörter. *Die Richter
alle Schürzenjäger* oder *Vielleicht weißt du gar nicht was für einem
Gericht du dienst?*

Doch nach sechs Wochen will er den Auftrag nicht mehr er-
füllen. Es scheint ihm unmöglich, eine subjektive Welt in eine
objektive Realität zu transportieren. Er sagt Ingmar Bergman ab,

schickt das Honorar ans Theater zurück, schreibt aber weiter, denn der Stoff lässt ihn nicht los. *Schreibe jetzt frei, ohne Auftraggeber, kümmere mich nicht um die Erwartungen eines andern.* Und er hält sich beim Schreiben so nah wie möglich an den Originaltext. Dann schickt er sein Stück an Bergman. Aber der hatte sich etwas ganz anderes vorgestellt, wollte ein *kühnes Experiment*, wie Weiss im Notizbuch schreibt, eine *persönliche Deutung. Vielleicht hat er Recht.* Aber er könne an diesem Stück jetzt nichts mehr ändern. Er muss an seinem Roman weiterschreiben.

Als er die Ästhetik sechs Jahre später beendet und Korrektur gelesen hat, beginnt er sofort und ohne Pause mit dem, wonach *ich mich wirklich gesehnt habe – dem Verlangen nach der rein theatralischen Form,* also mit einem Stück. Es wird »Der neue Prozeß« heißen, denn die Kafka-Idee war ihm nie aus dem Kopf gegangen. Aber nun wird er den Roman in seiner Umsetzung wirklich gegen den Strich schreiben, so, wie Ingmar Bergman es sich vielleicht gedacht hatte. Es sei, sagt Weiss, das *spontanste und persönlichste* Stück, das er je geschrieben habe. Schon in der Regieanweisung der ersten Szene, wo das Zimmer von Josef K. in der Pension von Frau Grubach beschrieben wird, steht ein Regal voller Bücher, und an den Wänden hängen Reproduktionen von Hieronymus Bosch, Henri Rousseau und Pablo Picasso. Das sind Lieblingsmaler von Peter Weiss. Und als Frau Gruber dem Versicherungsprokuristen K. hilft, die Krawatte umzubinden, erzählt er ihr, dass er dauernd an den Tod denken müsse: *Sehn Sie – das Sterben – das beschäftigt mich so. Nicht, daß ich mich vor dem Tod fürchte. Nein, nein. Aber der Tod, das ist das Andre ... Nachts, da versuche ich, mir vorzustellen, wie das ist – tot zu sein.* Über ähnliche Todesgedanken hat Peter Weiss immer wieder in seinen Notizbüchern geschrieben.

Sein Stück hat er Franz Kafka gewidmet. Er hat auch die Namen des Romanpersonals übernommen. Doch das ist auch schon alles. Sein liebenswürdiger Josef K., der als Prokurist seine Arbeit mit größtmöglicher Fairness für die Versicherten erledigt, erlebt, wie aus der kleinen Firma ein gewaltiges Unternehmen wird. Und er selbst, der ewige Idealist, steigt dabei in rasantem Tempo in die Hierarchie auf, erst in die Hauptverwaltung, dann zum Direktor, und er versteht nicht, warum. Als der Konzern sich am Ende zum weltbeherrschenden Multi entwickelt hat, in dem die korrupten Konzernherren Hochfinanz, Justiz und Politik an der Leine führen und über Krieg oder Frieden entscheiden, ist K. entsetzt, weil er nichts bemerkt hat. Er weiß auch nicht, welche Rolle er dabei gespielt haben könnte.

Das erklärt ihm Leni im dritten Akt. Sie sagt, dass die Firma jemanden in der Leitung gebraucht hätte, der redlich war und damit vorzeigbar. Die da oben machten ihre krummen Geschäfte, und er verkörperte nach außen die Unschuld.

K So ein Geringer wie ich –
Leni So ein Geringer kann der Macht ihr Gesicht
geben.
K Ohne auf sie einzuwirken?
Leni Ohne auf sie einzuwirken.

Aber er habe doch in der Direktion kaum noch etwas gemacht, nur rumgehockt, die Zeit abgesessen. Aber die Propagandaabteilung, sagt Leni, habe alles Schriftliche von ihm aufgearbeitet. Alles sei mit seinem Portrait in Festschriften erschienen. In Amerika, in Südafrika. Er sei in alle Weltsprachen übersetzt worden. Davon, sagt K., habe er nichts gewusst. Sollte er ja auch nicht.

K Wieso können Sie mir das sagen –
Leni Jetzt kann ich es sagen.
K Warum – jetzt –
Leni Ich bin entlassen worden.

Und K, der naive Humanist? Er sitzt im Garn der Lüge fest, hat seine Schuldigkeit getan, wird liquidiert, ganz nebenbei, so auf der Straße, niemand hat's gesehen, eine verirrte Kugel.

Wochenlang probieren Gunilla und Peter Weiss am Stockholmer Dramaten. Und weil Nadja gut in der Schule ist, haben sie die Tochter im Theater dabei, sie bekommt auch eine kleine Rolle, spielt eine Tochter der Familie, die aus einem Mann, einer Frau, zwei Kindern und zwei Alten besteht, der Gesellschaft, die belogen, zusammengeschlagen und vertrieben wird. Premiere ist am 12. März 1982, acht Wochen vor Peter Weiss' Tod. Siegfried Unseld wird am 11. nach Stockholm kommen und am 13. von dort aus nach New York weiterfliegen. Er fragt: *Wie geht es Dir, bist Du arg strapaziert?*

Er wird später in einem Bericht die letzte Begegnung mit seinem Autor und Freund festhalten, wird schreiben, dass Peter Weiss sehr erschöpft ausgesehen habe. In der letzten Zeit sei er oft zehn Stunden am Tag mit seinem Stück beschäftigt gewesen. *Als ich ihn am Bühneneingang des Dramaten abhole, kommt er gewissermaßen aus einem Blumenmeer heraus.* Es standen dort bereits alle Sträuße für den Premierenabend parat. Weiss habe ihm erzählt, dass er außer Namen und Lokalitäten vom Roman nur das Schlusszitat »wie ein Hund« übernommen habe. Das steht bei Kafka, als Josef K. von zwei *Herren* umgebracht wird. Einer legt ihm die Hände um die Gurgel, der andere stößt ihm ein Messer tief ins Herz hinein. Und da fallen die drei Worte »*Wie ein Hund!*« Unseld hatte das Stück in der vorletzten Fassung gelesen, *und ich ging mit Befürchtungen ins Theater, die leider übertroffen* wurden. Der oft schwerfällige Agitproptext, schreibt er, hätte mit Witz und Leichtigkeit inszeniert werden müssen. Es gab ein paar gute Einfälle, ja, und Josef K. war glänzend besetzt, aber im dritten Teil, als K. kaum noch etwas zu sagen hat, verschwand der Reiz des Stückes, versank im Problem »der Intellektuelle und die

Macht«, und der Applaus sei dann auch mühsam gewesen. Die Stockholmer Presse dagegen hat den Erfolg eines bemerkenswerten Stücks gefeiert.

Nein, Peter Weiss ist nicht ohne Auszeichnungen und Preise geblieben. 1965 hatte er den Lessing-Preis in Hamburg bekommen und hielt dort die großartige Rede über den Verlust der Sprache im Exil. Ein Jahr später erhielt er in Ostberlin den Heinrich-Mann-Preis der Deutschen Akademie der Künste. Und Heinrich Mann stand ihm natürlich gut. Dann aber gähnt ein Zeitloch von zwölf Jahren. Erst danach purzeln die Preise: der Thomas-Dehler-Preis, der vom Literaturmagazin des Südwestfunks, der Kölner und der Bremer Literaturpreis und viel zu spät der Büchner-Preis. Und in Stockholm lebt er isoliert in einer fremden Sprache. Ihm fehlten Arbeitsgespräche mit Kollegen. Aber es sei eben auch schwierig, in seinem Alter noch Freundschaften zu schließen. *Wir sitzen alle tief in unsrer Arbeit, sind nicht mehr leicht beweglich, ankommende Reisende sind zumeist störend.*

Max Frisch und Martin Walser, schreibt er, hatten es da einfacher. Die lebten in ihrem festen Sprachmilieu und hatten ihren natürlichen Freundeskreis. Er mochte die beiden und genoss es, als er sie 1978 beim PEN-Kongress in Stockholm traf. *Da kam ich, schleppte meine ganze Welt mit, suchte nach Anknüpfungspunkten* – und fühlt sich doch, als hätte er sich aufgedrängt. Aber es war schön, *ein paar Stunden abends mit Frisch u Walser zu verbringen, da oben auf der Terrasse, in der Sommerwärme überm See.* Mit Walser hatte es ja schon diese fruchtbaren Gespräche über Hölderlin gegeben, sie hatten sich Briefe geschrieben. Und bei Frisch beneidete er die *Besonnenheit,* dieses *In-sich-selbst-Ruhn.* Das ist die Voraussetzung, so erzählen zu können wie er. So erzählen könne aber nur einer, der sich selbst vertraut, der heimisch ist wie Frisch. *Wen spreche ich eigentlich beim Schreiben an? Ein völlig imaginäres Publikum.* Und das Publikum im sozialistischen

Deutschland, das ihn offenbar immer besser verstanden hat als das im Westen, hatte er für Jahre verloren, als die Funktionäre ihm die Tür zum Osten zugeschlagen hatten.

Also 1978 bekam er nach so vielen Jahren den Thomas-Dehler-Preis für den ersten Band der Ästhetik. Doch der stürzt ihn in Gewissensnot. Was hatte der FDP-Justizminister 1951 über die kommunistische *Zersetzungsarbeit der Ostzone* gesagt? Der Kampfruf hieße ja nicht: *Hannibal ante portas!*, *sondern das Trojanische Pferd ist in unserer Mitte, und wir müssen uns dagegen zur Wehr setzen.* Nun lebte Dehler – der im Dritten Reich fest zu seiner jüdischen Frau stand, unter Druck gesetzt und für kurze Zeit festgenommen wurde – seit über zehn Jahren nicht mehr. Aber Weiss ist Sozialist. Und Sozialisten können damals in der Bundesrepublik noch immer kein staatliches Lehramt übernehmen. Das machte die Auszeichnung nicht gerade verführerisch.

Kurz vor der Preis-Verleihung in Bonn war Weiss noch in Ostberlin, wo er mit Max Frisch einen Abend zu Hause bei Christa und Gerhard Wolf verlebt. Da haben sie ein langes Gespräch über Sprache geführt. Das Deutsch der Wolfs, schreibt Weiss, sei in der DDR beheimatet. Frisch spräche das Deutsch der Schweiz. *Ich spreche das Deutsch, das aus einem Deutschland kommt, das 1933 zu existieren aufhörte.* Was ihm später fehlte, war die deutsche Umgangssprache, die Sprache des Alltags, die sich ja ständig ändert. Die fehlte ihm doch in Schweden. Und das Deutsch, sagte er, das Gunilla als Kind bei ihrer Mutter in Österreich und dann in Holland bei Mutter und Stiefvater lernte, war das Deutsch der Feinde, die ihr Haus zerbombt und den Stiefvater festgenommen hatten. *Für sie ist Deutsch (stärker noch als ich es erlebte) die Sprache der Mörder.* Und Christas Gesicht sei während des Gesprächs der *fortwährende innere Kampf* anzusehen gewesen. Sie fühlte sich ihrem Deutschland zugehörig, wollte dort bleiben, trotz aller Schikanen, denen sie und Gerhard ausgesetzt waren. Welch ein Verschleiß von Kräften sei das, schreibt Weiss ins Notizbuch. Er kann nicht verstehen, warum sie, die zu den besten Geistern des Landes gehört, sich maßregeln lassen muss, warum es in der DDR nicht reicht, zu seinem Land zu stehen.

Und Weiss selbst? Er war doch aus der Emigration nie herausgekommen. All seine Reisen nach New York, London, Paris, Havanna, Italien, Südfrankreich, auch die nach Deutschland, waren am Ende auch Fluchten. Immer wieder sei er abgereist und zurückgekehrt in sein ruhiges Provisorium Stockholm. Er hatte geglaubt, er könne überall zuhause sein, aber das stimmte nicht. *Ich bin es nirgendwo.* Und deshalb bewundert er Max Frisch mit seiner geruhsamen Art. Hinter seinem Sprechen vernahm Weiss seine Stabilität und hörte ihm gerne zu. *Ich empfinde immer wieder: ich spreche eine fremde Sprache, ich habe Schwierigkeiten, mich auszudrücken.* Ja, es war ein langes Gespräch, das sie geführt hatten. Und Frisch, der schwer erkältet mit dickem Wollschal dasaß, war in diesem *genialisch-malerischen* Auftritt von einem Journalisten gesichtet und in der Abendzeitung bezichtigt worden, in dieser Aufmachung wohl auf den Nobelpreis zu warten.

Ein paar Tage später hat auch Weiss seine Stimme verloren. *Fieber u Halsentzündung. Penicillin.* Er fliegt nach Frankfurt. Will von dort dann nach Bonn fahren, wo der Thomas-Dehler-Preis verliehen wird. *Nachts in der Hölle,* schreibt er. *Es sind die Gefilde des Siedens u Kochens. Gibt es da Badefrauen? Werden Tücher geschwenkt? Wo sind die Bottiche?* Er tappt wie der Geist eines Schriftstellers im Haus seines Verlegers umher. Da sieht er den gesamten Hesse in langer Reihe stehen. Wie gut, denkt er, dass er ihn damals, 1962, noch einmal in Montagnola besucht hat. Er wankt die Treppe hinunter, versinkt zähneklappernd im tiefen Sofa. Nun ist klar: *die Beine würden mich nach Bonn nicht tragen.*

Er bittet Unseld, den Preis für ihn in Empfang zu nehmen und gibt ihm seine kurze Rede mit. Man hatte ihm gesagt, man erwarte nicht mehr als einen kurzen Dank. Und die Feier war inzwischen auch auf ein Mittagessen mit höchstens zwölf Personen zusammengeschrumpft. Also Unseld macht das, und Weiss fliegt auf Anraten des Arztes zurück nach Stockholm. Die Rede, die sein Verleger vorliest, beginnt so: *Als einer, der in diesem Land kein staatliches Lehramt ausüben dürfte und dem dennoch ein staatlicher Preis verliehen wird, danke ich besonders der Jury, mit ihrem Vorsitzenden, Herrn Marcel Reich-Ranicki, für ihre Entscheidung, die in der gegenwärtigen Lage als mutig anzusehen ist.* Indem sie aber die Arbeit eines Sozialisten Anerkennung zukommen ließen, trügen sie bei zum wichtigsten Vorhaben der Zeit: *der um sich greifenden Verhärtung zu begegnen und zu einer gegenseitigen Verständigung zu gelangen.* Am Ende der Rede dankt er dem Bundesminister für Innerdeutsche Beziehungen, Egon Franke, und hofft, dass die Auszeichnung *ein Präjudiz herstelle,* auf das sich vor allem Lehrer stützen können, die noch immer diese erniedrigenden Anhörungsverfahren über sich ergehen lassen müssen.

Fünf Jahre zuvor, am 25. Juni 1973, hatte Peter Weiss ins Notizbuch geschrieben: *Wieder ist es ihnen geglückt, mich beim Büchnerpreis zu umgehen.* Und Recht hatte er. Wer, wenn nicht er, hätte ihn verdient. Längst verdient. Wer, wenn nicht er, ist Büchner im Geiste näher als viele, die diesen wichtigsten deutschen Literaturpreis schon bekommen haben. Was hatte der junge Rebell Georg mit zwanzig Jahren geschrieben? *Die politischen Verhältnisse könnten mich rasend machen. Das arme Volk schleppt geduldig den Karren, worauf die Fürsten und Liberalen ihre Affenkomödie spielen.* Seine Kommilitonen hatten sich oft über ihn lustig gemacht, weil er immer so ein Gesicht machte, *wie eine Katze, wenn's donnert.* Da haben die bierseligen Kneipengänger nachts, wenn bei Büchner noch Licht brannte, gegrölt: Er lebe hoch, der Erhalter des europäischen Gleichgewichts, der Abschaffer des Sklavenhandels! Und doch wussten sie – dieser Büchner ist klüger als sie alle.

Er war ein Emigrant. Er war von Darmstadt nach Straßburg geflohen, weil er laut Steckbrief an *staatsverräterischen Handlungen* teilgenommen hat. Da war er einundzwanzig. Im selben Alter ist Weiss durch Flucht den Nazis entkommen und damit dem Ort, an dem er hätte umgebracht werden sollen. Büchner war mit seinem Revolutionsstück »Dantons Tod« zum Dichter geworden. Weiss mit seinem Revolutionsstück »Marat/Sade« zum weltberühmten Dramatiker. Also wer, wenn nicht er. Aber 1973 hatte Peter Handke den Preis bekommen, einer, der von ihm gelernt habe, schreibt Weiss weiter, *und mir wird er, aus eindeutig politischen Gründen, vorenthalten.*

Er bekommt ihn jetzt, 1982, kurz vor seinem Tod. Und da überlegte Peter Weiss, ob er ihn ablehnen soll – wie Sartre den Nobelpreis. Wissen Sie, erzählt Gunilla Palmstierna-Weiss, wie wir das Geld von Peters erstem Literatur-Preis durchgebracht haben? Den hatte er für »Fluchtpunkt« bekommen. Das ist jetzt über ein halbes Jahrhundert her, sagt sie. Das war der europäische Charles-Veillon-Essay-Preis. Also da sind Peter und ich arm wie die Kirchenmäuse nach Lausanne gefahren, er hat den Preis entgegengenommen, danach sind wir nach Paris gefahren, haben in ein paar tollen Tagen das ganze Geld auf den Kopf gehauen und sind genauso arm wie vorher wieder in Stockholm angekommen. Doch so vergnügt und übermütig, sagt sie, feiert man natürlich nur einen Preis, wenn man noch nicht bekannt ist. Ein Jahr später war Peter aber weltberühmt. Und da kann der Büchner-Preis – fast zwanzig Jahre danach – auch zu spät kommen. Trotzdem wollte Peter ihn doch annehmen. Ablehnen wäre ein Schlag ins Wasser gewesen. Nein, er wollte seine Gedanken dazu in seiner Rede sagen.

Dafür habe er noch Büchners Werke durchgesehen, auch seine Briefe. Und dort wird der ehemalige Emigrant Weiss – der mit fast abgelaufenem tschechischen Pass in Schweden angekommen war – gelesen haben, wie der Emigrant Büchner, der politische

Flüchtling, ohne Pass in Straßburg eintraf und nun bei den Behörden einen solchen beantragte. Das beiliegende Zeugnis, schreibt der an den Bürgermeister, könne beweisen, *daß ich seit der Entfernung aus meinem Vaterlande allen politischen Umtrieben fremd geblieben bin.* Und in einem anderen Schreiben hofft er, *daß unsere Regierung mich für zu unbedeutend hält*, um einen Auslieferungsantrag zu stellen. Die Darmstädter Beamten hatten ihn im Steckbrief als blond, klein, schlank und kräftig beschrieben in einer Größe von *6 Schuh, 9 Zoll neuen Hessischen Maases.* Verhaftet werden sollte er wegen seines später weltberühmt gewordenen Landboten: »Friede den Hütten! Krieg den Palästen!«

Peter, sagt Gunilla Palmstierna-Weiss, habe vieles angestrichen und sich Notizen gemacht, aber schreiben konnte er die Rede nicht mehr. Und Peter habe sich doch auch immer irgendwie mit Paul Celan identifiziert, der den Büchner-Preis 1960 bekam. Fast ein halbes Jahr hatte der sich mit der Rede beschäftigt. Celans Biograph, John Felstiner, schreibt, dass sich über dreihundert Blätter mit Notizen und Entwürfen angehäuft hätten. Da suchte er *nach Worten, Redewendungen, Metaphern, Erinnerungen, Vorläufen und Zitaten.* Und Celan, dessen Eltern von den Nazis ermordet wurden, schrieb damals an einen Freund: *Es war ein finsterer Sommer*, und der Büchner-Preis sei für ihn bis zuletzt eine Prüfung gewesen, auch eine *Anfechtung und Heimsuchung. Wirklich.* Am Ende habe er dann doch so eine Art Rede zu Papier gebracht. In drei Tagen.

An den Notizen, die Peter noch gemacht hat, sagt Gunilla Palmstierna-Weiss, erkennt man, wohin die Rede gehen sollte: Zu Kunst und Politik, zu Revolution und Tod. Und über die Schwierigkeiten im Umgang mit Sprache wollte er schreiben. Sein Thema. Ihm fehlte doch die deutsche Umgangssprache, die Alltagssprache. Sein Deutsch endete, als er ein junger Mann war. Danach lernte er englisch und dann schwedisch. Ja, sagt sie, das waren die letzten Gespräche, die wir miteinander geführt haben. Und vieles davon habe sie in ihrer Rede gesagt, als sie den Preis im Oktober, Büchners Geburtsmonat, entgegengenommen habe.

Walter Jens hielt die Laudatio, in der die Ästhetik des Widerstands als sein Meisterwerk gefeiert wird. Der Weiss'sche Hades sei nicht nur ein Höllenpfuhl, sagte er, sondern auch das Reich, in dem Mnemosyne, die Titanin, Mutter der Musen, regiert: *das Reich, wo der Künstler seinen Pakt mit dem Tod schließt und sich bereit erklärt, um der Erinnerung an die Toten willen, selbst die Todesnähe zu suchen.* Selbstmörder, Irre und Gehenkte, schreibt er, reale und literarische, vereinigten sich bei Weiss mit den Figuren der bildenden Kunst, *den Erschlagenen vom Pergamon-Altar, den von Irrsinn und Lethargie gezeichneten Überlebenden auf dem Floß der Medusa, den Opfern von Guernica und den dahingemähten, zum Beutegut der Spinnenmänner bestimmten Figuren in Breughels »Triumph des Todes«.* Es sei Peter Weiss gelungen, Innenwelt und Außenwelt, Traum und Faktum zu verschmelzen. Und jede Zeile zeige an, dass hier ein Sozialist schreibt, einer, der Partei bezogen hat – und zwar fürs Volk, und nicht für die Kader zu Häupten des Volkes. *Geliebt haben ihn wenige, gefürchtet manche, respektiert alle.*

Und Gunilla Palmstierna-Weiss muss noch einmal protestieren, weil viele nach Peter Weiss' Tod schrieben, die »Ästhetik des Widerstands« habe ihn ausgeblutet. Sie sei das Ende eines desillusionierten Intellektuellen gewesen. Das stimme natürlich nicht. Ich erinnere mich noch genau, sagt sie, als Peter am 28. April aus Berlin zurückkam. So viele Gespräche hatte er geführt, so viele Anregungen bekommen. Und Heiner Müller wollte eins seiner frühen Stücke mit ihm machen. Also Peter saß doch gleich wieder am Schreibtisch und fing an zu arbeiten.

An einen plötzlichen Tod, der ja wenige Tage später kam, habe er mit Sicherheit nicht gedacht. Und seine vielen Notizen über

Peter Weiss, 1982 mit seiner Frau Gunilla und ihrer gemeinsamen Tochter Nadja. Sie waren das Glück seines Lebens.

Angst und Sterben, sagt sie, sind doch eher wie Beschwörungen, man schreibt sich damit den Tod aus den Gedanken. Und wer Peter kannte, der kannte auch seinen Humor, der wusste, wie viel Spaß er auch haben konnte. Und dann war Nadja da, die er liebte, wie niemanden sonst. Alles, was über sie in seinen Notizbüchern steht, hat er parallel zur Ästhetik geschrieben. Und das sind doch Texte reinen Glücks.

Peter Weiss hatte dann einen zweiten Herzinfarkt.

Ja. Ich habe ihn sofort ins Krankenhaus gefahren, da war auch die Nadja dabei.

War es wieder ein schwerer Infarkt?

Es war ein kleiner, nicht zu vergleichen mit dem ersten. Als ich ihn besuchte, sagte er, das Essen schmecke überhaupt nicht, ob ich ihm etwas vorbeibringen könnte. Natürlich, ich müsste aber vorher Nadja abholen. Nein, sagte er, nicht Nadja mitbringen.

Peter Weiss wollte nicht, dass seine Tochter ihn so sieht?

Ja, nicht krank und im Bett. Da haben wir dann weiter miteinander geredet, und Peter sagte noch, wie wunderbar das Schöpferische bei Kindern sei und wie sehr das später nachlasse. Doch die Angst, seine Kreativität zu verlieren, könnte man am besten im Theater überwinden, mit einem Ensemble, so, wie wir es im Dramaten mit seinem letztem Stück, dem neuen Prozess, erlebt haben, wo wir beide ja Regie führten. Ich habe dann zwischendurch auf den Monitor geguckt, auf Puls und Blutdruck.

Konnten Sie das richtig ablesen?

Ja, schon, und ich dachte, da stimmt doch was nicht.

Haben Sie den Arzt gerufen?

Der war gerade reingekommen, und ich sagte zu ihm: Das sieht aber ein bisschen komisch aus. Da meinte er: Sie haben Ihren Beruf, und ich habe meinen, und von meinem verstehen Sie nichts. Und weil ich mein Gespräch mit Peter auch beendet hatte, dachte ich, dann soll der Arzt sich jetzt mit ihm unterhalten und bin gegangen, um Nadja von der Schule abzuholen. Und zehn Minuten, nachdem ich vom Peter weggegangen bin, ist er gestorben.

Sie hatten es offenbar richtig abgelesen am Monitor.

Ich glaube ja.

Und Sie waren für diesen Tod noch viel zu jung.

Ach, ich fand mich damals ziemlich alt.

Wie hat Ihre Tochter reagiert?

Nadja war ganz kaputt, für Jahre. Damals war es gut, dass »Der neue Prozeß« noch immer am Dramaten gespielt wurde, das lenkte ein bisschen vom Schmerz ab. Sie hatte doch eine Rolle im Stück.

Peter Weiss ist am 10. Mai gestorben. Der 10. Mai 1933 ist der Tag der Bücherverbrennung.

Wirklich? Das wusste ich nicht.

Im Testament sind Sie von ihm zur Nachlassverwalterin bestimmt worden.

Ja, da hatte Peter knapp und lakonisch geschrieben: Für die Unterbringung meines künstlerischen und literarischen Nachlasses ist Gunilla zuständig.

Das war sicher eine Höllenarbeit.

Eine Dantesche Wanderung war es mit Aufenthalten im Fegefeuer! Ich musste mich doch durch dreißig Jahre unseres gemeinsamen Lebens arbeiten, musste nachforschen, wo verkaufte und verschollene Bilder abgeblieben sind, musste Texte sichten, die noch nicht publiziert waren.

Und Sie mussten noch mit Ihrer Trauer fertig werden.

Natürlich, auch mit der Wut, dass er einfach so davon gegangen ist, dass er uns alleine gelassen hat. Er fehlte doch. Und es fehlten die Gespräche, es fehlte unsere gemeinsame Arbeit, es fehlte der Lebensfreund.

Es gibt eine Eintragung in der »Rekonvaleszenz«, die Peter Weiss schrieb, als er sich nach seinem ersten Herzinfarkt schon auf dem Weg ins Totenreich glaubte. In diesem schönsten Text des Tagebuchs erinnert er sich an die Toten und lässt sie leben. *Es leben die Begegnungen mit den Toten, es lebe das Hinuntersteigen in die Regionen der Zwecklosigkeit,* es leben die Verachteten, die Verhöhnten, die Verdämmernden und Vereinsamten. Und es lebe Jacques, *den ich in England auf dem Bahnhof von Chislehurst, Grafschaft Kent, dem totalen Verschwinden überließ.* Weiss hatte ihm noch eine Weile nachgeforscht, doch er blieb verschwunden, für immer, als müsse es so sein. Er hat ihn in der Ästhetik wieder leben lassen. Und *es lebe Uli, mein Jugendfreund aus dem Berlin vor dem Tausendjährigen Reich.* Mit ihm hatte er zum ersten Mal vor dem Pergamonaltar die Schlacht der Götter mit den Giganten bestaunt. Uli, der so voller Phantasien und Ideen war und am Ende in der Uniform der Mörder *als aufgeschwollene Leiche an der dänischen Küste lag.*

Er lässt sie leben, die Toten seines Lebens und die noch Lebendigen, die ihren Tod schon in sich tragen, *die auf dem Weg zum Fährboot sind, zum Acheron, die schon den Ruderschlag, den Ruf hören des Charon.* Ach, der Charon, dieser übelgelaunte Alte, Sohn der Dunkelheit und der Nacht, der von jedem Fahrgast auch noch einen Obolus verlangte, bevor er ihn zum Eingang des Hades ruderte. Deshalb begruben die Griechen ihre Toten mit einer Münze im Mund. Und wieder war es Herakles, der gegen alle Regeln verstieß. Er musste doch für seine letzte Prüfung in die Unterwelt steigen, um den Höllenhund Kerberos vom Tor des Hades wegzuholen. Herakles hatte den Griesgram gezwungen, ihn über den Styx zu rudern, ein Vergehen, für das Hades, der Gott der Unterwelt, den Fährmann ein Jahr in Ketten legte. Aber Herakles, der Peter Weiss durch die Ästhetik begleitet hatte, war nun unsterblich.

Es lebe das Unwirkliche, schreibt er weiter, *dem ich so oft meine Gegnerschaft angesagt habe, es lebe der Gedanke, daß meine*

Tätigkeit jeglichen Zweck entbehrt, daß das Schweigen, das Aufgeben ehrlicher wäre als der Drang, sich zeitlebens eine Gedächtnisstätte seiner selbst zu errichten. Nein, er will nicht zu denen gehören, die die Kunst des Vergessens beherrschen, also zu den Selbstsicheren, Frechen, Unverschämten, Zynikern, wenn er sieht, wie die Keime *von Hoffnung, Liebe, Wärme und Zuversicht* absterben. Es lebe das Wirkliche, wenn man sich selbst an den Haaren aus Schwächeanfällen und Absenzen herausgezogen hat. Es lebe die Aufgabe, mit den Toten und der Totenklage über den eigenen Tod zwischen den Lebendigen zu balancieren. Es lebe das wilde Ansinnen, alles ringsum *in leuchtender Greifbarkeit entstehen zu lassen.* Es leben die Lebenden, die einem die Hand ausstrecken, *wenn wir sie brauchen, da es doch nur eine Gewissheit gibt, gleich ist es zuende.*

Es lebe Peter Weiss.

BIBLIOGRAPHIE UND BILDNACHWEIS

BIBLIOGRAPHIE

Weiss, Peter: Der Schatten des Körpers des Kutschers, Bibliothek Suhrkamp 1978

Weiss, Peter: Abschied von den Eltern, edition suhrkamp 1964

Weiss, Peter: Fluchtpunkt, edition suhrkamp 1967

Weiss, Peter: Das Gespräch der drei Gehenden, edition suhrkamp 1963

Weiss, Peter: Das Duell, suhrkamp taschenbuch 1972

Weiss, Peter: Die Besiegten, edition suhrkamp 1985

Weiss, Peter: Rapporte, edition suhrkamp 1968

Weiss, Peter: Rapporte 2, edition suhrkamp 1971

Weiss, Peter: Die Verfolgung und Ermordung Jean Paul Marats dargestellt durch die Schauspielgruppe des Hospizes zu Charenton unter Anleitung des Herrn de Sade, Suhrkamp Verlag 2004

Weiss, Peter: Die Ermittlung, edition suhrkamp 1991

Weiss, Peter: Das Kopenhagener Journal, Wallstein Verlag 2006

Weiss, Peter: Trotzki im Exil, Bibliothek Suhrkamp 1970

Weiss, Peter: Der neue Prozeß, edition suhrkamp 1984

Weiss, Peter: Hölderlin, Bibliothek Suhrkamp 1971

Weiss, Peter: Notizbücher 1960–1971, zwei Bände 1982

Weiss, Peter: Notizbücher 1971–1980, zwei Bände 1981 Suhrkamp Verlag

Weiss, Peter: Rekonvaleszenz, edition suhrkamp 1991

Weiss, Peter: Inferno, Stück und Materialien, edition suhrkamp theater 2003

Weiss, Peter: Briefe an Henriette Itta Blumenthal, Matthes & Seitz Verlag Berlin 2011

Weiss, Peter: Diskurs über die Vorgeschichte und den Verlauf des lang andauernden Befreiungskrieges in Viet Nam, Suhrkamp Verlag 1967

Weiss, Peter: Briefe an Hermann Levin Goldschmidt und Robert Jungk 1938–1980, Reclam-Verlag Leipzig 1992

Alighieri, Dante: Die Göttliche Komödie, Sonderausgabe Europäischer Buchklub

Bertaux, Pierre: Hölderlin und die Französische Revolution, Edition Suhrkamp 1969

Böttiger, Helmut: Die Gruppe 47, Deutsche Verlags-Anstalt 2012

Braun, Karlheinz: zusammengestellte Materialien zu Peter Weiss' Marat/Sade, edition suhrkamp 1967

Brecht, Bertolt: Die Gedichte, Suhrkamp Verlag 1981

Breton, André: Nadja, Suhrkamp Verlag 2002

Büchner, Georg: Sämtliche Werke, Büchergilde Gutenberg 1963

Canetti, Elias: Die Blendung, Hanser Verlag 1974

Corino, Karl (HG): Die Akte Kant, IM „Martin", die Stasi und die Literatur in Ost und West, rororo aktuell 1995

Dante Alighieri: Die Göttliche Komödie, Manesse Bibliothek der Weltliteratur 1963

Dwars, Jens-Fietje: Und dennoch Hoffnung, Peter Weiss, Eine Biographie 2007

Felstiner, John: Paul Celan, Becksche Reihe 2000

Geschonneck, Erwin: Meine unruhigen Jahre, Lebenserinnerungen, Aufbau Taschenbuch Verlag 1996

Goethes, Johann Wolfgang: Werke, Band III, Christian Wegner Verlag Hamburg 1960

Grant, Michael & Hazel, John: Lexikon der antiken Mythen und Gestalten, List Verlag 1976

Gundlach, Angelika: (Herausgeberin) Der andere Strindberg, Materialien zu Malerei, Photographie und Theaterpraxis, insel taschenbuch 1981

Hagen, Eva-Maria: Eva und der Wolf, Econ Verlag 1998

Heine, Heinrich: Schriften über Frakreich, Insel Verlag 1968

Hesse, Hermann – Weiss, Peter: Verehrter großer Zauberer, Briefwechsel, Suhrkamp Verlag 2009

Hesse, Hermann: Kindheit des Zauberers, Ein autobiographisches Märchen, handgeschrieben illustriert von Peter Weiss, insel taschenbuch 1974

Hesse, Hermann: Gesammelte Werke, Band 8, Narziß und Goldmund, Die Morgenlandfahrt, suhrkamp taschenbuch 1987

Huppert, Hugo: Majakowski, Rowohlt Bildmonographie 1973

Johann, Ernst: Büchner, Bildmonographien, Rowohlt Verlag 1976

Jungk, Robert: Trotzdem, Mein Leben für die Zukunft, Hanser Verlag 1993

Kafka, Franz: Der Prozeß, Fischer Taschenbuch 1976

Kant, Hermann: Abspann, Erinnerungen, Aufbau Verlag 1991

Koeppen, Wolfgang: Die elenden Skribenten, Herausgegeben von Marcel Reich-Ranicki, Suhrkamp Taschenbuch 1984

Lagercrantz, Olof: Strindberg, suhrkamp taschenbuch 1984

Lindgren, Astrid: Die Menschheit hat den Verstand verloren, Tagebücher 1939–1945 Ullstein Verlag 2015

Marquis de Sade: Kurze Schriften Briefe und Dokumente, Merlin Verlag 1989

Marquis de Sade: Herausgeberin Marion Luckow, Ausgewählte Werke 2, Fischer Taschenbuch Verlag 1972

Mitscherlich, Margarete: Erinnerungsarbeit, Zur Psychoanalyse der Unfähigkeit zu trauern, S. Fischer Verlag 1987

Müller, Heiner: Krieg ohne Schlacht, Leben in zwei Diktaturen, Kiepenheuer & Witsch 1992

Plamstierna-Weiss, Gunilla und Schutte, Jürgen Herausgeber: Peter Weiss Leben und Werk, Suhrkamp Verlag 1991

Richter, Hans Werner: Im Etablissement der Schmetterlinge, Hanser Verlag 1986

Richter, Hans Werner: Mittendrin, Die Tagebücher 1966–1972, C.H.Beck Verlag 2012

Rühle, Günther: Theater in Deutschland 1945–1966, S. Fischer Verlag 2014

Salfellner, Harald: Franz Kafka und Prag, Verlag Vitalis 1998

Schröder, Ernst: Das Leben – verspielt. S.Fischer Verlag 1978

Schulze, Ingo: „Das Heraklesmotiv in der Ästhetik des Widerstands«, Wissenschaftliche Zeitschrift, Friedrich-Schiller-Universität Jena 1987

Shakespeare, William: Dramatische Werke, Schlegel/Tieck Übersetzung, Meyers Klassikerausgaben

Spielmann, Peter: (Redaktion und Gestaltung) Der Maler Peter Weiss, Frölich & Kaufmann Verlag 1982

Steinke, Ronen: Fritz Bauer oder Auschwitz vor Gericht, Piper Verlag 2015

Tucholsky, Kurt: Gesammelte Werke, Rowohlt Verlag 1975

Unseld, Siegfried – Weiss, Peter: Der Briefwechsel, Suhrkamp Verlag 2007

Vogt, Jochen: Peter Weiss, Rowohlt Bildmonographien 1993

Walser, Martin: Heimatkunde, Aufsätze und Reden, edition suhrkamp 1996

Walser, Martin: Leben und Schreiben. Tagebücher 1963–1973, Rowohlt Verlag 2007

Walser, Martin: Schreiben und Leben, Tagebücher 1979–1981 Rowohlt Verlag 2014

Weiss-Eklund, Irene: Auf der Suche nach einer Heimat, Das bewegte Leben der Schwester von Peter Weiss, Scherz Verlag 2001

BILDNACHWEIS